# 廖仲恺家族·东江历史文化丛书之四编委会

廖仲恺家族·东江历史文化丛书之四

# 东江历史文化初探

成晓军 著

暨南大学出版社
JINAN UNIVERSITY PRESS
中国·广州

图书在版编目（CIP）数据

东江历史文化初探/成晓军著. —广州：暨南大学出版社，2011.9
（廖仲恺家族·东江历史文化丛书）
ISBN 978-7-81135-922-0

Ⅰ.①东… Ⅱ.①成… Ⅲ.①文化史—广东省—研究
Ⅳ.①K296.5

中国版本图书馆 CIP 数据核字（2011）第 145470 号

出版发行：暨南大学出版社

地　址：中国广州暨南大学
电　话：总编室（8620）85221601
营销部（8620）85225284　85228291　85228292（邮购）
传　真：（8620）85221583（办公室）　85223774（营销部）
邮　编：510630
网　址：http：//www.jnupress.com　http：//press.jnu.edu.cn

排　版：弓设计
印　刷：佛山市浩文彩色印刷有限公司

开　本：890mm×1240mm　1/32
印　张：8.5
字　数：221 千
版　次：2011 年 9 月第 1 版
印　次：2011 年 9 月第 1 次

定　价：28.00 元

# 目　录

# 东江文化研究专题

# “东江文化”名称之辨

大约在五年前，惠州官方提出了包括“东江文化”、“东坡文化”、“东征文化”和“东纵文化”在内的“四东文化”概念（笔者按：旧“四东文化”），并以此为主题制订出了惠州文化建设的近期和远期的计划。尽管这个旧“四东文化”的提法不准确，但它在近几年推进惠州文化建设的过程中，显示出了不可忽视的指导作用，这是应当予以肯定的。两年前，有人提出了新“四东文化”，即“东江惠州民俗文化”、“东坡寓惠文化”、“东江革命历史文化”和“东樵宗教文化”的概念，用以替代原有“四东文化”的提法，并试图将其作为惠州城市文化品牌符号推向全国。我们暂且先不谈新旧“四东文化”的提法是否科学，至少惠州人已经比较清楚地认识到，文化问题牵涉经济社会的发展进程，惠州城市综合竞争力要增强，就必须提高惠州文化竞争力。然而，要让惠州城市文化得到社会各界的广泛认同，就需要更多的人参与讨论，允许有不同的观点提出，这样才能综合各家之优长，最终作出准确的概括和科学的判断。笔者认为，新旧“四东文化”的提法都不够准确，它们注重的是现实生活中文化设施等的建设，忽略了文化发展演变的历史延续性，将其具体文化要素与具体文化概念和完整文化体系混淆并等同起来了。因此，关于东江文化的名称问题不能不辨析清楚，否则惠州文化建设将会抓不到重点，甚至花费大量人力、物力和财力，恐怕最终也很难显示出自己的特色。笔者有志于东江文化的探讨，结合正在主持的广东省哲学社会科学规划项目“东江文化研究”的专题研究，在此抛砖引玉，谨就东江文化的名称问题提出自己的看法，欢迎方家批评指正。

## 一、新旧“四东文化”的提法将具体文化要素同具体文化概念相提并论，存在自相矛盾的缺陷

笔者认为，旧“四东文化”也好，新“四东文化”也好，其提法都存在明显缺陷，即把具体文化要素与具体文化概念混淆并等同了起来，未能真正捕捉到东江文化的历史延续性内涵所在。五年前，笔者曾在《关于“四东文化”的定义问题》一文中指出：“我认为，‘四东文化’中‘东坡文化’、‘东征文化’、‘东纵文化’实际包含在‘东江文化’里面，只不过为了突出专题研究的需要才有这几个专门性文化含义……‘东坡文化’、‘东征文化’和‘东纵文化’从特定文化意义上说包含在‘东江文化’这个大范围之内。”[①] 因为，旧“四东文化”中的后两种，即“东征文化”和“东纵文化”，虽然在历史阶段性上顾及了东江文化的深层部分，但又被人为地斩断了东江文化精神的历史延续性（如近代以前东江民众反封建斗争的精神），尽管旧“四东文化”中有“东江文化”的专门提法，但由于它与“东坡文化”、“东征文化”和“东纵文化”三个具体文化要素被摆在同一位置来对待，从而其具体内容也就被抽掉了，成为一个无实际内涵的名词。进而，相较于旧“四东文化”的提法而言，新“四东文化”，即“东江惠州民俗文化”、“东坡寓惠文化”、“东江革命历史文化”和“东樵宗教文化”的提法，其缺陷也就更加明显，突出表现在有关东江历史文化延续性这个问题上更缺少科学性，并且在强调新“四东文化”的理由时自相矛盾的弊端更多。

有人明确主张将旧“四东文化”中的“东江文化”改称为“东江惠州民俗文化”，内容包括“东江流域自然地理空间的惠州地区的民俗文化”，认为其优点是“突出了惠州的民俗特色，

---

① 成晓军：《关于“东江文化”的定义问题》，《惠州学院报》（内刊），2004 年第 149 期，第 2 版。

将它与东江流域其他客属文化区分开来"。[1] 笔者认为，这个阐释值得商榷。我们暂且撇开能否将惠州民俗文化作为一个独立的文化体系提出这个问题不谈，单是将"东江惠州民俗文化"与"东江流域其他客属文化区别开来"这个观点就值得推敲。事实上，从东江历史文化演变的过程来看，惠州民俗文化与整个东江流域，尤其是与东江中下游民俗文化是紧密联系在一起的。民俗文化的产生和形成，具有长久的历史时空性，之所以能够成为一种地域性民俗文化内涵而显示其固有的特色，就在于它存在着一个较为漫长的历史演变积淀过程。譬如，放纸鹞是东江民众过重阳节的主要习俗。纸鹞即现今的风筝，而风筝是五代以后的称谓。五代以前，北方习惯称"纸鸢"，南方则多叫"纸鹞"。所以，东江区域的"纸鹞"明显保留了五代以前的古老名称，且极有可能是由中原移民带到东江流域的，体现了"南北混合"的民俗特色。这一民俗特色既不是惠州特有的，也不是现今惠州人新创的。因此，我们在谈惠州民俗文化时，不能撇开历史上长期形成的东江民俗文化大体系。如果离开了"历史"和"东江民俗文化大体系"这个客观事实，就很难真正理解"惠州民俗文化"的内涵，更无从谈起对与"东江流域其他客属文化区别开来"的问题。这是因为，惠州民俗文化本来就与东江流域其他客属文化紧密联系在一起，任何人为的"区别开来"的做法，都是不妥当的。

有人在强调将旧"四东文化"中的"东征文化"和"东纵文化"改称为"东江革命历史文化"的地域概念时指出："特指以惠州为中心的自1840年至1949年百余年间东江地区革命斗争的宏伟历史……东江苏维埃红色文化，专指东江流域的早期农民革命运动、中国共产党领导的南昌起义军一部和广州起义军进入东江地区后与东江人民一起，在高潭创建全国第一个

---

① 李靖国：《新"四东文化"要注重内涵发展》，《惠州日报》，2007年8月6日。

区级苏维埃政权……”[①] 在这里，论者明确把“东江革命历史文化”的地域空间扩展到整个东江区域。这样一来，就出现了一个无法自圆其说的矛盾。论者在谈论“东江惠州民俗文化”时，着意强调惠州特色，要将它“与东江流域其他客属文化”人为“区分开来”，而在谈论“革命历史文化”的问题时，却又无法撇开“东江”二字。因为近代东江革命历史文化发生的范围并不局限于现今的惠州。这种自相矛盾的观点表现在论者认定旧“四东文化”概念过于宽泛的理由之上，论者阐述理由时说，“东江流域城市（地级以上）并不止于惠州，以东江文化来代替惠州文化，既缺乏惠州特色，也有以偏概全之嫌”[②]。笔者的意见恰恰相反。首先，并不存在惠州文化由东江文化代替的问题；其次，要研究惠州文化就必须研究东江文化，研究东江文化不仅不会“以偏概全”，而且还有利于更好地发掘、凸显出“惠州特色”。因为，惠州的历史和历史的惠州，与东江的历史和历史的东江紧密联系在一起，不能人为分开。在此，笔者有几个疑问想要请教新“四东文化”论者：既然在文中反复强调“惠州文化”或“惠州特色”，那么，为何要在谈论“东江革命历史文化”问题时，扩展到现今惠州以外的海陆丰等整个东江区域呢？为何在讲惠州民俗文化时还要保留“东江”一词呢？为何在讲革命历史文化时不干脆使用“惠州革命历史文化”的提法呢？很显然，东江文化的历史和历史的东江文化使我们在讲惠州历史文化时不能抛开“东江”一词，不能把现今惠州以外的河源、汕尾和东莞等地区排除在外，任何根据现实需要或在急功近利观念的驱使下，对东江文化概念作出“标新立异”的阐释，则会造成在东江文化名称确立问题上的

---

① 李靖国：《新“四东文化”要注重内涵发展》，《惠州日报》，2007年8月6日。

② 李靖国：《新“四东文化”要注意内涵发展》，《惠州日报》，2007年8月6日。

自相矛盾。笔者认为，要避免出现这些弊端，就只有用“东江文化”的名称取代、涵盖本来属于具体东江文化要素的“东江惠州民俗文化”、“东坡寓惠文化”、“东江革命历史文化”和“东樵宗教文化”，才有可能使我们的研究既遵循东江文化发展演变的历史过程，又顾及东江历史文化发展演变的方方面面，反映其整体内涵，避免发生支离破碎的研究现象。

东江文化作为一种独具地域特色的文化，具有一个完整的文化发展演变体系。在这个体系之内，既包含了物质的、精神的、制度的和行为的几个方面，又包含了从古至今以惠州为中心的、发生在东江流域内的主要文化形态。如前所述，新旧“四东文化”都是东江文化体系下的组成部分。譬如“东坡文化”或“东坡寓惠文化”，即是特定历史人物在东江流域留下的文化思想痕迹。其实，历史上对以惠州为中心的东江文化卓有贡献的文化名人数量众多，如清朝末期的江逢辰、梁鼎芬等。进而，不管是“东江惠州民俗文化”，还是“东江革命历史文化”和“东樵宗教文化”，实则都是东江文化体系下的具体文化要素，或横向，或纵向。除了“四东文化”外，东江文化体系中还存在其他的文化要素，如历史上存在的贬官文化，作为东江文化体系下具体的要素可以提及，但如果把它与东江文化等同就不合适了。总之，文化种类与文化要素是有区别的，新旧“四东文化”提法不妥，唯有正名为“东江文化”才能完整反映出东江文化的历史和历史的东江文化这一科学内涵。

## 二、惠州文化的源头和惠州文化的核心不是具体要素“四东文化”，而是完整体系“东江文化”

新旧“四东文化”的提法之所以不准确，原因主要有两点：一是人们着眼于现实经济社会发展的需要，特别是着眼于惠州旅游发展的需要，注重“惠州特色”或“惠州品牌”，忽略了历史的惠州或惠州文化与历史的东江或“东江文化”血肉相连的内在关系。事实证明，如果脱离历史文化发展演变的源与流，抛开深厚的历史文化底蕴，一相情愿或急功近利地突出现今惠州的地域特色，无视惠州历史文化的形成、演变与整个东江区域历史文化形成演变的客观联系性，也就很难捕捉到真实的、生命力旺盛的“惠州文化”或“惠州特色”。笔者认为，从历史源流上考察，东江文化是惠州文化的源头。我们知道，历史上的惠州所辖区域，处于东江流域中下游。自开皇十一年（591 年）隋文帝建置循州至 1949 年 10 月新中国设立东江专员公署，其间所辖区域虽有变更，但最终大体上包括现今惠州、河源、汕尾、东莞及广州的增城、深圳的宝安和梅州的兴宁等市县。这个特定的区域，既是福建、江西至广州的必经之路，又是通往海外的最近出海口。由于以惠州为主体的东江区域处于东江流域中下游，自然环境有利于人类生存，人类活动和交往频繁，水运和商业都比较发达。据有关书籍如《文献通考》、《惠州史稿》等记载，宋代惠州建有阜民钱监和三丰钱场等造币厂，最高年产量达 70 万贯，标志着以惠州为主体的东江区域采矿冶炼技术已经十分发达。近年出土的东江古钱币最早可以追溯到汉代，最近的则在民国年间，各朝代的古钱币基本上都有。由此可以推测，以古代惠州为主体的东江区域铜矿开采业兴旺，经济繁荣，古代惠州堪称粤东经济重镇。经济的发达，促成文化的繁荣。惠州以东江为基础和纽带，形成以东江文化为主流的丰富灿烂的地域文化。现今的惠州，既是历史上惠州的核心，也是历史上东江区域的核心。它孕育、汇聚了东江文化，传承了东江文化的血脉。东江文化中开拓进取、海纳百川、勇于吸收外来文化的传统精神和社会风尚，深深影响了以惠州为主体的东江人的思维观念和行为方式。现今惠州文化的开放性、兼容性和创新性，可以从东江流域多民族文化交流融合而形成的多元性文化传统中找到来源。这是因为，文化由人来创造，也由人来传递，不同人群拥有不同文化，不同文化在特定地域交流融合，这就必然能促使特定地域内文化固有特色的形成。进而，一旦这一地域性固有特色形成并成为特定地域内一种主流文化，其文化传统的生命力将是十分旺盛的，并生生不息一代代传承下去。以惠州为主体的东江区域性文化就是如此。惠州人不排外，惠州人乐于对外来文化表现出"海纳百川、兼容并包"的态度，主要不是因为现今惠州人的胸怀多么广阔，多么大度，而是从根本上历史的东江文化传统、社会风尚起作用的结果。换言之，它并非今人所首创，而是历史的东江传统文化顽强生命力影响下的结果。

二是人们忽略了对文化核心或文化深层部分的总结，缺乏对继承和创新的必要性和重要性的冷静思考。毋庸讳言，新旧"四东文化"的提法均未能完整、系统地突出这条主线。尽管"东坡文化"或"东坡寓惠文化"，"东征文化"、"东纵文化"或"东江革命历史文化"的提法，都涉及爱民、尚民以及对民族精神张扬等问题的实质，但东江文化在其形成和发展演变过程中凝聚而成的海纳百川、兼容并包、勇于开拓进取的思维观念和社会风尚，却是用新旧"四东文化"要素涵盖不了的。现在，人们都在谈论城市文化竞争力的问题，其中人的观念问题、素质问题显得非常重要。历史具有连续性，文化也具有连续性。现今惠州人最需要提倡的是开放的心态，以及勇于容纳、吸取他人长处的精神境界。这种"心态"和"境界"的形成，离不开对历史的东江文化体系进行总结和继承。单纯着眼近代"东江革命历史文化"或"东坡寓惠文化"，而把中原移民文化与东江原生文化的交融、自唐以来形成的贬官文化与东江原生文化的交融、外来文人学士及历代守惠官吏与东江历史文化发展演变之间的关系等问题，特别是对东江区域内学术思想、文学艺术发展演变的历史过程等问题抛开不谈，或者断章取义、支离破碎地加以分析考察，也就谈不上对东江文化的继承和创新，惠州文化竞争力的提高也就缺乏源远流长、底蕴深厚的地域文化作支撑，也就谈不上惠州特色或惠州文化特色。

我们知道，一个城市的文化，必须有一个核心，而且也只能有一个核心。这个核心是对城市文化各组成部分的概括和总结，它必须做到既能体现历史的传承，又能综合反映经济、政治、社会等现状，真正能够凸显城市的特征和品格。笔者认为，就惠州文化的发展和组成而言，唯有东江文化能够担此重任。虽然在以公路、铁路经济“动脉”为基础建立起来的当代区域布局中，惠州的核心作用并不突出，但东江流域相同的地缘、人缘和文化传统，对惠州经济社会的发展起着重要的作用，改革开放以来惠州吸引的外来资金主要还是来自东江流域的香港、深圳和东莞等地，历史上形成的东江文化体系仍然维系着惠州主体的经济、政治和文化教育。从文化内涵上分析，东江文化所包含的开放、兼容、创新的主要特征，最能代表和体现现代惠州的文化精神。如前所述，尽管“东坡文化”或“东坡寓惠文化”，“东征文化”、“东纵文化”或“东江革命历史文化”的提法都涉及文化的核心，但东江文化在其形成和发展演变过程中凝聚而成的海纳百川、勇于开拓进取的思维观念，却是新旧“四东文化”要素很难涵盖和全面系统体现得了的。因此，东江文化的核心精神是贯穿古今惠州的文化主线，最能体现惠州的特色。

### 三、能对惠州经济社会起统领和支撑作用的并非“四东文化”要素，而是“东江文化”体系

任何文化都是为经济社会发展服务的。文化是对经济、政治发展的提炼，即“一定的文化是一定社会的政治和经济在观念形态上的反映”①。同时，文化也对经济、政治和城市定位具有引领和支撑作用。我们重视惠州文化建设，目的就是更好地做到为惠州的经济建设和长远的发展提供文化支撑。近几年惠州以“四东文化”要素为线索，着力于现实的需要，保护和开发体现“四东文化”内涵的文化设施，不仅促进了惠州旅游业

① 毛泽东：《新民主主义论》，《毛泽东选集》（第2卷），人民出版社1969年版，第655页。

的发展，而且丰富了城市文化的内涵和底蕴。然而，在实施《珠江三角洲地区改革发展规划纲要》，给惠州带来新的发展机遇的重要时刻，惠州必须具有更高的目标和长远发展的眼光，不能把自己仅仅局限于现今惠州的狭小区域，应当以历史上形成的东江区域经济、政治和文化教育的中心为己任，使惠州跨入珠江三角洲先进城市行列，成为珠江三角洲联系粤东和粤东北，进而辐射福建和江西南部的区域性中心城市，确立更高层次、涵盖更广泛范围的文化核心，形成强势文化，凝聚和团结更多、更广阔的资源。为了体现历史传承的时代创新性，惠州的文化建设不应局限于当代惠州辖区，也不应局限于现今地域性惠州文化，应当把它延伸拓展到历史辖区的惠州、河源、汕尾、东莞及深圳等地，经过长期的不懈努力，一定可以恢复甚至超越历史上惠州在东江区域的中心地位。新旧“四东文化”要素是解决不了文化建设的根本问题的，要实现这个目标，只有在“东江文化”体系之下建设才有可能实现。这就是说，以东江文化体系为基础，以开放、兼容、创新为主要特征，连接和包容客家文化、广府文化和潮汕文化，辐射和影响范围涵盖珠江三角洲东部、粤东及粤东北、江西及福建。笔者认为，以“东江文化”为纽带，可以使惠州与这些周边区域在文化认同的基础上加强经济联系与合作，逐步构建东江流域交通、物流、商贸、环保、旅游、文化等一体化的区域性合作布局，真正增强惠州的凝聚力和辐射功能，使惠州成为东江流域现代意义上的中心城市。然而，要达到这样的目标，需要全民参与，尤其需要高校专家学者与官方的精诚合作。作为东江区域办学历史较长的惠州学院，应义不容辞在理论上、学术上献计献策；作为惠州各级党委和政府部门领导，必须有博大的胸怀、宽广的视角和容纳各家意见的度量，不仅应该协调好内部关系，而且应该调动专家学者的积极性，主动与周边市县通力合作。在这个问题上，梅州官方与嘉应学院精诚合作的经验值得借鉴。

综上所述，笔者反复强调惠州文化的核心是东江文化，新旧“四东文化”的提法不妥当，应当正名为“东江文化”。因为，“东江文化”这个概念具有完整体系，既顾及了历史与现实的结合，又遵循了文化发展演变的内在规律。按照文化的定义，东江文化指的是以惠州为中心的发生在东江流域的文化现象，包括历史的和现实的，既包括历史至今的东江人文文化现象，也包括东江物质文化和东江文化传播的方式与手段。需要明确指出的是，东江文化的要素和主体是客家文化，但又不只是客家文化，因为历史上形成的特定行政辖区和人口多元化等因素，使得东江文化在保留客家文化要质和主体的基础上，与广府文化和潮汕文化发生必然的联系，客家文化吸取了广府文化和潮汕文化的成分，从而形成了独具特色的东江文化大体系。东江文化大体系的内涵可以确定为这样几个方面：一是具有东江地域特色的思维观念、行为方式和价值取向等；二是为延续和传递东江文化而形成的传播方式与手段，即文化设施；三是介于精神文化、物质文化、制度文化和行为文化之间的东江文化要素，如风俗、礼仪等；四是以惠州为主体的东江流域自然资源，并且包括与人文景观相配套的设施；五是企业文化。这些都需要我们下狠工夫去研究、开发和利用。

（说明：本文原载《东江文化纵横谈——首届东江文化全国学术研讨会论文集》，暨南大学出版社 2010 年版。）

# 东江文化开放性、兼容性和创新性特征的主要来源

笔者认为，尽管东江文化的要质和主体属于客家文化，但由于受特定东江区域地缘和人缘等因素的制约，它又不等同于纯客家文化，而与广府文化和潮汕文化发生较多联系，体现出东江文化开放性、兼容性和创新性的固有特色。

东江文化的开放性，指的是封闭性和排他性较少，敞开大门，以开阔的胸怀接纳外来文化，外来文化能在东江区域找到生根、开花、结果的合适土壤，外来人能在东江区域获得施展才能和智慧的空间。东江文化的兼容性与开放性紧密联系在一起，主要指的是对外来人群和外来文化的兼容并包。东江文化的创新性表现为多种文化要质的交流融合，在吸收多种文化优长的基础上，实现重新整合并获得创新。本文重点对东江文化这一基本特征产生形成的主要因素作分析考察，欢迎方家批评指正。

## 一、东江区域特定地理环境与东江文化特征的形成

按照文化学理论，地理环境是文化产生和发展的自然基础，也是决定不同地域文化存在差异性的重要因素之一。在东江区域之内，我们“可以找到代表广府文化的大平原地域，又可找到哺育客家山文化的山地丘陵景观，还可找到显示潮汕文化背景的海岸地带与小平原景域”[①]。东江区域拥有的山地、水域、

---

① 付海燕等：《惠府文化是东江文化的缩影》，《东江时报》，2008年3月20日。

丘陵和平原，构成了这个区域多元化自然地理环境，为多元文化在这个特定区域内共生共存，并经过不断交流融合，最终获得创新而形成开放性、兼容性和创新性特征提供了条件。以居住方式为例，惠阳等地有典型的客家围龙屋，惠东等地有潮汕地区为防御台风袭击的低矮古民居，龙门等地又有典型的广府民居群落。出现这种多样化民居建筑风格的原因，在于“各式各样的周边文化一旦进入有着丘陵、河谷、平原的惠府文化区，便很容易找到各自继续生存与发扬光大的再生环境”①。又以近百年东江区域内诸多重大历史事件的发生为例，如辛亥革命、两次东征、东江农民运动、东江高潭苏维埃政权在全国的首先产生、东江抗日根据地和东江纵队的组建及活动等，这些重大历史事件之所以没有发生在西江或北江地区，而集中发生在东江区域，尽管原因是多方面的，但特定东江区域的地缘因素，则是重要原因之一。历史上的东江区域，幅员辽阔，纵横千里，东依梅州、潮汕至闽西、闽南；西临珠江三角洲，与香港、澳门毗邻；北靠赣粤边境；南临浩瀚大海。它既是闽、赣至广州的必经之路，又是通往海外的最近出海口。在这个区域之内，水陆交通便利，易于同外界联络，便于获取新思想、新信息；此区域山地较多，如罗浮山、莲花山、九莲山等险峻连绵，便于暗中开展革命活动，在敌强我弱情况下分散行动，保存自己，待机反攻。加之东江区域长期形成的政治辖区统一体，远离省城广州，使得封建统治力量相对薄弱，有利于发展革命势力。由此可见，特定的地缘因素，是促成东江文化开放性、兼容性和创新性特征的重要原因之一。

## 二、人口来源的多元化与东江文化特征的形成

按照文化学理论，文化的延续和传递、文化的交流和融合、

---

① 付海燕等:《惠府文化是东江文化的缩影》，《东江时报》，2008年3月20日。

文化的传承和创新，主要靠人为载体来完成。而在地域文化产生、形成和发展、演变的过程中，人口和民族的构成，决定其区域文化的内涵和特征。这是因为，不同人口和民族，具有不同的价值观念和生活方式，不同文化在同一区域内共生共存，必然发生冲突和碰撞，经过优长互补而提升为一种新的地域性文化特色，最终达到交流和融合。文化的创新性也就由此得到实现。

东江区域内在历史上形成的人口多元化格局，促成这个区域内的人群通过语言、生活方式等行为文化，将客家文化为要质和主体的东江文化在凝聚多元文化优长的基础上，不断发展创新，同时又为广府文化和潮汕文化等其他地域性文化提供在东江区域内生存的空间，最终从一个侧面为东江文化开放性、兼容性和创新性主要特征的形成提供了人缘条件。自秦汉至明清时期，数批中原人先后移居东江区域，他们在与恶劣自然环境抗争的同时，又将先进的中原文化传入以惠州为主体的东江区域，逐渐形成以重教崇文、勤劳节俭、刻苦自励、信守道义、不畏强暴等为内容的文化要素，即是两种文化交流、融合并产生效果的明显体现。徐旭曾在《丰湖杂记》中指出："客人以耕读为本，家虽贫亦必令其子弟读书，鲜有不识字、不知稼穑者"；"客人之风俗俭勤朴厚，故其人崇礼让，重廉耻，习劳耐苦，质而有文"；"客人语言，虽与内地各行省小有不同，而其读书之音则甚正。故初离乡井，行经内地，随处都可相通。"①很显然，东江客家人的这一文化特性，具有中国传统文化和东江地域性文化的双重要素。时至今日，东江文化在历史上形成的地域性文化特性仍然可以找到延续和传承的依据。以语言和建筑风格以及生活习俗为例，东江文化的开放性、兼容性和创新性特征，通过一代又一代东江区域人群的传递、创新，至今仍然在不同程度上表现出固有的血脉要素。《惠府文化是东江

① 邹永祥等主编：《惠州志·艺文志》，中华书局2004年版，第348页。

文化的缩影》的作者经过实地考察得出结论："在东莞和增城，尽管两地同样保留着自己的方言，但粤语比客家话更流行；古民居特色也趋同于广府文化的梳式布局和棋盘式布局。"在东江下游虽然较明显地体现出广府文化留下的痕迹，但因东江下游同属于东江文化区域（这在古代更为明显），从而东江文化的诸多要质至今仍留存有深深的印记，"在增城，我们发现仍有近半数的市民用客家话交流，而在东莞，我们更是惊讶地发现当地人同样有着'捡金'的古老客家风俗"①。在21世纪信息手段、交往方式充分发展的今天，仍能够保留着千百年前的社会风尚、生活方式的某些要质，可见东江人群和民族作为东江文化传承的载体，其顽强生命力是任何人为的力量都无法改变的。同时，它又作为东江文化开放性、兼容性和创新性特征的一个重要来源而客观存在。

## 三、历代任职东江各地外籍官吏与东江文化特征的形成

在东江各地任职的外籍官吏中，不少人在维护封建统治方面尽忠职守的同时，对兴学重教、改造社会风气方面做过许多有益的工作。如在宋高宗时，博罗主簿罗从彦极力推广、传授理学，以13个渡口的税利资助钓鳌书院；宋理宗淳祐年间，知惠州军州事赵汝驭主持筑文惠堂、聚贤堂，修东坡祠，建罗浮山见日庵、仙春亭、横翠亭、拂松亭；宋理宗宝祐年间，惠州知府刘克刚将聚贤堂改为丰湖书院，择州学博士兼任山长。博罗知县任志纲在明洪武间修建县学宫；惠州知府李圮在明嘉靖年间，常坐明伦堂亲听诸生说经，释疑解惑，尽心培养、发现和选拔有用人才。② 王瑛在康熙年间出任惠州知府，捐俸重建

---

① 付海燕等：《惠府文化是东江文化的缩影》，《东江时报》，2008年3月20日。

② 黄敏著：《惠州人才史稿》，江西人民出版社2005年版，第71～72页。

丰湖书院，并撰《丰湖书院记》鼓励官民关注支助文教事业，“一时惠州文教兴盛”①。杨希铨在清嘉庆年间出守惠州，曾为丰湖书院捐书600册，开丰湖书院藏书之先河，且聘任顾椿、林兆龙、王赠芳等名士为丰湖书院主讲。汪国霖在清道光年间出任惠州知府，常微服访察民情，严惩贪官污吏、地痞流氓，每月阅批府中学员课卷，亲定等次，对惠州文化建设多有作为。② 官风正，民风纯。尤其是任职东江的外籍官吏对文化教育的高度重视，为以惠州为主体的东江社会风尚的形成提供了有利条件。这是因为，社会风尚存在着历史的积淀性和耐久性。开放性、兼容性和创新性作为东江文化的主要特征，是东江社会风尚积淀性的集中体现。而在凝聚这种积淀性和耐久性的过程中，任职东江外籍官吏与本地官民作为文化载体，在促成外地文化与本地文化的融合过程中，其作用是不可低估的。

## 四、谪居东江的中原官僚士大夫与东江文化特征的形成

就谪居东江区域的中原官僚士大夫而言，继隋唐时期牛曾孺、李商隐之后，宋元时期的吴潜、苏轼、唐庚、刘克庄、陈鹏飞等众多官僚士大夫也曾谪居东江。这些人不仅学术造诣深，而且为人处世光明磊落，一身正气，具有强烈的社会责任感和使命感，虽身处逆境，但锐意进取之心丝毫未减，忧国忧民之情显露无遗。他们在谪居东江期间，通过言传身教，移风易俗，将发达的中原文化，尤其是他们那种讲求实际，坚持真理，置自身荣辱得失于度外的实学精神，开拓进取，勇于创新的思维方式传递给东江人。他们不遗余力开展文化建设，对推进地方风气好转的有力作用，又很自然地影响着东江人的思维观念和行为方式。这其中，除了众所周知的苏东坡外，还有北宋名相吴潜以及宋元时期的唐庚、陈鹏飞等人，他们或是传道讲学，

① 祝基棠等主编：《惠州名人》，文心出版社1999年版，第403页。

② 祝基棠等主编：《惠州名人》，文心出版社1999年版，第411页。

或是体恤民情，在不同程度上对东江文化开放性、兼容性和创新性特征的形成产生了较为重要的影响。如家喻户晓的苏东坡在贬居东江期间，关心民生疾苦，做过不少有利社会发展的好事，并写下了赞叹东江优美山水风光和揭露封建统治弊端的诗文。惠州因苏东坡的宣传而扬名于世，他留下的精神财富又极大地影响到以惠州为主体的东江人群。北宋名相吴潜谪居龙川县期间，倡设三沙书院，常与士大夫讲学论道；唐庚、陈鹏飞等人谪居东江期间，关心民生，潜心学术，给后人留下了一笔文化遗产。社会风尚（即文化传统）一旦形成，其顽强的生命力对东江人群产生的影响力是极其深刻的，自然从一个侧面促成东江文化开放性、兼容性和创新性特征的不断深化。

### 五、外来名人学士与东江文化特征的形成

外来名人学士对东江文化开放性、兼容性和创新性特征的形成，在不同程度上产生了直接或间接的影响。自北宋时期，一大批外籍名人学士先后来到东江，或是传道讲学，或是游览交友、咏叹山水，从一个侧面促成了东江文化与外来文化的交流融合。

宋元时期的周敦颐、杨万里、文天祥、王守仁、方孝孺、俞大猷、戚继光等，清代的屈大钧、宋湘、王士祯、阮元、戴熙、黄遵宪、丘逢甲、章炳麟、梁鼎芬等，他们在东江区域或是短暂停留，或是讲学传道，或是交流考察。这其中，最有影响的是先后主讲于丰湖书院的宋湘和梁鼎芬。宋湘曾任丰湖书院山长的前后两年多时间，在任期间，他与知府伊秉绶精诚合作，重立学规，改革教学方法，注意培养生徒立身处世的能力，如将“敦重”二字题刻于丰湖书院大堂墙壁，作为生徒“为人为学的准则”[①]。梁鼎芬在任职丰湖书院山长的前后三年期间，秉持“以文章道德气节倡后进”的教学理念，严格督导生徒为

---

① 惠阳县教育局编：《惠阳县教育志》（内刊），1992年版，第35页。

学做人，培养出江逢辰、李绮青、杨寿昌、叶榕煌、张慰增等大批饱学之士。与此同时，梁鼎芬通过各种方式从省内外显官名流手中募集图书典籍五万六千多册，创建“丰湖书藏”，“有力地推动了丰湖书院的文化学术研究活动和惠州社会上的读书风气”。[①] 文化教育的发达，读书做学问的人增多，有利于东江区域社会风尚的代代相传，而东江文化的开放性、兼容性和创新性特征，在这种开放型文化氛围和社会风尚中得到不断发展演变的合适环境和土壤。

总之，东江文化开放性、兼容性和创新性特征，来源于历史上形成的东江区域多元化地缘因素和人缘因素的发展演变过程。换言之，东江区域多元化地缘因素和人缘因素规约着东江文化开放性、兼容性和创新性特征的产生形成。即使在信息手段和交往方式迅速发展的今天，东江区域多元化的地缘因素和人缘因素仍在较大程度上对以惠州为主体的东江区域性文化特征的发展演变产生着影响，发挥着作用。

（说明：本文原载《惠州学院学报》2009 年第 5 期。）

① 惠阳县教育局编：《惠阳县教育志》（内刊），1992 年版，第 36 页。

# 从“杂合”文化现象中梳理出东江文化的基本内涵

2007年底，在惠州市社科联组织的名家讲坛中，有学者对惠州“四东文化”提出了新见解，明确主张对惠州文化建设进行重新整合。因为，惠州给人的最深印象是“兼容”，但是“兼容也容易产生‘杂合’，正如惠州人朴实、低调，但要是处理不当，就有可能发展为粗野、狭隘”①。学者进而认为，惠州官方提出的“四东文化”的概念，“其实依然是杂合文化，缺少核心价值观和结构上的系统性”。“惠州的杂合文化需要精心地整理”②，因为“杂合文化”接近“文化沙漠”。“四东文化”就是“杂合文化”的体现，“重点不突出，缺少核心价值”，建议将“东征文化”和“东纵文化”剔除，“留下东江文化与东坡文化”就行了。③ 对惠州“杂合文化”如何整合呢？答案是以“东坡文化为主线，全面整合惠州地区的客家文化”，目的是为了“让惠州文化呈现出一种强文化态势”。④

综合上述观点，大体上包含了这样三层意思：一是“四东

① 成君忆：《“文化力与惠州精彩”论坛》，《南方都市报》，2007年12月27日。

② 成君忆：《“文化力与惠州精彩”论坛》，《南方都市报》，2007年12月27日。

③ 成君忆：《“文化力与惠州精彩”论坛》，《南方都市报》，2007年12月27日。

④ 成君忆：《“文化力与惠州精彩”论坛》，《南方都市报》，2007年12月27日。

文化”的提法不准确，主张保留“东江文化”和“东坡文化”就行了；二是惠州文化给人印象最深的是“兼容”，但“兼容”容易产生“杂合”，而“缺少核心价值观和结构上的系统性”；三是“惠州的杂合文化需要精心地整理”，主张以“东坡文化为主线”重新整合惠州文化。我们认为，这个观点的第一层意思有一定道理，但在主张保留“东江文化”时又重点提到了“东坡文化”，言下之意是可以将“四东文化”改为“两东文化”，这个观点又值得商榷。因为“东坡文化”内涵狭隘，并不能与“东江文化”相提并论，充其量只能作为东江文化中的一个具体要素。就惠州旅游文化而言，“东坡文化”的表层性，如有关东坡遗迹、故事、传说、碑刻、诗文以及他遗留下来的某些思想精神等深层要素，我们在开展惠州文化建设时对其大做文章未尝不可，但它毕竟属于东江文化大体系下的一部分，将其视作东江文化的一个子文化尚且说得过去。

上述观点的第二层意思敏锐而准确地看到了惠州文化的“兼容性”，这是对以惠州为主体的东江文化发展演变的历史和现象有着正确认知的缘故。对此，我们表示完全赞同。然而，我们对“兼容”就容易产生“杂合”，而“缺少核心价值观和结构上的系统性”的观点，却又表示质疑。“兼容”与“杂合”是紧密联系在一起的。“杂合”并非是低俗、粗野的代名词，并非一定会缺少核心价值观和结构上的系统性。就东江文化的历史和历史的东江文化而言，既有中原文化与东江土著文化的交流融合，又吸取了多种外来文化要质而形成了独具特色的东江区域性文化。这是特定东江区域内人缘和地缘因素发挥作用的结果。因为，从文化地理学的观点看，地理环境是文化产生和发展的自然基础，也是决定不同地域文化存在着差异的首要因素。它在交通信息手段和交往方式比较低下的古代社会中，更显得明确和重要。东江文化发展演变的历史告诉我们，它的兼容性或杂合性，与其地理环境的多样性存在着直接的联系，“可以找到代表广府文化的大平原地域，又可找到哺育客家山区文化的山地丘陵景观，还可找到显示潮汕文化背景的海岸与小平原景域”①。特定的山地、水域、丘陵和平原，构成了东江区域多元化的自然地理环境，为多元文化在这个特定区域内共生共存，并经过长期的交流融合，最终获得创新而形成东江文化的特定内涵提供了条件。以居住方式为例，惠阳等地有典型的客家围龙屋，惠东等地有潮汕地区为防御台风的低矮古民居，龙门等地又有典型的广府民居群落。之所以出现这种多样化的民居建筑风格，正如《惠府文化是东江文化的缩影》的作者所诠释的：“因为各式各样的周边文化一旦进入有着丘陵、河谷、平原的惠府文化区，便很容易找到各自继续生存与发扬光大的再生环境。”② 如果超越“惠府”，即超越现今惠州辖区的地域视角而扩大到历史上的整个东江区域，这种多元地缘性对东江文化交流融合的多元性内涵的特色的影响，则会更加明显。

进而，地域文化的构成，与特定地域内人口的构成具有较为密切的联系。这就是指特定地域环境内人缘因素对文化的“杂合”、创新，必然产生不可低估的作用。在以惠州为主体的东江区域，民族多达40多个，但在长期的历史演进过程中，汉民族占据绝对优势。在汉民族人群中，除了大部分说客家语的客家人之外，还有部分福佬人和广府人，以及极少数汉化的土著居民后裔。文化的延续和传递，文化教育的交流和融合，文化的传承和创新，主要靠人为载体来完成。历史上东江区域内这种居民多元化的构成格局，通过语言、生活方式等行为文化，使客家文化为要质的东江文化在吸取多元文化优长的基础上不断发展创新，又为广府文化、潮汕文化等其他独具特色的地域文化提供在东江区域生存的空间，最终从一个侧面促成东江文

① 付海燕等：《惠府文化是东江文化的缩影》，《东江时报》，2008年3月20日。

② 付海燕等：《惠府文化是东江文化的缩影》，《东江时报》，2008年3月20日。

化的特定内涵。就语言交流、建筑风格、民风习俗共存在东江“杂合”文化中的影响而言，《惠府文化是东江文化的缩影》的作者经过实地调查而提供的证据，则可视作为有说服力的诠释：“在东莞和增城考察期间，无论从方言上还是民居特色上，都明显感觉到东江下游与中、上游的区别。例如，在东莞和增城，尽管两地同样保留着自己的方言，但粤语比客家话更流行；古民居特色也趋于广府文化的梳式布局和棋盘式布局。”尽管东江下游较明显地体现出广府文化留下的痕迹，但因东江下游同属于东江文化区域（这在古代更为明显），从而东江文化的诸多要质至今仍留存有深深的印记，“在增城，我们仍发现有近半数的市民用客家话交流，而在东莞，我们更是惊讶地发现当地人同样有着‘捡金’的古老客家风俗”[①]。笔者认为，这就是东江文化传统顽强生命力起作用的结果。在21世纪信息手段、交往方式飞速发展的今天，仍能够保留着千百年前的社会风尚、生活方式的某些要质，可见东江文化的独特风貌及其顽强生命力是任何人为的力量都无法改变的。这难道不是东江文化的“兼容”或“杂合”，经过长时间交流、融合之后获得创新，成为东江民众所接受所认同的最明显例证吗？因此，笔者认为，“杂”应当指的是东江文化“多元化”的源与流；“合”应当指的是多种文化要质的交流融合。这种“多元化”的源与流，多种文化要质的交流融合，不是对多种文化的简单拼凑，更不是多种低俗、粗野文化成分的共存，而是通过长时期的发展演变，吸收多种文化优长之后，经过重新整合，从而形成具有东江文化特色的区域性文化体系。在这个体系中，兼容并包催生出开拓进取、勇于容纳吸取他人长处的东江文化特征。东江文化最根本的要素就是开拓进取、海纳百川、兼容并包的传统精神。如果说东江文化是“杂合”文化，恰恰是因为“杂合”而产生

---

① 付海燕等：《惠府文化是东江文化的缩影》，《东江时报》，2008年3月20日。

形成自己的特点，即开拓进取、海纳百川、兼容并包的精神为东江文化所拥有，“兼容”，或者说“杂合”，孕育出东江文化“核心价值观和结构上的系统性”，东江文化的首要特征也恰恰就在这里。

上述观点的第三层意思主张“以东坡文化为主线”重新整合惠州文化，并且提出四点具体建议，牵涉有关东坡文化课题研究、有关东坡文化与惠州城市形象的打造、有关东坡文化与惠州城市规划中人文景点的布设和有关东坡文化与惠州旅游市场的经营等方面。对此，李靖国先生撰文阐发了不同意见，明确指出：“倘依成先生将‘东坡文化’作为主体来整合惠州文化，恐怕不太合适吧?”① 因为，苏东坡贬惠只有两年多时间，“以这期间的思想、创作、行止来囊括整个东坡文化未免以偏概全”。② 尽管李先生的立论不准确，即用“东坡寓惠文化”来替代原有的“东坡文化”，将其作为新“四东文化”来谈论东江文化，坚持以本来属于东江文化要素的“东坡寓惠文化”与“东江文化”相提并论，其在文化定义或文化概念方面的缺陷明显存在，但已经从他不赞同以“东坡文化”作为主线来整合惠州文化的信息得到说明，不仅阐明了以“东坡文化”或“东坡寓惠文化”与“东江革命历史文化”等组成的新“四东文化”的不准确性，同时又告诉人们，以“东坡文化”为主线重新整合惠州文化的设想之所以不切合实际，其根源在于对东江文化的内涵缺乏深入考察，缺乏科学定位。笔者认为，这种观点重点考虑的是文化产业化、商品化，重视的是文化表层要素，恰恰忽略了东江文化的“核心价值观和结构上的系统性”。对惠州文化作这样的重新整合虽然有必要，但缺乏广度和深度，

---

① 李靖国：《新“四东文化”是“和合文化”》，《惠州日报》，2008年1月9日。

② 李靖国：《新“四东文化”是“和合文化”》，《惠州日报》，2008年1月9日。

有可能催生急功近利、追求政绩效应的心理，不利于惠州文化建设的深层推进。现今社会的发展趋势，是城市之间文化竞争力和综合竞争力的比拼，从长远的目光来看，惠州人更需要有一种开放的心态，一种海纳百川、兼容并包的进取精神。这种心态、这种精神是“东坡文化”难以囊括得了的。东江文化的历史和历史的东江文化则为今人提供了借鉴。看不到这一点，将会造成惠州文化定位不到位，就有可能使我们在惠州文化竞争力和惠州城市综合竞争力建设中付出惨痛的代价。由倪鹏飞主持的《中国城市综合竞争力报告》课题成果连续几年的数据及其分析，已经在这个问题上向我们敲响了警钟，惠州城市综合竞争力中有待提高的是市民素质。无论是本地人还是外地人，无论是旧客家人还是新客家人，均能在惠州共生共存，但人是文化传递的重要载体，新的多元文化通过不同人群传递到了惠州，需要重新整合锤炼，形成新的惠州文化核心价值观和结构上的系统性。要达到这个目的，也就需要全面系统地总结借鉴历史的东江文化，并在此基础上加以创新。必须明确指出的是，人的素质的提高，不仅仅是人的文明程度要高，更重要的是不管是惠州官方还是普通民众，需要有一种借鉴创新历史和现实的多种文化优长的能力。这种能力不是请来了多少名人作报告、组织了多少轰动一时的大型活动、建造了多少标志性的形象工程所能体现出来的。它需要我们立足于惠州的历史与现实的结合，立足于东江文化的历史与现实的结合，需要我们拥有求真务实的作风，需要我们克服急功近利、浮躁造势的心态，认真落实建设规划，用平和、冷静的心态更多地做一些能够符合惠州实际又可产生长远文化影响力的事情。

现在让我们来探讨以惠州为主体的东江文化的基本内涵。这个问题的前提“杂合”文化是东江文化在历史上形成的特点，未来也将继续存在。我们在前文已经明确指出，“杂合”是“东江文化”的特性，“杂合”不是对多种文化的简单拼合，而是吸取多种文化之优长而形成的创新，所以东江文化的基本内涵受这个特性的紧密制约，其具体内涵我们认为可以从如下五个方面作出概括。

东江文化的内涵之一是具有东江地域文化特色的思维观念、价值取向。总体而言，这个内涵是以惠州为主体的东江区域在历史上形成的地缘因素、人缘因素和文化传统因素起作用的结果。东江人的思维观念和价值取向就是开拓进取、海纳百川、兼容并包。中原人、广府人、潮汕人、外来人都可以在惠州获得生存的机会，中原文化、广府文化、潮汕文化和其他地域文化可在惠州拥有施展优长的舞台。譬如在宋代，这一文化内涵就已经达到了相当成熟的程度。大批外地人迁居东江，并得到了东江本地人（包括土著居民和秦汉隋唐时期移居东江的中原人）的认可和容纳。在这些外来人口中，既有普通民众，也有军人及其家属，还有大量贬官和文人学士，从而不断促进东江区域开拓进取、海纳百川、兼容并包的社会风尚的形成。从此之后，历经元明清及民国时期社会变迁的深化，东江区域特有的兼容并包的思维观念、价值取向传统体现得十分明显。近现代东江社会发生的诸多重大历史事件，主要因素之一就在于东江区域特有思维观念、价值取向。向往民主自由、勇于开拓进取、追求社会进步、敢担道义的民族精神，在辛亥广东光复、两次东征陈炯明叛军、东江农民运动高涨、东江高潭苏维埃政权创立、东江军民抗日御敌的过程中，得到极大程度的彰显。东江文化这种开拓进取、海纳百川、兼容并包的内涵，在20世纪80年代以来惠州改革开放社会主义事业的不断演进中，不仅得到了传承，而且获得了创新，惠州建市20年的伟大成就有力地说明了这一点。

与东江人思维观念、价值取向相联系的是，具有东江地域特有的学术思想、政治思想、文学艺术、宗教信仰等文化要素，成为东江文化核心价值观和结构上的系统性的一个重要组成部分，值得我们去总结、继承并予以现代意义上的创新。

东江文化的内涵之二是延续和传递东江地域性文化要素的

方式和手段。如语言文字、学校、图书馆（藏书楼）、博物馆、遗迹遗址、报刊、广播、电视等。这些文化传播方式和手段，在传递中国传统文化要素的同时，也体现出东江区域性文化要素的内涵。对这些文化传递要素的整理、维护或再现，譬如对历史名人故居的修复或重建，对丰湖书院等众多书院的维修或重建，对图书馆、博物馆的新建或扩建，对革命历史遗迹遗址的保护或维修，等等，既可保存东江文化遗产，又可促进惠州人文旅游资源的综合利用，产生不可低估的精神价值和经济效益。近几年来我们做了许多工作，但还缺乏整体规划，更重要的是应当组织力量对这些文化传播方式和手段进行全方位的研究，总结其可资借鉴利用的内涵所在。

东江文化的内涵之三是东江民众日常活动中具有东江区域性特色的社会生活要素，如风俗习惯、服饰、饮食、居住、礼仪等。东江客家建筑风格、东江人的多神宗教信仰、龙门农民画、小金口麒麟舞、东江盐焗鸡、东江酝豆腐等，都是具有浓厚地域色彩的文化之明证。关于这个问题，有关学者在“惠州东江民俗文化”的界定上已有较明确的阐述，我们在此要特别指出的是，首先要做的工作是组织力量对以惠州为主体的东江民俗资源进行总体摸底评估，了解清楚其源与流，梳理出可资借鉴利用的要素。

东江文化的内涵之四是以惠州为主体的东江区域自然资源。对自然资源的保护和开发非常重要，对自然资源在历史上的变迁的了解也十分必要。更为重要的是，我们在将自然资源作为旅游资源开发利用时，不仅应处理好与环境保护之间的关系，更应处理好与人文资源的保护、开发和利用之间的关系。只有这样，产生的实际效果才会更大，更有长久的生命力。

东江文化的内涵之五是现今以惠州为主体的东江企业文化要素。总结、借鉴历史文化，其目的是为了推进当代文化建设的步伐。东江文化不仅仅是历史的，同时也是现实的，所以把以现今惠州为主体的东江企业文化单列出来作为东江文化内涵的一个重要方面。企业文化牵涉许多方面，不是一个座谈会、一个大型活动能解决好的，关键是企业的管理机制，企业员工的素质。这就需要我们对东江区域内各式各样的企业文化建设现状，有较清晰的了解，然后在这个基础上作出切合实际的政策和措施。

总之，东江文化的基本内涵来源于历史的和现实的东江区域特有地缘、人缘和文化传统，来源于历史和现实中形成的"杂合"文化现象，也即"兼容并包"文化现象。只有从思想理论上作出这样的明确认识，才有可能领略到东江文化内涵的真谛所在。

（说明：本文原载《嘉应学院学报》2010年第1期。）

# 简论东江文化的源流和特征

历史具有连续性，文化也具有连续性。以惠州为主体的东江区域在历史上形成的文化传统，不同程度地影响着当今东江区域经济社会的发展进程的各个方面。从而，近几年来无论是学术界还是理论界，对以惠州为主体的东江区域内历史和文化的研究兴趣不断加强，诸如东坡寓惠文化研究、罗浮山宗教文化研究、《东江时报》组织的东江流域历史文化专访、东江风俗民俗研究、两次东征和东江农民运动以及东江纵队红色文化的研究等，均取得了可喜的成果。然而，我们认为东江文化研究现状中存在三个不足：一是研究深度有待加强。人们较多地注重现实生活中经济和旅游业的发展，很少顾及历史的东江文化和东江文化发展演变的历史，较多地重视现今文化设施的建设和论证，很少顾及东江文化的深层部分，即思维观念、价值取向等文化传统的研究，缺乏对历史的东江文化与现实文化建设紧密结合的必要性和重要性的认识。二是研究对象不太明确。人们未能将东江文化的基本定义准确提炼出来，譬如在 2004 年有旧“四东文化”，即“东江文化”、“东坡文化”、“东征文化”和“东纵文化”的提法，2007 年又有新“四东文化”，即“东江惠州民俗文化”、“东坡寓惠文化”、“东江革命历史文化”和“东樵宗教文化”的提法。“四东文化”的提法，将具体的东江文化要素同具体的东江文化定义或概念混为一体，很难真正捕捉到东江文化的基本内涵所在。三是研究区域狭窄。人们大多把目光盯住现实中的惠州，很少顾及东江文化的历史和历史区域性延续至今的东江区域。鉴于此，笔者拟就东江文化研究的几个重要问题试作初步分析，欢迎方家批评指正。

## 一、东江文化的源与流：地缘·人缘·文化传统的多元化

东江文化作为中国众多地域文化的一个分支，尤其是作为岭南文化中的一个重要组成部分，在其产生、形成和发展、演变的过程中，明显地体现出地缘因素、人缘因素和文化传统因素的作用，不管是它的源头还是流变，都较深地打上了这三种因素的印记。

地域文化的构成，起作用的首先是特定地理环境条件和历史上形成的特定行政区域。就文化地理学原理而言，地理环境是文化产生和发展的自然基础，也是决定不同地域文化存在差异的首要因素。历史上的惠州所辖区域，处于东江流域中下游。自开皇十一年（公元591年）隋文帝建置循州至1949年10月中华人民共和国成立时的东江专员公署的设立，其间所辖区域虽有变更，但最终大体上包括现今惠州、河源、汕尾、东莞及广州之增城、深圳之宝安和梅州之兴宁等市县。东江流域在两亿年前的中生代就生育于东北—西南走向的断陷盆地，被流水侵蚀、削低了山地，流水沿着这些夷平面两侧下切，把处于这条断裂带上的河源、灯塔、龙川等盆地切穿，并连贯起来，形成东江干流。因古生代地层分布广，河谷得到充足时间扩展而显得宽广，尤其下游河段，河床覆盖层深厚，便于垦辟，文明产生也就较早。[①] 谨以惠州为主体的整个东江区域而言，既有较长的海岸线，又有起伏不平的丘陵和连绵数十里的大山，还有较开阔的平原。这个特定的区域，既是闽、赣至广州的必经之路，又是通往海外的最近出海口。由于以惠州为主体的东江区域处于东江流域中下游，自然环境有利于人类生存，所以历史文明悠久。在其漫长的历史文明进化中，人们的交往范围相对狭窄，从而在以惠州为主体的东江区域内，逐渐在特定地域中生活的人群形成了相对稳定的思维观念、生活方式和风俗礼

---

① 司徒尚纪著：《珠江传》，河北大学出版社2001年版，第28页。

仪，这种特定意义上的东江地缘因素在不同程度上影响着东江文化的产生、形成和发展演变的轨迹。

地域文化的构成与特定地域内人口的构成有较为紧密的联系。人类社会产生、发展演变的历史告诉我们，有了人类才有人类文明，人类文明不断演进，推动着社会经济、政治和思想文化不断从低级到高级的演进。而因不同民族有不同的文明，多民族文明的交流融合，又不断促进和推动着人类社会的进步。区域性社会的发展演进也是如此。

虽然以惠州为主体的东江区域，民族构成多达 40 余个，但在长期历史演进中，汉民族占绝对优势。在汉民族人群中，除了操客家语的客家人之外，还有部分福佬人和广府人，土著居民只占极少数，不管是客家人，还是广府人和福佬人，都主要来源于中原移民。北方汉民迁徙至以惠州为主体的东江区域的历史可谓源远流长，上溯秦汉、西晋年间，中经唐朝安史之乱、黄巢起义，历两宋明清诸朝，民众迁徙连绵不断。如公元前 214 年，秦始皇平定百越后，迁陕陇之民居粤，“与越杂处”，一些北方人士开始定居于龙川等东江流域。两宋时期，因金人和元人相继南侵，中原以至江南地区遭到严重破坏，人民流离失所，被迫移居相对稳定的岭南，东江流域迎来了数量较多的岭外移民。与此同时，南宋皇室游移于海陆丰及潮惠沿海一带，部分臣民随即生活于此，民族英雄文天祥率兵从江西进入粤东，转战各地抗元，兵败后许多人落籍东江。据初步考证，现今东江流域龙川、惠阳、惠东、博罗、河源、和平、紫金、龙门等地不少姓氏族群是在宋元时期从内地移居的后裔。[①] 继两宋之后，元末明初因天灾人祸接踵而至，又有大批岭外汉民涌入东江流域垦荒定居。闽西、赣南的客家人“闻风而迁者络绎不绝”，而不少闽语系居民由福建直接迁徙到海陆丰、归善等地，

---

① 罗香林著：《客家源流考》，中国华侨出版公司 1989 年版，第 19 ~ 20 页。

最终形成以惠州为主体的东江区域内讲闽方言者的分布格局。清末民初，又有一部分兴宁、五华、梅县及潮汕人移居至以惠州为主体的东江区域。除了河源、龙川、东源、紫金、和平、连平等地为纯客家人区域外，龙门、博罗、惠阳、惠东、深圳、东莞、陆丰和海丰等地虽属非纯客家人居住区，但在土著人、广府人、潮汕人和客家人混居之中，客家人仍占有较大比例。[①]人口来源的多元化，构成了文化的多元化。在交通闭塞，商品流通领域狭窄的中国古代，生活在特定区域内的人们，与外部世界打交道的机会较少，在语言、习性等方面，尤其是在这个区域内因彼此通婚而形成的亲情关系，很自然地形成了一种相对稳定的人缘因素，对东江文化的产生、形成和发展演变产生着不可低估的影响。

文化传统对区域性文化的发展演变发挥着十分重要的作用。文化传统主要指一种精神或观念形态或社会风尚。地域性文化传统与特定地域环境条件、特定地域人口来源等方面紧密联系在一起。以惠州为主体的东江区域在历史中形成的文化传统，如开拓进取、海纳百川、勇于吸取外来文化的传统精神或社会风尚，深深影响到一代又一代东江人的思维观念、行为方式，某些方面还与现实生活息息相关。譬如以惠州为主体的东江人为什么不排外，不管是本地人还是外地人，都能够彼此共存，和谐相处？这是历史上东江区域文化传统的开放性、兼容性影响的体现。又如，以惠州为主体的东江人的宗教信仰和风俗礼仪的多样化，尤其是罗浮山道佛共存的宗教文化现象的独特化，与东江区域文化传统的多元化，与东江文化的开放性、兼容性和创新性文化传统的联系是十分密切的。再如，为什么近百年东江区域发生过许多重大的历史事件，都体现出东江人民强烈的献身精神和爱国爱民族爱家乡爱故土的深厚情结？这与东江

---

① 罗香林著：《客家源流考》，中国华侨出版公司 1989 年版，第 29~30 页；第 53~54 页。

文化在来源与流变的过程中形成的文化传统，如勤奋自励、勇担道义、不畏强暴等要素是分不开的。

## 二、东江文化的主要特征：开放·兼容·创新

东江文化的开放性、兼容性和创新性这一主要特征的产生形成，与东江文化演变过程密切相关。首先，如前所述，人口来源的多元化，使相对封闭落后的东江区域，自秦汉以来因中原移民的逐渐增多而不断形成多种文化融合的一个特殊区域。按照文化学理论而言，一种文化同另一种文化相处，最初必发生冲突与碰撞，但将最终达到交流和融合，形成由彼种文化与此种文化之优长相互补充而提升出的一种新的地域性文化特色。自秦汉至明清时期，大批中原人移居东江区域之后，他们在与恶劣自然环境作斗争的同时，又将中原先进文化带入以惠州为主体的东江区域，逐渐形成东江人重教崇文、勤劳节俭、刻苦自励、信守道义、不畏强暴等为内容的文化要素，即是两种文化交流、融合并产生效果的明显体现。徐旭曾在《丰湖杂记》中指出："客人以耕读为本，家虽贫亦必令其子弟读书，鲜有不识字、不知稼穑者"；"客人之风俗俭勤朴厚，故其人崇礼让，重廉耻，习劳耐苦，质而有文"；"客人语言，虽与内地各行省小有不同，而其读书之音则甚正。故初离乡井，行经内地，随处都可相通。"① 很显然，东江客家人的这一文化特性，具有中国传统文化和东江地域性文化的双重要素。这是促成东江文化开放性、兼容性和创新性特征的历史文化因素的主体之一。

其次，历代任职惠州各属的外籍官吏、谪居东江的中原官僚士大夫以及众多外来名人和学士游历东江，从另一个侧面促使东江文化开放性、兼容性和创新性特征的产生和形成。

就任职惠州各属外籍官吏而言，他们其中不少人在维护封

---

① 惠州市惠城区地方志编纂委员会编：《惠州志·艺文卷》，中华书局2004年版，第348页。

建统治方面尽忠职守外，还对兴学重教、改造社会风气做过许多有益的工作。如在宋高宗时，博罗主簿罗从彦极力推广、传授理学，以13个渡口的税利资助钓鳌书院；宋理宗淳祐年间，知惠州军州事赵汝驭主持筑文惠堂、聚贤堂，修东坡祠，建罗浮山见日庵、仙春亭、横翠亭、拂松亭；宋理宗宝祐年间，惠州知府刘克刚将聚贤堂改为丰湖书院，择州学博士兼任山长。博罗知县任志纲在明洪武年间修建县学宫；惠州知府李玘在明嘉靖年间，常坐明伦堂亲听诸生说经，释疑解惑，尽心培养、发现和选拔有用人才①。王瑛在康熙年间出任惠州知府，捐俸重建丰湖书院，并撰《丰湖书院记》鼓励官民关注支助文教事业，"一时惠州文教兴盛"②。杨希铨在清嘉庆年间出守惠州，曾为丰湖书院捐书600册，开丰湖书院藏书之先河，且聘任顾椿、林兆龙、王赠芳等名士为丰湖书院主讲。汪国霖在清道光年间出任惠州知府，常微服访察民情，严惩贪官污吏、地痞流氓；每月阅批府中学员课卷，亲定等次，对惠州文化建设多有作为。③ 官风正，民风则纯。尤其是守惠官吏对文化教育的高度重视，为以惠州为主体的东江社会风尚的形成提供了有利条件。这是因为，社会风尚存在着历史的积淀性和耐久性。开放性、兼容性和创新性作为东江文化的主要特征，是东江社会风尚的积淀性和耐久性的集中体现。而在凝聚这种积淀性和耐久性的过程中，外籍守惠官吏与本地官民作为文化载体，促成外地文化与本地文化的融合，其作用是不可低估的。

就谪居东江区域的贬官而言，继隋唐时期牛曾孺、李商隐之后，宋元时期的吴潜、苏轼、唐庚、刘克庄、陈鹏飞等众多

---

① 黄敏著：《惠州人才史稿》，江西人民出版社2005年版，第71～72页。

② 祝基棠等主编：《惠州名人》，文心出版社1999年版，第403页。

③ 祝基棠等主编：《惠州名人》，文心出版社1999年版，第409～412页。

官僚士大夫也曾谪居东江。这些人不仅学术造诣精深，而且为人处世光明磊落，一身正气，具有强烈的社会责任感和使命感，虽身处逆境，但锐意进取之心丝毫未减，忧国忧民之情显露无遗。他们在谪居东江期间，通过言传身教，移风易俗，将发达的中原文化，尤其是他们那种讲求实际，坚持真理，置自身荣辱得失于度外的实学精神，开拓进取、勇于创新的思维方式传递给东江人。他们不遗余力开展文化建设，对推进地方风气好转的长远眼光，又很自然地影响着东江人的思维观念和行为方式。这其中，除了众所周知的苏东坡外，还有北宋名相吴潜以及宋元时期的唐庚、陈鹏飞等人，他们或是传道讲学，或是体恤民情，在不同程度上对东江文化开放性、兼容性和创新性特征的形成产生影响。①

就外来名人和学士而言，他们来到东江，或是传道讲学，或是游历交友、咏叹山水，其举止言行、学术风格、思维观念和行为方式，直接或间接影响到东江文化开放性、兼容性和创新性特征的形成。如宋元时期的周敦颐、杨万里、文天祥、王守仁、方孝孺、俞大猷、戚继光等，清代的屈大钧、宋湘、王士祯、阮元、戴熙、黄遵宪、丘逢甲、章炳麟、梁鼎芬等，他们或是短暂停留，或是讲学传道，或是交流考察。这其中，最有影响的是先后主讲丰湖书院的宋湘和梁鼎芬。宋湘曾任丰湖书院山长的前后两年多时间，一直与知府伊秉绶精诚合作，重立学规，改革教学方法，注重培养生徒立身处世的能力，如将“敦重”二字题刻于丰湖书院大堂墙壁，作为生徒“为人为学的准则”。② 梁鼎芬在主持丰湖书院的前后三年期间，秉持“以文章道德气节倡后进”的教学理念，严格督导生徒为学做人，培养出江逢辰、李绮青、杨寿昌、叶榕煌、张慰增等大批饱学

---

① 祝基棠等主编：《惠州名人》，文心出版社 1999 年版，第 390 ~ 394 页。

② 惠阳县教育局编：《惠阳县教育志》（内刊），1992 年版，第 35 页。

之士。与此同时，梁鼎芬通过各种方式从省内外显官名流手中募集图书典籍五万六千多册，创建“丰湖书藏”，“有力地推动了丰湖书院的文化学术研究活动和惠州社会上的读书风气”。[①]

总之，不管是谪居东江的外籍贬官，还是名人和学士，他们在东江期间或主持文教，或讲学传道，均在阐发弘扬中国传统文化精神的同时，促进了东江文化教育、学术和社会风气的演变，有利于东江人开拓意识、开放意识、包容意识和创新意识的形成。

毫无疑问，东江文化开放性、兼容性和创新性特征的形成，是历史的东江文化多元化形成要素规约的结果。在明确了东江文化特征由来的问题之后，我们从与以梅州为主体的纯客家文化、潮汕文化和广府文化的比较中，具体讨论东江文化开放性、兼容性和创新性的基本要素。

东江文化的开放性，指的是东江历史上形成的封闭性和排他性较少，敞开大门，以开阔的胸怀接纳外来文化，让外来文化能在东江区域拥有生根、开花、结果的土壤，让外来人能在东江区域拥有施展才能和智慧的空间。

文化的开放性，是由特定地域人群的性格所决定的。尽管就岭南文化中三大民系文化而言，广府文化中的开放性十分突出，尤其是进入近代社会，“欧风美雨”最先为广府人所接受，“敢为天下先”的性格特征，促成广府人顺时而变的胸襟与气魄。潮汕文化因其与海洋文化血肉相连，从而潮汕人善于适应环境，商业意识浓厚，敢于冒险拼搏，开拓能力较强。然而，不管是广府文化还是潮汕文化，因其人群构成的数量和特定地域物质文化发展的自成体系性的功能健全，内在能力较强，所以这两种民系文化往往表现出较强的排外性、自闭性。这种排外性和自闭性，往往体现出强势文化的自大性和自信性。从一定程度上而言，自觉或不自觉地影响到文化更大程度上的开放

---

① 惠阳县教育局编：《惠阳县教育志》（内刊），1992年版，第36页。

性的张扬和继续发展。至于以梅州为主体的纯客家文化，因其客家人群数量较多的固定性，其历史形成的时间十分漫长，从而决定了其文化的自在性和自我性相当突出。相对另外两者而言，它与广府文化和潮汕文化有所区别：排外性相对薄弱，保守、温和的色彩相对浓厚，而其自在性和自我性不等同于广府文化和潮汕文化的自大性和自信性。这是因为，梅州纯客家文化的自在性和自我性，往往体现出文化的自满心理和悠闲心理；广府文化和潮汕文化的自大性和自信性，往往表现为对外来文化的怠慢和轻视。东江文化在其历史演变过程中，在民系形成上不仅相当多的人是来自第二、第三代中原移民中的老客家人，而且相当一部分人是来源于潮汕人、广府人，东江文化不仅与以梅州为主体的纯客家文化关系密切，而且与广府文化、潮汕文化交叉着发生联系。就其东江地域而言，它是以梅州为主体的纯客家文化、潮汕文化和广府文化交往的中心枢纽，在起到桥梁和纽带作用的同时，造就了东江文化固有的开放性。这种开放性，很少有广府人和潮汕人的自大性和自信性，也很少有梅州纯客家人的自在性和自我性；既不同于广府人和潮汕人对外来文化的怠慢和轻视，也很少带有以梅州为主体的纯客家人的自满心理和悠闲心理，如在社交语言方面，客家话、广府话、惠州话和普通话并用，很少像广府人的白话、潮汕人的潮汕话自成体系，在语言上往往首先把外来人、外来文化隔离开来。又如，在宗教信仰方面，罗浮山道佛合为一体，东江民间信奉多神，关公、如来、天主、黄大仙等诸神在民众信仰中彼此共存。尽管广府人、潮汕人和以梅州为主体的纯客家人也是多神信仰论者，但由于地域的特殊性，特别是历史文化演变的差异性，决定着东江人与广府人、潮汕人和以梅州为主体的纯客家人的宗教信仰又各有特点。广府人信仰龙母、康公主帅、南海神；潮汕人信仰妈祖、三山国王神；东江人不仅对这些神祇加以认同，而且还信奉谭公爷、冯仙姑等。[1] 尤需指出的是，罗浮山道佛共存，成为中国宗教文化中的一大奇观，紧靠此区域的东江人受其影响，不仅对道佛共同信奉，而且在民间信仰中实用主义色彩相当突出，“不虔诚（有灵、有事才拜神），不专一（见神就磕头、有事才拜神），不从一而终”[2]。东江民间宗教信仰这种鲜明的实用主义色彩，是与东江文化在历史形成过程具有特定开放性紧密联系在一起的。

东江文化的兼容性与开放性紧密联在一起，主要指的是对外来人群和外来文化的兼容并包。我们从东江文化产生、形成的历史可以看到，本土原生文化在接纳、吸引外来文化的同时，从异质文化身上吸取营养，进行“以我为主，为我所用”的文化嫁接。如前所述，在社交语言方面，东江历史上很早就形成了官话、粤语、客家话、闽语、潮汕语混合使用的格局，各自迎合对方，久而久之各种方言都在东江区域的使用过程中或多或少减弱了自身的原汁原味。由于与文化势能很强的广府为邻，且与香港交往频繁，所以造成了惠州本地话同粤语接近而日益疏远于纯客家话，譬如“骂、看、打架、闲谈”等，在惠州话就近似粤语（广府话）而有别于梅州客家话，均叫做“闹”、“睇”、“打交”、“倾偈”。[3] 此外，东江区域内在长期历史文化演变过程中，形成了众多混合型的方言土语群，如东江话“占米话”即是一种含有官话成分，又深受纯客家话、福佬话影响的混合型方言；而平海“军话”则是一种以北方语系为基础，融入广府话、纯客家话和潮汕话为方言的土语。诸如此类，尽管体现出东江文化的开放性，但最终产生效果的则是东江文化

① 成晓军等著：《近现代东江社会变迁研究》，河北人民出版社2008年版，第66页。

② 成晓军等著：《近现代东江社会变迁研究》，河北人民出版社2008年版，第327页。

③ 刘若云著：《惠州方言志》，广东科技出版社1991年版，第221页。

的兼容性。新中国成立后，特别是改革开放以来，不仅普通话的普及速度快，而且程度相当高，迥然有别于珠江三角洲（深圳和珠海除外）地区的粤语主流和潮汕地区的潮汕话主流，东江文化在这方面的兼容性更为明显。在饮食文化中，广府的茶楼文化、粤曲文化早已在以惠州为主体的东江区域扎根，广府人的红茶、客家人的绿茶、闽地人的乌龙茶系列，均在惠州占据一席之地，各种茶酒礼俗也融入东江风俗习俗文化之中。粤菜、客家菜、潮汕菜以及近几十年来涌入的湘菜、川菜、东北菜都能在惠州共生共存。再如，在民间艺术方面，东江文化的兼容性是十分突出的。不仅东江地区流行“南国红豆”等粤剧，而且东江区域的客家龙舟说唱“更源于广府的民间说唱木鱼书，具有‘山歌近客谣近粤’的特点”[①]。而风格独特、源远流长、影响深远的潮剧（潮州戏）在东江区域也占有一席地位，如海陆丰流行的用闽南话演唱和道白的、音乐悠扬、唱腔婉转、动作柔美、剧情动人的“正字戏”、“白字戏”等，即是对潮汕文化引入兼容的结果。[②] 由此可见，东江文化在历史上形成的兼容性十分明显。

东江文化的创新性，首先表现为一个内在结构诸因子的多变量的相互影响的复杂过程。除了罗浮山道佛共存现象、东江客家风情以及东江重教崇文与人才群体的形成外，最有典型创新意义的是近现代东江人爱国精神的彰显。爱国精神并非东江文化所独有，但为什么在近现代广东历史上乃至中国历史上影响深远？诸如辛亥革命在东江，两次东征在东江，农民运动中心在东江，苏维埃政权最早在东江建立，以及东江纵队成为华南抗日的一面旗帜，东江抗日根据地成为全国十五个革命根据

---

① 成晓军等著：《近现代东江社会变迁研究》，河北人民出版社 2008 年版，第 71 页。

② 成晓军等著：《近现代东江社会变迁研究》，河北人民出版社 2008 年版，第 71 页。

地之一，这一特殊历史现象的发生是偶然吗？为什么在这些重大历史事件中，中华民族优秀爱国主义传统在东江区域得到鲜明体现？原因尽管是多方面的，但在历史上形成的东江文化的创新性则起了重要作用。由于文化的创新性与文化的开放性和兼容性紧密联系在一起，所以东江文化的创新性，既与历史形成的东江文化的开放性和兼容性分不开，又与近现代东江区域特定时代环境，尤其与东江文化自身的创新能力融合在一起。例如，辛亥革命在东江的历史表明，东江文化既继承了东江历史上反封建的传统精神，又吸收了新时代环境下的追求民主、自由、平等、博爱等外来的西方资产阶级文化，最终凝聚而成反帝反封建的思维观念、行为方式。又如东江抗日根据地的发展壮大，东江纵队的发展壮大，特别是广大军民敢担道义、勇于流血牺牲的精神，既是对中国传统优秀文化的继承，又在新的时代环境下体现了东江文化的创新内涵。尤需指出的是，这个创新性与东江区域特定地缘和人缘因素的影响密切联系在一起。这也是为什么近现代许多重大历史事件不是发生在西江区域或北江区域的原因所在。由此可以说明，它们不是一种孤立的历史文化现象，也不是对某种文化的简单重复，而是东江区域内各种文化现象相互影响形成的新的文化特质。

其次，东江文化的创新性特征表现为从异质文化中吸取养分，进行“以我为主，为我所用”的文化嫁接和创造。除了以惠州为主体的东江客家话受广府话的影响较多，从而其语音与梅州纯客家话存在差异这个例证之外，东江客家民居建筑风格的创新性也十分突出。就东江客家围龙屋与梅州围龙屋相对比而言，东江客家围龙屋吸取梅州围龙屋建筑风格又有所创新。这个创新的表现就是以方形为主体，如惠阳镇隆大光村的“叶氏崇林世居”、惠阳秋长铁门扇林的“南阳世居”等，均是长方形建筑物，且有大量的瓷嵌、灰塑、砖雕、石刻和壁画等独特工艺融入建筑风格之中。实际上，不少东江客家民居“融合了梅州、韶关地区堂横屋、围龙屋和四角楼的特点，又吸收了广府、福佬民居的建筑布局及其艺术风格，更契合当地自然、经济的实际，无论在外延或内涵方面，均富有独特隽永的风采”[①]。这足以说明，东江文化不仅对外来建筑风格的吸取容纳能力较强，其自身创新性色彩也是十分鲜明的。由于东江文化的创新性表现的是对外来文化的“和而不同”，从而使得它与广府文化、潮汕文化和梅州纯客家文化有所区别，拥有自身独特的个性和品质。

总而言之，东江文化的开放性、兼容性和创新性是在长期历史演变、社会发展、文化交融中逐渐形成起来的，不仅客观存在，而且具有较顽强的生命力，是任何人为力量难以改塑的。

（说明：本文原载《惠州学院学报》2011 年第 2 期。）

① 惠州市客家文化研究会编：《客家缘》（内刊），2004 年版，第 62 页。

# “首届东江文化全国学术研讨会”综述

由惠州学院发起并主持召开的“首届东江文化全国学术研讨会”，经过半年多的紧张筹备，于2009年12月10日至11日在全国文明城市惠州隆重举行。提交论文和出席会议的有来自北京、河北、湖北、江苏、浙江、海南、广东等七个省市的专家学者近80人。会议收到论文全文及论文提要70余篇，内容涉及东江文化的诸多方面，反映出较高的学术水平。

## 一、关于东江文化名称定位和东江文化属性问题

当今世界，国与国之间，地区与地区之间，城市与城市之间的竞争越来越激烈。这其中，文化竞争力起着十分重要的作用。而在文化竞争力建设和培育的过程中，因文化具有连续性，具有历史性，要求我们必须遵循地域性文化发展演变的客观历史过程，从中找寻既具有悠久历史又有长久生命力的、“人无我有，人有我独”的文化内涵所在。从而给予东江文化名称一个准确的定位，对它的基本属性作出合适的判断，也就显得十分必要。成晓军认为，新旧“四东文化”的提法不准确，它注重的是现实生活中文化设施等要素的建设，“忽略了文化发展演变的历史延续性，将其具体文化要素与具体文化概念和完整文化体系混淆并等同起来了”。他明确主张将新旧“四东文化”的提法正名为“东江文化”，在这个基础上对历史的东江文化和现实的东江文化进行总结、梳理和提炼出核心要质，为现今惠州文化建设提供可资借鉴、利用的文化要素。进而，成晓军明确指出，尽管以惠州为主体的东江文化其要质和主体属于客家文化，但因历史上形成的特定地缘因素和人口多元化因素起

作用，使得它与广府文化和潮汕文化发生着较多联系，而不等同于纯客家文化。杨学新、肖红松在赞同东江文化这个定位的基础上指出，辨析东江文化特质、推进东江文化研究，是服务惠州经济社会发展的需求，不仅名称应定好位，而且应重点加强对东江根据地革命文化的研究。张卫波、王瑞指出："尽管历史上曾经有东江文化、东坡文化、东征文化、东纵文化之区分，但是，长远来看，'四东文化'终将融为一体，成为综合的新的东江文化。"宋开素也指出，惠州文化的核心和主体不是现今惠州客家文化，而是历史遗传至今的、包括海纳百川、兼容并包、勇于开拓进取等要素在内的东江文化。刘开美首先指出，以往，人们把"四东文化"并称为惠州文化；时下，惠州文化研究学界提出要以"东江文化"统领惠州文化。"这表明，惠州在研究地域文化中，已经由文化个案研究进入了文化定位整合。"刘先生进而以宜昌文化定位为案例，明确强调，定位"东江文化"可以体现出惠州文化的地域特征，可以反映出惠州文化的地域内涵，可以突显出惠州文化的地域品位。高钟认为，"商业与贸易的发展，使东江文化有着眼界开阔、机警干练、灵动多变的文化特色"；"东江文化还有一个重要的文化源，即是游宦文化的影响"，而"儒家精英文化所倡导的重农、重教、向学、喜文成为东江社会文化的一个重要特色"。可以说，高钟就东江文化产生形成的原因和基本内涵、特征等问题的分析，学术性十分突出。李立德则在使用"惠州客家文化"这个概念的前提下，指出它"在继承客家人传统文化精髓的基础上，吸纳和融合广府、潮汕地区等多元文化的精华，加以熔铸而形成的一种山区绿色文化与海洋经济文化兼而有之的富有特色的地域文化"。安贞元在明确定位东江文化这一概念的前提下，主张将其分为主体和特色两个部分，主体指的是大一统的中国传统文化，特色指的是东江文化的地域性要素。雷吉来、曾平辉就东江文化的内涵特征和发展创新也提出了看法。

**二、关于苏轼与东江文化的关系问题**

东江文化的形成与发展，以惠州为中心的东江区域声名渐起，与众多谪居东江的官僚士大夫和外来名人学士的思想言行有较为密切的关系。就谪居东江区域的中原官僚士大夫而言，继隋唐时期牛孺曾、李商隐等人之后，宋元时期又有吴潜、苏轼、唐庚、刘克庄、陈鹏飞等众多官僚士大夫谪居东江[①]；外来名人学士有宋元时期的周敦颐、杨万里、文天祥、王守仁、方孝孺、俞大猷、戚继光等，清代则有屈大钧、宋湘、王士桢、阮元、戴熙、黄遵宪、丘逢甲、章炳麟、梁鼎芬等[②]。这些人或是通过言传身教，移风易俗；或是通过传道讲学，游览交友，咏叹山水，将发达的中原文化传递给东江人，从一个侧面促成东江文化与外来文化的交流融合。这其中，苏轼对东江文化的影响尤其突出。因此，这次研讨会有数篇论文从不同角度对其给予了评价。林振武、张艺馨指出，从苏轼对惠州物质文化和精神文化作概括的诗文中，可以看到东江文化特有的内涵；同时，由于苏轼作为官僚、学者所具有的重大影响力，体现出他对东江文化形成发展过程的“极为重要作用”。作为岭南文化分支的东江文化，在接受中原文化南传的同时也向北传，“苏轼歌咏惠州风物的诗文在中原的传播就是一例”。这一观点颇有新意。因为，在以往的研究中，很少就东江文化北传的问题作出明确分析。陶原珂指出，作为贬官的苏轼，在惠州生活期间所作的词，与以往“大江东去”的豪放风格不同，体现出情调婉约的色彩，“这与他此时的际遇有关”。然而，同时又体现出“情调不单一，主题较多样”的特点，“重用的词牌也较

---

① 成晓军等著：《近现代东江社会变迁研究》，河北人民出版社2008年版，第172页。

② 成晓军等著：《近现代东江社会变迁研究》，河北人民出版社2008年版，第173页。

少”。究其原因，“与他此时生活、心境较为丰富多面不无关系”。对苏轼寓惠期间的词作作出这样的阐释，是有说服力的。王启鹏认为，苏轼寓惠期间处境十分困难，深受“生活贫困、失去亲人和提防政敌攻击”三重围困的挑战，但他善于从儒道释思想中吸取营养，以“超然物外”的思想为武器，自创了一种“和陶诗”新诗体，并进行创作，“从而克服了三重困难”。张小平对包括苏轼在内的谪居惠州的中原官僚士大夫对西湖和罗浮山的开发与影响作了分析考察。

## 三、关于丰湖书院与东江文化的关系问题

书院，作为中国古代重要文化设施之一，它在传递和延续中国传统文化过程中产生了极其重要的作用。东江地域文化的形成、发展演变过程，也明显地体现了这一点。的确，丰湖书院等东江区域众多书院，自两宋开始，对于东江人才群体的形成，社会风尚的传递与演进，起过不可低估的作用。此次研讨会提交的专论文章，就丰湖书院的历史变迁、办学特色及其影响等问题作了分析考察。冀满红、吕霞就丰湖书院在整个19世纪这一百年间经历的重建、繁兴到停滞不前，再到复兴转而衰落的原因作了分析考察后，对梁鼎芬主持丰湖书院期间形成的丰湖书藏给予了充分肯定，认为“丰湖书院的亮点在于对藏书事业的重视”。这个观点是符合客观历史事实的。正如《惠阳县教育志》作者指出，丰湖书藏的创立，“有力地推动了丰湖书院的文化学术研究活动和惠州社会上的读书风气”①。纪望平首先对丰湖书院的历史变迁作了整体考察，认为它作为南宋时期广东四大书院之一，“是惠州举办高等教育的重要基地和标志”。在文化传承上，“从孕育生发过程，隐现着深远的文化源流”；在人才培养上，自宋至明期间，涌现出一大批有学识、有才能、有人品的官僚士大夫；在人文景观建设和历代守惠官

---

① 惠阳县教育局编：《惠阳县教育志》（内刊），1992年版，第36页。

吏对教育的重视上，体现出可资今人借鉴利用的东江人文传递精神。邹富联在追溯丰湖书院办学历史源流的基础上，认为其“良好的办学氛围”、“学识渊博的大师”、“独具特色的教学”以及“严谨的学风建设”，共同构成了丰湖书院的办学特色，“其优秀的办学传统和办学精神为惠州地区文教的繁荣发展作了贡献”，丰湖书院与东江文化发展演变的关系十分密切。

**四、关于东江区域古代历史、地理与东江文化形成发展的关系问题**

东江区域悠久文明史与特殊的地理环境条件，在东江文化产生、形成和发展、演变过程中占有重要地位，发挥了重要作用。刘灿运用文献资料和考古文物资料，论证以惠州为主体的东江区域政治、经济、文化中心发展演变的三个时期及其发展中心区段，即战国时期的中心在博罗，秦汉时期的中心在龙川，隋以后的中心大体在惠州。由于文化的传递靠人来完成，刘先生指出自古以来惠州与现在美国的纽约相仿，是个移民城市。这样就使得惠州“兼容并蓄，融汇百川，成为多元文化的城市”。人口的多元化，促成文化的大融合，东江文化“兼容并蓄，融汇百川”的内涵和特征也就逐渐形成和发展起来。叶岱夫从历史地理学的角度考察东江文化产生、形成和发展、演变的基本特征，认为东江文化地理形态在发育、发展、定型过程中与东江古河道的变迁摆动不无关系。在这个分析的基础上，叶先生作出结论：东江古河道的历史摆动形成了东江中游文化（惠府文化）分别向东、西辐射发育的两个扇面，同时因东江干流河流袭夺与曲折不定以及支流众多汇入分布的历史水文特征和演变格局，奠定了东江串珠型水域形态与串珠型文化形态的自然地理学基础。这两个基本的文化地理形态，分别构成了开放型和包容型的东江文化生态学的两个特有品格特征，也就是开拓进取、兼容并包的东江文化特征。应当说，这个分析是很有道理的。刘向明从分析东江区域特殊地理条件入手，指出东江区域在岭南古史演进中形成和发挥了独特的地位和作用：一是成为珠江三角洲地区史前文化与粤东、闽西地区史前文化（浮滨文化）的交汇点；二是成为秦汉时期控制粤东的门户，也是粤东与粤中联系的纽带；三是成为广东历史上南北文化交流的重要通道；四是成为客家方言和广州方言交流整合的区域；五是与梅江流域保持着经济、政治和文化交往关系。刘先生在这里尽管强调的是地理环境条件决定下的东江区域的历史地位和作用，但实际是从分析东江区域古代文明史的角度作出这个结论的。丘立才从人口多元化和特殊地理条件的角度，重点分析以惠州为主体的东江区域人群，于发展中既形成了“走向南海，走向世界”的开拓精神，又形成了无论是开山还是耕海，最终谨守的是家乡之情、故园之情的乡土情结。赵善德、娄欣利在对先秦东江流域三组文化遗存，即深圳咸头岭组、东莞村头组和博罗横岭山组文化遗存进行比较综合后指出，这三组文化遗存在空间上均属东江流域，并隐藏着明显的普遍性特征，即动态地有效适应生态环境的变迁，调整生计方式；提高生产力水平；兼容开放；构建合理的传统文化。这个观点，富有学术见地。

### 五、关于东江学术思想、语言和文学艺术及民间信仰与东江文化的关系问题

东江区域自两宋至明清时期，由于文化教育的逐渐发达，涌现出了众多的人才，其中专家学者不乏其人，尤其在明代，东江本土学者群体迅速形成，学术成就十分突出。如方志学专家叶春及、兵学专家叶梦熊、理学家杨起元、史学家张萱、时评政论学者韩日缵等，他们的学术地位闻名全国。[①] 杨凤就明代东江学术思想的主要特点和成因作了专门论述。她认为，明

---

① 徐志达等著：《惠州文化教育源流》，广东人民出版社 2008 年版，第 204 页。

代东江学术思想的主要特点表现在学术领域的多元化、学术内容的包容开放、学术研究的地方特色、学术方法的直观务实以及学术倾向的人文重视等；而促进明代东江学术思想发展并形成特色的重要原因在于学校教育的发展、地方官员的重视、对外学术交流的发展。由此看来，明代学术思想的发展，对于提升惠州的声誉，促进东江社会的发展，塑造东江民众务实包容的性格产生了重要影响。清代以及民国初年东江区域政治、军事、文化教育等各界人才辈出的原因，又可以从明代东江学术繁荣的历史过程找到远期的依据。这个结论，涉及东江文化的专门化研究领域。

东江区域语言和文学艺术作为东江文化中一个重要内涵，引起与会专家学者的高度重视，有多篇论文从不同角度作了分析考察。刘灿指出惠州地区方言在古代“与广府地区粤方言血脉相连，息息相通，可以说它是广府粤方言的组成部分，到南宋以后，才受到客家方言的影响”。具体而言，大体经历了春秋战国时期、先秦两汉时期、两宋时期和南宋末年至今四个时期。这四个时期的划分，为学界深入研究东江区域方言具有借鉴启发意义。李立德认为，由于地理环境、历史渊源、人口聚居范围等因素起作用，惠州“客家语言独具一格”。林慧文不同意将惠州话和客家话画等号，理由有三点：一是惠州话族群归属于广义的客家，而惠州客家族群则归属于民系意义上的狭义客家，两者存在明显的区别；二是两者在语音上存在差异，古循州话就是惠州话，现今惠州话与客家话难以相通；三是两者在时空上存在差异，惠州话作为一种本地方言，在惠州的历史至少两千年，而惠州客家话存在的时间则不超过四百年。林先生的分析尽管属于一家之言，但它提醒我们惠州话和客家话有所区别，不能等同。龙建春认为，由于以惠州为主体的东江区域，在以客家文化为主体的同时，兼具广府文化和潮汕文化的特点，从而使得东江文学所反映的社会生活内涵丰富多彩，如较广泛流行的说唱、五句板、汉剧等，就是明显例证。总之，东江文学表现“真切”而又“厚道”。真切如客家山歌；厚道如新编东江山歌。李立德指出，惠州客家山歌虽源于梅州，但因受广府、潮汕歌谣影响，曲调虽无梅州山歌那么圆润，却显得高亢、豪放。李彦、温丹妮认为，惠州客家山歌虽与周边客家地区的山歌风格相近，但因特殊地理环境和复杂人口来源，使得其在细节处与周边地区山歌又不完全相同，呈现出独有特色。杜洪泉、岳晓云、罗传宝等在对惠东渔歌的历史背景、种类和特点作实地调查研究的基础上，就惠东渔歌的发展创新问题提出了建设性意见。林立则对惠东渔歌的文化价值及其保护问题作了分析，认为其价值包括历史的、愉悦族群的和促进族群认同等，他建议从传承保护、行政保护等方面加以保护和创新。东江麒麟舞作为东江区域历史传承至今的一种文化遗产，从一个侧面丰富了东江艺术内涵。罗晓敏就东江麒麟舞中麒麟的造型特色与装饰意味问题作了专题分析，认为其特点是麒麟造型显得仁慈、安详，祥瑞、喜庆色彩十分浓厚；装饰图案则处处体现出中国传统吉祥图案的特点，寓意深刻，美学观念朴素务实。她明确指出，应当在继承与发扬传统工艺技巧的同时，积极探索新的装饰方式和处理技巧，增强麒麟造型的美感和艺术性。潘胜、刘国钊就东江文化中具体要素同客家体育文化融合的问题作了分析考察，强调在融合的基础上实现创新。梁力文对东江书画艺术特色和渊源、东江书画家艺术精神的特点及东江书画艺术发展趋势作了重点考察。王宏宇就惠州客家民居形式和布局作了考察，特别指出客家围屋可溯源至东汉时期的“庄园制”，依据特定地理和水土特征而建成有“门堂屋、门堂屋组合体以及变化发展了的围屋、围垅屋”。

东江民众宗教信仰和习俗风尚，作为东江文化体系中一个重要内涵，几位学者对此作了初步考察。吴映萍、曾蔚阳认为，东江民间信仰的重要特点是多神崇拜，反映出东江文化多元化的内在特点。林慧文就东江民众的谭公崇拜现象分析东江民间信仰的民俗取向，具体表现为追求正统宗教俗化、俗神信仰的

“会节”化文化模式、追求风水心理和多种文化形态兼容共生的包容心态这四种取向特征。杨子怡围绕苏轼之妾王朝云被东江民众崇拜的现象这个主题，指出这种现象形成的原因在于岭南独特的蓄妾文化及文人士大夫的畸形节操观念与心态，给予朝云崇拜现象得以滋生的文化土壤。张泰山对新中国建立初期的爱国卫生运动及其对东江民众生活方式的影响作了分析，认为运动一方面改变了东江民众的传统卫生观念，另一方面使卫生与东江民众建立起可以感知的关联性，形成日常生活组织化和制度化。

**六、关于近现代东江历史事件和历史人物与东江文化的关系问题**

近百年东江区域出现的诸多重大历史事件，如辛亥革命在东江、两次东征讨伐陈炯明、东江农民运动的高涨、东江苏维埃政权早于中央苏维埃政府的建立、东江纵队和东江抗日根据地具有的重要历史地位和作用等；重要历史人物如廖仲恺、叶挺、邓演达、彭湃等，他们既深受东江文化精神的影响，又丰富和创新了东江文化的内涵。此次提交大会的相关论文，超过了十篇。高钟认为，客家人强烈的“民族主义精神在北伐铁军中得到了最充分的体现”，客家人的反抗性、执著性在北伐铁军中表现得十分明显。陈泽滨指出，第二次东征播下了革命火种，“萌生了中共地方党组织的建立，促进了大革命时期，惠州工农革命运动的蓬勃发展”。张建富、张家唐以 1895 年反割台斗争为主题，分析海峡两岸“文武合作、官绅合作、官民合作”的历史过程。张卫波认为，东江革命根据地对东江文化的丰富和发展表现在“海纳百川的包容精神；勇于改造旧世界的开拓创新精神；顾全大局、保家卫国的爱国精神”。黄金魁论证了东江文化与东江抗日根据地特有的环境条件，认为它“开创了具有地方特色的群众工作模式”，这就是“选择本土人士，彰显家乡情感；区别群众需求，维护群众利益；组织群众团体，启发群众觉悟。”杨学新、肖红松对东江抗日根据地文化内涵的发掘利用提出建议，呼吁对革命先贤的革命事迹加以总结、宣传；对中共动员民众的宣教方式加以研究；对红色文化资料加以搜集保护等。赖悦对近代东江地区政局和政权演变问题作了分析。吴仕雄就东征与第一次国共合作的关系作了考察。段云章认为，陈炯明与惠州的关系应当引起重视，加强研究，因为他的政治观、军事观和文化观的形成及其结果，多与惠州具有密切关系。宋作海对陈炯明联省自治的问题作了分析，指出此路在近代中国走不通。李吉奎对陈炯明政治生涯与惠州的关系作了简述，认为民国以来东江区域开一代新风运，粤军将领及各界子弟人才辈出，实与陈炯明在辛亥革命时期统领的循军有密切联系。从段、李等先生的观点中我们可以感悟到，对于陈炯明等备受争议的人物，不仅应当纳入东江文化研究的范围，而且应当运用历史唯物主义的立场观点和方法对他们的功过是非作出客观历史评判。

万齐洲认为，廖仲恺在国家观的认识上值得重视，“其中关于主权在民”、民众如何行使权利的论述“尤其令人瞩目”。范铁权等从大量西学新知的启迪、革命风潮的影响、亲友的支持与引导三个方面对廖仲恺在留日时期革命思想的形成原因作了分析考察。高永靖、彭小舟通过对周恩来在东江活动的考察，指出中国共产党在新民主主义革命时期的统一战线、武装斗争、党的建设三大法宝的产生，“与周恩来任东江行政各属委员会主任前后的理论与实践关系密切”。关威对张竞生在新文化运动时期提出改良生活习俗的主张作了分析。魏明枢指出，黄遵宪的《游丰湖诗》蕴涵着丰富的文化内容，反映出其对科举制度的怀疑，体现了客家人的生活观和人生观。叶洪添对邓演达是“小资产阶级的激进的代表”这一传统观点提出质疑，认为邓演达是“一位杰出的人民民主革命家”。

**七、关于东江文化开发利用的问题**

历史具有连续性，文化也具有连续性。研究区域性文化发展演变的历史，总结梳理出可资借鉴的经验，目的是为现实经济社会的发展服务，为城市文化建设服务。因此，提交此次会议的关于此内容的论文有近20篇。张菊梅在分析东江行政文化来源的基础上，对其基本特征作出评判，她认为其因循守旧与开拓创新并存；传统落后与现代精神并存；本土文化与外来影响并存。从而建议地方政府在当代行政文化建设过程中对这些特征加以高度注意。彭长明认为，东江革命历史文化资源具有稀缺性、完整性、传奇性和独特性等魅力，它的社会价值在于精神寄托、教育感化和凸显地方文化特色，经济价值在于发展红色旅游。李文珊指出，惠州具备形成城市生态边缘效应的地理位置，应当“利用这种效应，培育城市开放、包容、创新的精神特质，持续集聚市外人才、技术、资金等稀缺性发展资源”，用以“促进宜居宜业惠州的构建”。陈广万将历史上惠州为主体的东江区域风景名胜资源作为整体研究对象，提出东江区域与香港、澳门连成一体的生态旅游网的观点。这个观点不仅尊重东江文化发展演变的历史，而且具有宏观而长远的思考视角。庄丽丽、陈裕瑾指出，早在晋代就产生了罗浮山游乐活动和官方公共服务业务。北宋地方政府采取了一系列措施介入和扶持，但“在显示地方政府公共职能的同时，也暴露出公共服务理念的不足”。我们在开发利用罗浮山文化资源中，应当借鉴历史的经验教训。这个分析很有新意，具有明显的现实指导价值。潘海涛对有关惠州客家文化旅游资源开发与利用的问题提出三个建议：一是积极做好客家围屋的保护与开发；二是充分利用客家文化与历史，打造富有客家风情特色的旅游产品；三是积极挖掘客家文化，打造客家人文旅游品牌。伍毅志、伍毅敏在对惠州旅游品牌发展现状作出分析的基础上，提出了惠州旅游视觉品牌的塑造原则和初步建设框架。徐旭阳在分析东江人文旅游资源开发方面的优势之后，提出了惠州旅游产业发展路径，即提高认识，明确定位；增加投入，加强硬件建设；加强宣传，增加惠州旅游产品的知名度和美誉度，开展必要的旅游促销活动。蔺朝国重点对赵佗文化资源的开发利用问题作了考察，认为赵佗文化具有本始、君臣、民间衍生三大资源优势，提出了打造赵佗文化品牌的三大亮点的设想，即打造赵佗文化旅游热线；开发赵佗文化的系列产品；举办国际性赵佗文化研讨会。康钦春、罗向菲、申滢分别就东江文化与惠州城市文化竞争力的提高和提升惠州企业核心竞争力之间的关系问题提出了自己的观点。

在开发利用东江文化资源的过程中，涉及东江文化的传播方式问题上，会议有几篇论文作了考察。刘兰肖认为，鉴于东江文化是在多种文化交流和融合中通过文化涵化而形成的历史，当前东江文化的传播必须充分、全面利用多种途径和手段，"尤其是大众传播手段"，选择体现东江特色的文化观念，建立文化的合理开发和有效输出的传播机制，"从而使东江文化在多样化文化的包围中获得自我生存和协调发展"。蓝芬芬以数字化技术拓展惠州龙门县农民画的传承和发展为例，重点考察了大众传媒时代"东江文化"的传播问题，强调运用"记录、揭示、再现、传播东江文化"等多种传媒手段，在传统与现代之间，留住东江文化的生命力，用以促进东江文化与周边多元文化的相互交流与融合，"提升惠州城市的文化力"。周红炜以廖仲恺全文数据库的建设为例，分析加快惠州名人文献数字资源建设的必要性、重要性和具体原则等问题。蓝、周二人的观点涉及东江文化传播的多样性和深层性问题。苑焕乔则就地方文化对城市发展的影响问题提出了有益见解。值得特别引起注意的是，东江区域作为多民族居住之地，多民族文化融合构成东江文化多元化特征，但过去对汉民族以外的少数民族文化研究不够，此次有一篇专论龙门蓝田瑶族习惯法的文章入会，作者董立山指出蓝田瑶族习惯法表现出特有的地域性，内容涉及生产劳动、婚姻家庭、丧葬、宗教信仰及纠纷裁判等诸多方面，值得深入研究。鉴于东江文化与潮汕文化存在着较为密切的联系，黄挺、陈海忠分别就潮汕历史文化的有关问题作了探讨，为东江文化研究者提供了有益的借鉴价值。

此外，张兴汉、张剑峰以“东江骄子杨钊与惠州教育”为题，高度赞扬了杨钊先生爱国、爱乡的情结，认为杨先生是继承东江历史上重教崇文传统的、在当代的一位“敢为天下先的实业教育家”。王克鉴就东江民居文化对海岛文化的影响问题作了初步分析；余彬重点对海外客家文化的传承与变异问题作了考察；李春泰就加强东江流域交通问题的研究提出了自己的观点。

首届东江文化全国学术研讨会取得了预期的成功，我们完全有理由相信，东江文化的研究必将朝着系统深入的方向迈进。

（说明：本文原载《惠州学院学报》2010 年第 1 期；又载《东江文化纵横谈——首届东江文化全国学术研讨会论文集》，暨南大学出版社 2010 年版。）

# “纪念廖仲恺先生逝世85周年全国学术研讨会”综述

2010年8月20日，是伟大的中国民主革命家，中国国民党著名左派领袖廖仲恺先生遇刺身亡85周年纪念日。为了追念廖先生的丰功伟绩，弘扬“仲恺精神”，丰富当今文化建设的内涵，由惠州学院和中共惠州市仲恺高新区区委、管委会共同主办，惠州市廖仲恺何香凝研究会承办的“纪念廖仲恺先生逝世85周年全国学术研讨会”，于8月20日至21日在全国文明城市惠州举行。来自北京、上海、河北、江苏、山东、江西、湖北、湖南、贵州、广东十个省市70余位专家学者与会。其中，有德高望重的老专家，也有年富力强的中年学者，还有一批从政与治学相结合的惠州地方理论工作者。

会议收到论文近40篇，内容不仅涉及对廖仲恺思想言行的重新评判，而且延伸拓展至对廖仲恺的诗文、艺术造诣，廖仲恺与当时人物和事件的关系问题，以及如何总结、梳理和开发、利用廖仲恺家族文化资源等问题的探讨，将仲恺研究推进到了一个新的阶段，体现了近五年来国内学术界关于廖仲恺生平思想言行评价的较高学术水准。

本次学术研讨会的第一个突出特点是对廖仲恺与陈炯明、蒋介石、汪精卫和胡汉民等人的关系问题，作了富有学术性的分析考察。部分代表认为，尽管陈炯明等人一向被学术界认定为反面人物，但他们思想言行的构成极其复杂，不能简单作出是或非、革命或反革命的政治定论。廖仲恺作为孙中山晚年的重要助手，与蒋、汪、胡关系相当密切。所以，通过对廖仲恺与这些人关系的研究，既可还其历史人物的复杂真相，更可衬托出廖仲恺伟大人格和丰功伟绩。对此，段云章教授的《辨析廖仲恺与陈炯明关系的几个问题》，李吉奎教授的《廖仲恺与蒋介石》，万齐洲副教授的《廖仲恺与汪精卫早期国家观之比较》，零建洲先生的《廖仲恺与陈炯明的恩怨》等文章，从不同角度提出了自己的看法。如段云章教授指出："陈炯明与廖仲恺所代表的激进民主派，既有斗争大方向的大同，也有斗争政略、策略、步骤、方法等方面的歧异。其性质不能说是敌对的，主要表现为激进与缓进的矛盾。"李吉奎教授指出："蒋介石与廖仲恺之间，曾有过密切的关系。廖帮助孙中山栽培蒋，为蒋长黄埔手创基业，廖之死又为这个权谋家发迹提供了绝佳的机会。"万齐洲副教授指出："廖仲恺与汪精卫都对国家问题予以了高度重视，作为国民党的中坚力量，廖仲恺的国家观有着资产阶级思想的深刻烙印。但是，由于认识到中国的基本国情以及与西方社会的不同，廖仲恺在国家主权的最终归属上，又与国民党右派人士迥然有别。这也是在孙中山去世后，仍然坚持贯彻联俄、联共、扶助农工三大政策的重要思想基础。"上述观点，力求运用唯物辩证法原则，站在近现代中国社会复杂多变的历史背景下，分析考察廖仲恺与各方人物，包括后来背叛孙中山或当时已经与孙中山分道扬镳的历史人物之间的深层关系，从新的研究视角梳理出廖仲恺的伟大人格和历史功绩，避免了以往研究中往往流于简单政治评判的弊端。

本次学术研讨会的第二个突出特点是探讨了"仲恺精神"的定位及其当代价值问题，并且提出了开发利用的思路和方法。成晓军教授在《试论廖承志对"仲恺精神"的继承和发展》中指出，"救国兴邦"的爱国主义精神构成"仲恺精神"的主体和核心，是左右廖仲恺思想言行的灵魂。至于人们在阐述"仲恺精神"时常常提到的，诸如"与时俱进、追求真理的精神，勤奋实干的工作作风，廉洁奉公的道德品质，为工农大众谋幸福的献身精神，坚韧不拔、不怕流血牺牲的人格风范等，则系

‘救国兴邦’爱国精神总体内涵中的分解要素”。吴映萍副教授和曾蔚阳助理研究员在《仲恺精神对当代大学生的启示》中指出：“新的时期，仲恺精神的内涵也应赋予新的内容”，“爱国精神是仲恺精神的核心”，“可以说仲恺先生其他优秀的品德精神都是在爱国精神的基础上衍生出来的”。在这个研究的基础上，对当代大学生继承和发扬“仲恺精神”的具体内涵及其必要性和重要性作了分析。成晓军和吴映萍、曾蔚阳有关“仲恺精神”定位问题的认识，既是对近几年来惠州本土关于“仲恺精神”大讨论的总结，也是在学术内涵上的深化。周兴樑教授在《略论廖仲恺的人品道德风范》中，将“忠贞坦诚”、“勤勉实干”、“廉洁公正”、“勇毅果敢”四者概括凝聚为廖仲恺的人品道德风范，也即“仲恺精神”的基本内涵或重要因素，指出“上述的这些优秀品德，是其留给后人的宝贵政治财富，很值得我们继承、珍惜和弘扬”。杨凤教授在《论廖仲恺全球视野发展观》中指出，廖先生的全球视野发展思想“对于促进当今对外开放的发展具有现实价值”，特别是其关于中国应当承担的“世界义务与责任思想”，对于我们面临“全球经济发展带来的全球环境问题的解决具有重要启示”。杨教授所说的廖仲恺的全球视野发展观实际上涉及的是廖先生的世界观念，这无疑将“仲恺精神”的内涵加以了深化和拓展。如何弘扬“仲恺精神”，如何推进廖仲恺研究领域的深入问题，是目前廖仲恺研究中必须思考的一个问题。惠州市仲恺高新区管委会副主任文绍良先生在《弘扬仲恺精神，打造人文创新型高新区》一文中，具体提出了“学地结合”，共同将“仲恺精神”融入文化建设实践之中的思路，如运用编纂出版丛书、制作影视专题片、开展专题论坛等途径，让“仲恺精神”成为“高新区的重要文化标志”。在以往的研究中，我们很少将廖仲恺家族成员作一个整体研究。然而，廖氏家族几代人的“政治生涯融入中国近现代史，并成为其中的重要组成部分；还由于他们的思想和活动堪为楷模，有助于当代人文精神的高扬”①。鉴于此，成晓军教授指出，有必要将廖仲恺家族作为一个整体进行综合性研究，挖掘、梳理出廖仲恺家族文化资源的基本内涵，为当今文化建设提供可资借鉴、吸取的有益成分。这是对廖仲恺研究方法、思路的新的思考。

本次学术研讨会的第三个突出特点是部分论文从选题到内容的论述，体现出多角度、多学科理论、多思维领域研究廖仲恺及其家族成员的学风。如邵雍教授在《廖仲恺与广东土匪问题》中指出，应当对“探究土匪产生的原因”和“廖仲恺治省从政”的关系问题加以重视，因为廖先生“在治匪斗争中既坚持原则，又讲究策略，善于区分有罪与无罪”。李文珊、王国宇教授的《廖仲恺的行政人格及其当代启示》一文，从新的视角，运用新的方法对廖仲恺行政人格要素的产生、形成和基本内涵，以及当代启示提出了新的观点，弥补了以往研究的不足。余旭阳教授以《从廖案初期国民党的纪念看廖仲恺对民主革命的贡献》为题，从新的视角分析廖仲恺对中国民主革命作出的重要贡献，颇具学术价值。杨子怡教授、纪望平研究员和彭小舟副教授围绕廖仲恺、何香疑、廖承志两代人的诗词、绘画艺术风格和价值，作了别开生面的分析考察，为丰富廖仲恺研究的内涵，拓展廖仲恺研究领域做了有益的尝试。就以往研究状况而言，廖仲恺研究的起点已经到达了相当高的程度，只有拓展研究领域，运用新的研究理论和方法，尤其是运用多学科理论和方法相结合的方式，才有可能深化廖仲恺研究的学术水准。对于这个问题，本次学术研讨会有了一个新的起点。

本次学术研讨会的第四个突出特点是在前人研究的基础上，对廖仲恺民权主义、民本主义和社会主义思想以及财政经济思想和活动，作了多角度的考察，提出了新的观点。如林建曾研

---

① 蒙光励著：《廖家两代人——廖仲恺何香凝和廖梦醒廖承志》，暨南大学出版社 2007 年版，第 2 页。

究员在《试论廖仲恺社会主义思想的发展变化及特点》中指出，对社会主义思想的探索，成为“廖仲恺毕生与时俱进，不懈地追求社会主义的主观原因”。张卫波副教授在《论廖仲恺的社会主义观及其地位》一文中强调，“当人们不再以单纯的所有制来区分资本主义社会和社会主义社会时”，回顾总结廖仲恺对社会主义特点的论述，“我们能从中得到一些有益启迪”。张晓辉教授在《廖仲恺与南方政府财政》一文中认为廖仲恺先生长时期“致力于统一财政、整顿财税，开启了南方政府和以后南京国民政府的基本制度，推动了中国财政建设的近代化进程”。刘劲松以《廖仲恺的直接民权论述评》为题，从改造代议制为出发点并以此作为切入点，指出“廖仲恺的直接民权论较早吹起改造代议制的号角，对孙中山宪法学说的形成，不无积极作用，在近代中国历史上具有广泛而深远的意义”。董立山教授的《析论廖仲恺的民主宪政思想》和赖悦副教授的《廖仲恺“民本”思想的历史意涵与价值》等文，在现有研究基础上作了专题考察。李远教授和吴擎华副教授分别以《廖仲恺经济思想变迁》、《廖仲恺经济思想的形成与发展》为题，指出廖仲恺“能够从中国国情出发探索中国的贫穷落后的原因和寻求经济发展的办法，能够正确地找出相应的方针、政策和措施”。从而一方面“反映出他经济思想的成熟”，另一方面“又反映了他作为资产阶级民主革命家的鲜明立场与革命精神”。廖仲恺经济思想的基本成果在于“在认清近代中国国情基础上，寻求近代中国经济发展的途径和发展前提；探求中国近代化经济发展的路径；反帝爱国；顺应时代大潮”。这些观点，从一个侧面体现了此次研讨会的学术深度。

本次学术研讨会的第五个突出特点是显示出高校专家学者与地方政府合作，将学术研究成果转化到现实文化建设的良好开端。早在五年前，时任中共惠州市市委副书记、宣传部部长的刘耀辉在惠州市廖仲恺何香凝研究会成立大会的讲话中指出：“要加强与党委、政府及有关部门的联系，善于把廖仲恺何香凝的有关理论学术研究成果转化为党委、政府和有关部门的决策参考，及转化为激励家乡人民投身仲恺家乡建设，促进惠州教育、科技、文化事业发展的新资源、新动力和经济发展的新增长点。”① 五年来，我们虽然在这个方面做了很多努力，也取得了一定效果，但真正形成“学、政”两个领域的深层次结合，使“廖学”研究成果融入地方经济、文化建设，迈出实质性一步，则是以此次学术研讨会为重要标志。如中共惠州市仲恺高新区常委、副主任文绍良先生在学术研讨会发言中指出：“要通过加大财政投入，成立政府引导、专家参与型的专门研究机构，建立务实、专业的研究队伍……特别是要借助惠州学院等当地的文化学术权威部门的力量，进行合作挖掘研究，不断发展和丰富仲恺精神。”② 经过初步协商，以惠州学院专家学者为主体成员的惠州市廖仲恺何香凝研究会在换届选举理事会之后，已启动与惠州仲恺高新区全方位合作打造廖仲恺家族文化品牌的实施方案，内容包括编撰出版“廖仲恺家族·东江历史文化丛书”；2012 年举办“纪念廖仲恺先生诞辰 135 周年国际学术研讨会”；2013 年举办“纪念廖承志诞辰 105 周年暨逝世 30 周年全国学术研讨会”；制作“廖仲恺家族”VCD 光盘；申报“廖仲恺家族文化史”省社科基金项目等。

此外，李鹏程、孙海洲副教授的《廖仲恺论近代中国国情》，吴彬副教授的《廖仲恺与广东工农运动》，高钟教授的《客家文化与廖仲恺三民主义思想》，向军副教授的《廖仲恺研究述略》，周红炜副研究员的《近五年来廖仲恺研究文献综述》，余彬博士的《廖仲恺早年华侨时期对其国家观形成的影响》等论文，对廖仲恺思想言行作了多视角的分析，有利于廖

---

① 惠州市廖仲恺何香凝研究会编：《廖仲恺何香凝研究》，广东科技出版社 2006 年版，第 15 页。

② 《悠悠乡国思——纪念廖仲恺先生逝世 85 周年全国学术研讨会论文集》，暨南大学出版社 2010 年版，第 5 页。

仲恺研究的深化。

总之，此次学术研讨会不仅反映了21世纪最初十年廖仲恺研究新的学术水平，且为进一步推动廖仲恺及其家族成员研究的深化，提供了学术支撑力，尤其是在专家学者与地方政府合作，开发利用廖仲恺家族文化资源方面作出了有益尝试。

（说明：本文原载《中国社会科学报》2010年9月2日和《惠州学院学报》2010年第5期；又载《悠悠乡国思——纪念廖仲恺先生逝世85周年全国学术研讨会论文集》，暨南大学出版社2010年版。）

# 东江历史事件和人物研究专题

# 简论大革命时期东江农民运动兴起和发展的原因

大革命时期，肇始于海陆丰的、以惠州为中心的东江农民运动，其规模之浩大，影响之深远，是全国其他地区所不能比拟的。它不仅在中国新民主主义革命史上占有重要地位，而且与东江社会在20世纪30至40年代的发展演变有着密切的联系。所以，开设专题分析考察东江农民运动兴起和发展的原因，既具有重要的历史价值，又有着明显的现实意义。这就是说，在同样的社会历史背景下，全省乃至全国农民运动能够首先在东江地区发生并迅速高涨，需要我们从历史的角度分析其原因。在政府及国人关注“三农”问题——农民问题、农业问题和农村问题的今天，总结吸取大革命时期国共双方重视农民问题的解决，依靠和发挥农民的作用，让农民觉悟起来，为自己谋幸福的经验教训，从中获得有益的借鉴，显然是一件非常有意义的事情。

## 一、特定的地域环境，为大革命时期东江农民运动的兴起和发展提供了活动空间

毛泽东在《中国革命和中国共产党》一文中强调：“如果革命的队伍要准备积蓄和锻炼自己的力量，并避免在力量不够的时候和强大的敌人作决定胜负的战斗，那就必须把落后的农村改造成先进的巩固的根据地”；同时，“由于中国土地的广大（革命势力有回旋的余地），由于中国反革命营垒内部的不统一和充满着各种矛盾，由于中国革命主力军的农民的斗争是在无

产阶级政党的领导之下”，这样就使得“中国革命有在农村区域首先胜利的可能”。尽管这种胜利的取得必须经过长期艰苦的斗争，但“忽视以农村区域作革命根据地的观点，忽视对农民进行艰苦工作的观点，忽视游击战争的观点都是不正确的”。[①] 这就是说，尽管地域环境不是革命斗争或政治运动取得成功的关键因素，但中国是一个农民和农村占绝大多数的国度，尤其是在敌强我弱的形势下，做农民群众的宣传发动工作，组织领导他们参加反帝反封建的革命斗争，发挥其有利的地理环境条件的作用却又显得十分重要。

历史上的东江地区，泛指东江流域内位于广东东部的广大区域，并非固定的行政区划。大革命时期的东江地区，包括现今惠州、河源、梅州、汕头、潮州、揭阳、深圳、东莞等地区。这个地区幅员辽阔，东依闽西、闽南，西连珠江三角洲，与香港、澳门毗邻，北靠赣粤边境，南临浩瀚大海，拥有 1 000 多公里长的海岸线。境内除东南沿海为丘陵平原地带外，大部分以山地为主，如罗浮山、莲花山、九连山等山脉更是巍峨险峻，连绵起伏。这个特殊的区域，既是闽、赣至广州的必经之路，又是通往海外的最近出海口。东南重镇汕头，在古代中国为闽、粤、赣三省边境物资集散地，商品流通地位十分重要；西南重镇惠州不仅自西晋以来就成为东江流域政治、经济和文化教育中心，而且地处咽喉要塞，为历代兵家必争之地。在这个区域内，水陆交通便利，易于同外界联络，便于从境外获取新思想、新信息，山地较多且险峻绵延，又便于暗中开展对贫苦农民的宣传发动工作，在敌强我弱的情况下，有利于分散行动，保存自己，待机发展。加之东江地区历史上形成的政治辖区统一体，远离省城广州而使得封建统治力量相对薄弱，便于发展革命力量。在封建统治链条薄弱一环中打开一个缺口，并以此为中心，建立起农民团体，发展农民力量，最终将星星之火扩大为燎原

① 《毛泽东选集》（合订本），人民出版社 1969 年版，第 598 ~ 599 页。

之势。如彭湃最早开展农民运动的据点海丰县位于南海之滨，“幅员四百余里，极南天末，形势孤悬，其背则层峦叠嶂，其面则大壑巨洋潮之上”①。这种特殊的地理环境，非常有利于开展秘密的革命活动。又如后来成为最早建立中华苏维埃政权的惠阳县高潭区（今属惠东县）一带，因与海丰县接壤，农民运动的火种很快就因这种地缘关系传播到高潭，并迅速扩展到惠州各地。事实证明，东江地区特殊的地理环境，不仅为大革命时期东江农民运动的兴起、发展和东江苏维埃政权的创立、建设提供了必备条件，而且为第二次国内革命战争时期中共走农村包围城市的道路，在广大乡村尤其是经济落后的山区建立革命根据地留下了可资借鉴的实践经验。对于这个问题，有关学者已经指出：早在毛泽东创建井冈山革命根据地之前，以海陆丰为主体的东江革命根据地就已经建立起来了，县级苏维埃政权也比湘赣边界苏维埃政权早了半年多时间，土地革命开展的时间也比井冈山革命根据地早了一年时间。② 从这里可以看出，尽管东江革命根据地和东江苏维埃的创立，是在大革命失败后的事情，但它与大革命时期东江农民运动的兴起和发展存在着密切的关系。这其中，东江地区特定的地理环境为东江农民运动的兴起和发展创造了条件，也为土地革命时期东江革命根据地和东江苏维埃政权在全国范围内最早创立带来地缘和人缘方面的优势。

## 二、东江人民光荣的反帝反封建革命传统和斗争精神，为大革命时期东江农民运动的兴起和发展打下了良好的政治基础

东江地区尽管不是西方列强入侵最早最集中的地区，但它

---

① 《中国共产党东江地方史》编纂委员会著：《中国共产党东江地方史》，广东人民出版社 2001 年版，第 26 页。

② 中共广东省委党史研究室编：《论东江苏维埃》，广东人民出版社 2001 年版，第 29 页。

作为最早受到西方资本主义冲击的广东省地区，相较于内地其他省区而言，传统的自给自足的自然经济结构解体得较早。东江社会的阶级矛盾本已十分突出，在西方资本主义入侵的激化之下更日益尖锐激烈起来。有压迫有剥削，就会有反抗。正如毛泽东所说："帝国主义和中国封建主义相结合，把中国变为半殖民地和殖民地的过程，也就是中国人民反抗帝国主义及其走狗的过程。"① 具有光荣革命斗争传统和反抗精神的东江人民，在19世纪50年代至20世纪20年代这半个多世纪的时间里，以各种形式开展反帝反封建的革命斗争和武装起义。归善人翟火姑、罗亚添等天地会首领联合三栋圩会党首领何亚璜等人，于1854年8月发动起义，队伍一度发展到数万人，先后转战于归善、博罗、河源、和平一带，历时一年多，因清兵围剿被迫向江西吉安转移，依附太平军。这次农民起义无论就坚持的时间来说，还是从规模影响而言，均在东江近代历史上开启了反帝反封建斗争的先河，对革命斗争留下了深远的影响。

1899年4月，英国政府凭借《展拓香港界址专条》，强行勘定香港"新界"，遭到愤怒群众的坚决抵制。东莞雁田500多民众组织抗英武装支援元朗、锦田、大埔等地人民，抗击英军强租新界。后因敌强我弱，"新界"被英军强行侵占。为了遏止英军越过深圳河，占领深圳及附近乡村，东莞各地组成志愿民军3 000人，开赴雁田前线，与新安人民协同，投入到抗英斗争中。东江人民表现出的团结一致、不畏强暴、共御外侮，为大革命时期农民运动的开展打下重要的精神基础。

孙中山自步入政治生涯之日起，就不断认识到清朝政府腐败无能，只有运用武装起义的方式，流血革命的途径，将其推翻并代之以民主共和政体，才能使以农民为主体的中华民族从帝国主义和封建主义双重压榨的苦难境地中自立自强起来。因此，他在辛亥革命前曾多次组织武装起义。这些武装起义中就

---

① 《毛泽东选集》（合订本），人民出版社1969年版，第595页。

有两次发生在东江重镇惠州。1900 年 10 月，由孙中山亲自策划以郑士良为首发动的惠州三洲田起义，队伍有两万多人，影响遍及今惠州、河源等地。尽管这次起义最终因武器和资金来源不济宣告失败，大批起义人员流亡海外，但这次起义震动全省，锻炼了群众，扩大了政治影响。它不仅为孙中山后来开展武装起义提供了可资借鉴的经验教训，而且对于培养和激发东江人民反抗封建统治的革命精神起了重要作用。1905 年 8 月中旬中国同盟会成立后，确定了在全国范围内，尤其是在南方省区开展各种形式的政治斗争和武装起义的计划。1907 年 5 月，孙中山根据惠州的诸多优势，再次策划在惠州举行武装起义。同盟会员邓子瑜奉孙中山手谕从南洋回到香港，委派陈纯、林旺、孙稳等在博罗、龙门、饶平等地策划起义。这次起义以惠州为中心，分三路进兵，以夺取汕头、广州、惠州为目标，最终建立广东革命根据地。是年 6 月，惠州七女湖起义爆发，起义军先后攻占泰美、杨村、柏塘、公庄、石坝等地。这次起义尽管因敌强我弱宣告失败，但它为推进辛亥革命高潮的到来起到重要作用。从此之后，东江各地农民起义源源不断，地方封建统治秩序被打乱。可见，辛亥广东光复之所以最早在惠州由陈炯明、邓铿等率领的反清武装实现，并不是偶然的事情。它既是东江人民对传统反帝反封建革命精神继承弘扬的明显体现，也是东江地区对民主革命有利的政治环境和条件的集中反映。

**三、帝国主义和封建统治势力的双重政治压迫与经济剥削，致使东江人民灾难深重，渴求政治和经济权益的愿望异常迫切，这为大革命时期东江农民运动的兴起和发展提供了坚实的阶级基础**

中国是一个农业人口占绝大多数的国度，由于没有经历过完整而发达的资本主义阶段，工人阶级的力量相对有限，从而中国民主革命必须实行工农兵学商大联合，才有可能完成反帝反封建的民族民主革命重任。进而，在实行工农兵学商大联合的过程中，如何把农民组织起来，如何依靠农民的力量解决中国民主革命的问题，则是一个关系到革命能否取得成功的关键问题。正如毛泽东所强调的：“中国的革命实质上是农民革命”，农民问题，“成了中国革命的基本问题，农民的力量，是中国革命的力量”。[①] 这就是说，农民是中国民主革命过程中重要的依靠力量，是不可或缺的阶级基础。

大革命时期东江农民运动之所以迅速兴起和发展，原因之一就在于它的阶级基础——以农民为主体的，革命要求和愿望异常强烈的广大东江民众。在19世纪初期的东江地区，已经产生了微弱的资本主义萌芽，不少县城和圩镇先后涌现出大小不一的作坊和工场。那些失去土地的农民，进入这些作坊和工场做工以求生存，资本主义只不过因封建势力的压制显得发展缓慢而已。步入近代社会以后，随着一系列不平等条约的签订，汕头、惠州等地被开辟为通商口岸，西方列强与中国封建官僚相勾结，在经济上凭借种种特权，控制着金融机构和外贸市场，肆意倾销外国商品，致使东江社会经济和手工业生产受到严重破坏，大批农民失去土地，生计异常艰难。据初步统计，占东江农村人口74%以上的贫苦农民只拥有可耕地的19%，而占人口60%的地主、富农却占可耕地的66%。农民中佃农的比例达80%以上，而地租却占农民收入的60%至80%。繁重的地租和各种苛捐杂税压得农民喘不过气来，许多农民被迫靠借高利贷维持最起码的生计。[②] 与此同时，东江地区土匪和民团活动猖獗，在香港、澳门等地西方资本主义势力的庇护、支持和怂恿之下，或打家劫舍，欺凌弱小；或催粮逼债，巧取豪夺，使得社会秩序极为混乱，人民惶惶不可终日。加之民国初年军阀连年混战，政局危机四伏。在帝国主义势力的扶持下，大小军阀

---

① 《毛泽东选集》（合订本），人民出版社1969年版，第652～653页。

② 《中国共产党东江地方史》编纂委员会著：《中国共产党东江地方史》，广东人民出版社2001年版，第5～6页。

在东江地区争权夺利，互相勾结又互相倾轧，致使地方政局极不稳定，贪官污吏众多，苛捐杂税泛滥，最终苦了广大农民。封建“地主虎狼的掠夺，军警无厌的苛勒，日甚一日，惨病百般，不可言喻”[①] 的现实，致使大量农民、手工业者纷纷破产，不少人倾家荡产、卖儿卖女、背井离乡、逃荒求乞，甚至被迫远走南洋谋生。[②] 经济基础决定人的政治态度，社会地位决定人的政治态度，生存状况决定人的政治态度。因而，在帝国主义和封建主义双重压迫剥削下的东江人民，尤其是那些受苦最深的农民人群，要求革命的愿望异常强烈。如能让他们知道所受痛苦的根源在哪里，让他们懂得解脱痛苦的方式方法，就能把他们组织发动起来，汇集到民主革命的旗帜下，发挥其重要的作用。毫无疑问，东江地区具有开展农民运动所需要的人数众多、革命愿望非常迫切的坚实的阶级基础。

### 四、彭湃等人对于新思想、新观念的传播，国共两党人士对于东江农民运动的重视和推进，为东江农民运动的兴起和发展，提供了思想上的催化剂及切实的组织保障

如前所述，东江地区特殊的地理环境，优良的革命传统和东江民众要求革命的愿望异常迫切，有利于新思想、新信息在东江地区的传播。在“五四”运动前后，东江各地人民就以不同方式对北京学生的爱国行动作出了强烈的反响，涌现出彭湃、阮啸山、刘尔崧、刘琴西、高恬波、赖炎光、郑志云等一批先进的知识分子代表，充分体现出东江民众异常高昂的爱国激情。经过“五四”运动的洗礼，俄国十月革命的经验和马克思主义学说等新思想、新观念在东江地区获得了广泛的传播。而新思想、新观念在东江地区的传播，主要经过这样三个渠道：一是

---

① 《彭湃文集》，人民出版社 1981 年版，第 25 页。

② 《中国共产党东江地方史》编纂委员会著：《中国共产党东江地方史》，广东人民出版社 2001 年版，第 7 页。

来自在广州读书的东江籍学生，如刘尔崧、赖炎光、刘琴西、刘乃宏等人创办《救国周报》、《紫金山小报》，在重点宣传“五四”新文化运动爱国精神的同时，结合宣传反封建迷信、抨击宗法制度和神权观念，提倡婚姻自由和推广白话文等；先后组织学生团体、创办农民夜校等，积极宣传十月革命的伟大意义和马克思主义学说的重要价值。二是来自于留学日本的青年学生，如彭湃、李春涛、杨嗣震等人，以创办“社会主义研究社”、出版《全中周刊·进化》刊物和举办讲座等形式，向工农群众宣传马克思主义常识，启发工农觉悟。三是来自于归国华侨青年及留学欧洲的青年学生，大力宣传反帝反封建的新思想，并把介绍马克思、恩格斯及其学说的书刊带回或寄回东江，在青年学生中得到广泛阅读，使一部分工农群众思想觉悟得到提高。[①] 东江先进知识分子在五四运动前后对有关马克思主义学说等新思想、新观念的传播，不仅为中共东江地方党团组织的建立打下了思想基础，而且为大革命时期东江农民运动的兴起和发展作了政治准备。

值得特别指出的是，大革命时期东江农民运动的兴起和发展，与中共早期杰出的农民运动领袖彭湃的关系十分密切。澎湃充分认识到，要给广大乡村来一个大的变革，要完成反帝反封建的民主革命重任，单靠少数知识分子的热情是解决不了问题的，只有把受苦最深的、占人口绝大多数的农民群众组织和发动起来，中国民主革命才有希望取得成功。进而，要发动农民，启发农民觉醒，就必须深入乡村，到农民中间做全面细致的宣传发动工作。通过深入乡村调查了解，彭湃深深感到，贫苦农民“终日在地主的斗盖，绅士的扇头和官府的锁链中呻吟过活”，繁重的苛捐杂税使得“农民负担亦异常重大，农村生

① 《中国共产党东江地方史》编纂委员会著：《中国共产党东江地方史》，广东人民出版社 2001 年版，第 19 ~ 22 页。

活日陷困难”。[①] 东江社会矛盾和阶级矛盾十分突出，农民渴求政治经济平等的愿望特别强烈。自 1922 年 7 月组织“六人农会”到是年秋赤山约农会的成立，再到 1923 年元旦海丰总农会的诞生，前后不到两年时间，海陆丰农民的积极性在彭湃等人的努力下被调动起来。海陆丰农民运动的兴起，不仅为国共合作期间东江农民运动的兴起和发展提供了经验，准备了骨干，而且其政治影响力日益重大。对此，远在法国勤工俭学、秘密开展革命活动的周恩来在著文中作了充分肯定：“海丰百万农民的反抗运动……引起了地主的恐慌，农民是一支庞大的力量，中国农民是可以在不久的将来加入革命战线的。”[②]

周恩来的预见很快在国共合作期间得到了证实。彭湃等人在海陆丰发动和组织农民的实践证明，农民中蕴藏着巨大的革命积极性，农民是中国民主革命的重要依靠力量。与此同时，俄国十月革命的成功，说明实行工农兵学商大联合不仅必要，而且非常重要。国共双方明确认识到，要取得反帝反封建斗争的胜利，就必须实行国民运动；国民运动要获得成功，就离不开工农兵学商的大联合；要实现工农兵学商的大联合，就必须把占中国人口绝大多数的农民群众组织发动起来。在 1924 年 1 月国共合作局势正式形成之后，国共双方众多精英分子齐集广东，将深入发动组织农民的工作放在重要地位，以东江农民运动为主体的广东全省农民运动进入一个新的阶段。以往，人们重点强调大革命时期广东农民运动，尤其是东江农民运动，其迅速兴起和发展，是中国共产党积极工作、发挥作用的结果，事实的确如此。如国民党中央农民部的干部及一般工作人员，大部分是共产党员。林伯渠担任过农民部第一部长，彭湃、毛

---

① 中共海丰县委宣传部、县委党史办合编：《不朽的丰碑》，人民出版社 1996 年版，第 108 页。

② 中共惠阳地委党史办公室编：《东江党史资料汇编》（内刊），1985 年版第 5 期，第 6 页。

泽东、谭平山、罗绮园、阮啸山、谭植棠等共产党员先后担任农民部秘书或组织干事，他们都起过重要作用。农民部先后派出的200多名农民运动特派员，90%是共产党员和共青团员；在农民运动委员会的委员中，共产党员占了三分之二；由农民部主办的农民运动讲习所一至六届主任（所长）均为共产党员。[①] 周恩来在参与主持东征战役的过程中，运用各种形式做农民的工作，也收到极好的效果。尤其是彭湃，他作为东江早期农民运动的实际组织者，在国共合作形成后率领大批共产党和农民运动骨干分子，在东江地区开展更为深入细致的、对农民群众的组织发动工作，对促使东江农民运动在1925年前后的迅速高涨发挥了重要作用。在此，还应当特别指出的是，东江农民运动的兴起和发展，尤其是在国共合作后迅速形成高涨之势，东江成为广东省农民运动的中心，与孙中山、廖仲恺等国民党人对农民运动的重视、支持和保护有着密切的关系，与国共合作时期的政治环境分不开。孙中山在晚年较为清楚地认识到农民的力量不可忽视，国民运动离不开农民的参加，“农民是我们中国人民之中的最大多数，如果农民不参加革命，就是我们革命没有基础”[②]。为此，他曾以发表宣言、制定章程、下达指令、举办农运讲习所等多种方式，给予农民运动多方支持。廖仲恺作为国共合作期间国民党“左”派领袖人物之一，明确提出要“为工人农民谋幸福”，认为“我国国民革命成功与否，全在乎农民之了解革命与否一问题”[③]；“吾人其不欲国民革命成功则已，否则必先去干农民运动！”[④] 在这个认识的基础上，

① 杨绍练、余炎光：《广东农民运动史》，广东人民出版社1988年版，第72页。

② 《孙中山全集》第十卷，中华书局1986年版，第555页。

③ 尚明轩、余炎光编：《双清文集》（上卷），人民出版社1985年版，第698页。

④ 尚明轩、余炎光编：《双清文集》（上卷），人民出版社1985年版，第703页。

他在组织发动农民方面，在保护农民积极性、维护农民利益方面，做了大量卓有成效的工作。如主持制定《农民协会章程》、发表有关开展农民运动的专题演讲、指令各县协助组织农会，甚至对破坏阻挠农民运动的行为表示与之坚决斗争到底的决心："清除土恶，务使横霸乡曲、损人肥己者，绝迹销声，不为农害。"① 正是有了孙中山、廖仲恺等国民党首领人物的坚决支持，正是有了国共两党人士的携手合作，以东江农民运动为中心的广东全省农民运动才有可能在大革命时期，尤其在国共合作后迅速高涨起来。对于这一点，我们应当作出实事求是的评价，予以充分的肯定。

综上所述，特定的地理环境，光荣的爱国主义传统和斗争精神，以及东江民众人数众多、革命愿望和要求异常迫切的政治基础和阶级基础，构成大革命时期东江农民运动兴起和发展的必备条件，而国共合作局势形成后，国共两党人士重视对农民群众的组织发动，为农民运动提供了思想上和组织上的切实保障，在广东范围内形成的国民运动的政治大环境，则是东江农民运动迅速高涨的重要原因所在。从东江农民运动兴起和发展，以及最终形成全省乃至全国农民运动的中心这个过程来看，国共两党人士对于农民在国民运动中的地位和作用问题具有明确认识，并且给予高度重视的实践表明，中国民主革命离不开农民的参加，农民问题不解决，对农民的利益不关注，中国民主革命的任务也就很难完成。中国民主革命的实践告诉我们，农民问题是一个永恒的话题。尽管改革开放20多年来，农民问题始终得到党和政府的重视，农民生活水平有了很大提高，但农民和农村中新的问题相继出现，诸如农民政治待遇和经济负担问题，农民子弟受教育的问题，农村基础设施、生活环境问题，都很现实地摆在我们的面前。对于这些问题的解决，不仅

---

① 尚明轩、余炎光编：《双清文集》（上卷），人民出版社1985年版，第729页。

需要党和政府的高度重视，而且需要把农民为自己解决问题的积极性充分调动起来，更需要全社会对于农民问题这一系列问题的参与、解决。这在我们改革开放的现代化事业中尤其具有必要性和重要性的伟大工作。

（说明：本文与宋素琴合作，原载《党的历史启示与和谐社会建设》，广东人民出版社2007年版；又载《东莞理工学院学报》2007年第4期。）

# 辛亥革命在惠州

## ——惠州成为辛亥广东光复首义之区简述

一百年前，以惠州为中心的东江地区成为辛亥广东光复过程中首举义旗的地区。无数志士仁人为推翻君主专制统治、实现民主共和而浴血奋斗的献身精神，值得我们好好地加以总结、回顾，缅怀和纪念。

惠州之所以成为辛亥广东光复首义之区，理由有如下三点。

一是1900年的惠州三洲田起义，为以惠州为中心的东江地区民主革命运动的兴起和发展打下了思想基础和阶级基础。三洲田起义由孙中山为首的革命团体兴中会组织领导，有其特定的社会政治历史背景。孙中山在1894年11月组建兴中会时，明确以“驱除鞑虏，恢复中华，创立合众政府”为基本革命纲领。1899年至1900年间，北方爆发声势浩大的义和团反帝爱国运动，孙中山预见到清政府将再次陷入统治危机，与唐才常约定分别在湖北汉口和广东惠州同时发动起义。1900年6月，孙中山在香港、新加坡等地的活动受阻，为了配合唐才常的自立军在汉口起义，在香港轮船上与归善人郑士良等兴中会会员商议，决定尽速在惠州发动会党起义。孙中山等人认为，惠州作为东江地区政治、经济和文化中心，毗邻香港、澳门，进有易守难攻的深山险地，退有绵长的海岸线，而且东江民众具有反帝反封建的革命传统，会党势力活跃，阶级基础较好。经过约一个月的积极筹划，惠州三洲田起义于1900年10月6日正式发动。起义军一度发展到两万多人，曾生擒归善县丞兼管带杜凤梧，还分别进驻和平和博罗等县，并造成对惠州府城的两面夹击之势。尽管这次起义只坚持了半个多月就因饷械接续不济而宣告失败，但它作为兴中会发动的规模最大的一次武装起义，扩大了革命影响，初步改变了人们对革命党人的认识。从此之后，大批革命志士仁人开始转向支持孙中山的革命事业。孙中山在《建国方略》中回顾说："经此失败而后，回顾中国之人心，已觉与前有别矣。"从前，"举国舆论莫不目予辈为乱臣贼子，大逆不道……吾人足迹所到，凡认识者，几视为毒蛇猛兽，而莫敢与吾人交游也"。此次起义失败后，"有志之士，多起救国之思，而革命风潮自此萌芽矣"①。的确，三洲田起义的政治影响不可低估。它不仅为资产阶级革命党人继续开展武装起义提供了可资借鉴的经验教训，而且对于培养和激发东江民众爱国革命精神起了重要作用。

二是1907年的惠州七女湖起义，加速了辛亥革命高潮在东江地区的到来。此次起义是在中国资产阶级统一的政党——中国同盟会创立以后，依据武装推翻清朝封建专制统治的基本方针而发动的一系列起义中的一次。惠州人邓子瑜、陈纯、林旺、孙稳等人或是同盟会骨干，或是受同盟会影响的会党首领，接受孙中山的指令，经过艰苦的准备工作，于1907年6月2日发动了惠州七女湖起义，先后攻占泰美、杨村、柏塘、公庄、石坝等地。起义军与清军交战十余天，因饷械缺乏和各路清军赴援而告失败。这次起义失败后，东江各地农民起义和暴动源源不绝，东江地方封建统治秩序被打乱，为促成辛亥革命在东江地区的高涨，为东江地区成为辛亥广东光复首义之区，提供了有利条件，打下了较坚实的基础。

三是辛亥广东光复由以惠州为中心的东江地区开启先河。惠州七女湖起义失败后不久，同盟会会员郭公受孙中山领导的同盟会派遣，以惠州府中学堂理化、体操教习身份为掩护开展革命活动，发展该校青年学生80多人为同盟会会员。同时，郭

---

① 《孙中山全集》（第六卷），中华书局1985年版，第235页。

公等与会党首领取得联系，向他们灌输民主共和思想；对一般贫苦农民、工人和市民，则利用各种形式做宣传发动工作。1911 年 1 月，同盟会会员钟作新从香港回到惠州，重新组合七女湖起义会众响应以黄兴为直接指挥者的广州起义；同盟会会员严德明从香港回到了家乡惠州主持东江地区的革命工作，组织民众转运军火支持广州起义。1911 年秋，在惠州的同盟会会员分赴淡水、陆丰、海丰、紫金、龙川、连平、和平、博罗等地组织民军。根据全国不断高涨的革命形势，针对东江地区革命宣传、组织和发动工作的不断深入，尤其是东江民众政治变革的要求和愿望日益迫切这一客观现状，同盟会会员邓铿和陈炯明、马育航等人于 1911 年 11 月 1 日在淡水发动起义，攻占淡水警署，队伍随后扩大到 500 人；严德明、陈经、丘耀西率领民军会师淡水，队伍扩大到 3 000 人，由陈炯明统一指挥，分别从淡水、白花、水口、麻（马）庄等地向惠州府城进发。淡水起义成为广东最早响应武昌起义的地方革命运动而被载入辛亥革命史册。五天后的 1911 年 11 月 6 日，革命党人分别从西、北两路攻入博罗县城，俘获知县蔡国英，击毙守备何赓廷。1911 年 11 月 9 日，驻守惠州的清军巡防营管带洪兆麟缴械投降，驻守惠州的清军陆路提督秦炳直与惠州知府徐致祥、归善知县严梦菊献城投降。至此，以惠州为中心的东江地区正式脱离清政府的统治。11 月中下旬，陈炯明将起义军与秦炳直的降军整编为七个旅，取名为“循军”，自任总司令，邓铿为参谋长。随后，循军 6 000 多人在陈炯明和邓铿的率领下开进广州，适时，天地会首领和顺麾下惠军一万多人也进驻广州，为广东军政府的成立和广东全省光复提供了重要的军事力量。严德明、林激真等为统领的民军则主要驻守在惠州，维持东江地方秩序。

惠州三洲田起义和七女湖起义之所以在以惠州为中心的东江地区发生，辛亥广东光复之所以也在此地区首先获得成功，除了孙中山为首的资产阶级革命党人的宣传、发动和艰苦努力之外，与东江地区在历史上形成的海纳百川、开拓进取的社会风尚密切相关；与东江文化中开放性、兼容性和创新性特征密切相关；更与旧民主主义革命时期东江地区发生的多次农民起义、会党起义等政治变革打下了良好政治基础、阶级基础密切相关；与东江民众在历次反帝反封建斗争中积聚和形成的追求新思想、新观念，追求民主自由等强烈愿望和要求密切相关。辛亥革命在惠州的成功及其突出表现，又深刻地影响到新民主主义革命时期以惠州为中心的东江地区一系列历史事件的发生，如两次东征在东江、东江农民运动的兴起和高涨、东江苏维埃政权的创建和东江抗日根据地成为全国15个抗日根据地之一、东江纵队成为华南抗日武装中的一面旗帜，这些光辉业绩与辛亥革命在惠州留下的后续影响存在必然联系。因为，通过辛亥革命的洗礼，惠州为中心的东江地区无论在政治上、经济上、阶级关系上，还是在思想观念上，都发生了不同程度的变革，反帝反封建，渴望民主自由、独立自强的愿望和要求，成为东江地区新的社会风尚，新的文化元素。这就是新民主主义革命时期，一系列重大历史事件不是发生在北江或西江地区，而是集中发生在东江地区的重要原因所在。

（说明：本文系笔者参加政协惠州市委举办的“纪念辛亥革命100周年座谈会”上的主题发言稿，论点已发《惠州日报》2011年6月1日。）

# 试论东江抗日根据地的统一战线

抗日战争是中国现代史上规模空前的、由我中华民族取得最终胜利的民族革命战争。这场战争之所以具有空前的民族性和正义性，归根到底是由于中国共产党倡导并实施了极为广泛的、以第二次国共合作为基础的抗日民族统一战线。东江抗日根据地作为全国抗日战场的重要组成部分，非常重视贯彻执行党中央制定的在抗日战争时期，具有特殊内涵的统一战线政策，并依据自身实际，灵活运用于客观实践之中，团结了一切可以团结的力量，达到了汇合抗日救国洪流的目的。本文在吸取现有研究成果的基础上，对东江抗日根据地统一战线形成的背景、内涵、特点和历史意义等问题作分析考察，欢迎大家批评指正。

## 一、东江抗日根据地统一战线形成的历史背景

1931 年，日本帝国主义蓄意制造了“九・一八”事变，出兵侵占中国东北三省。从此，中华民族与日本帝国主义之间的矛盾逐步上升为主要矛盾，联合抗日成为中国人民最强烈的要求和愿望。1932 年 4 月，中国共产党发出了“以民族革命战争驱逐日本帝国主义出中国”的号召，动员各阶级、各阶层人民投身“民族革命战争”之中。这是中共中央关于建立抗日民族统一战线政治路线的萌芽。1935 年发生的“华北事变”、“一二・九”运动以及中共《八一宣言》的发表，为抗日民族统一战线的结成创造了条件。是年 12 月下旬，中共中央在陕北瓦窑堡召开政治局会议（即瓦窑堡会议），25 日通过了《关于目前政治形势与党的任务决议》，决议全面而准确地论述了建立抗日民族统一战线的必要性和可能性。27 日，毛泽东作了《论反

对日本帝国主义的策略》的报告，提出了党在统一战线中的领导作用及基本政策等，批判了党内那种认为“民族资产阶级永远叛变了革命”的“左”倾关门主义，为第二次国共合作奠定了理论基础，标志着抗日民族统一战线政治路线的正式形成。

瓦窑堡会议后，中共中央积极争取爱国民主党派领袖和地方实力派的支持，鼓励他们实施爱国主张和行动，并开展对国民党蒋介石集团耐心细致的工作。1936 年 5 月 5 日，中共中央为了实现抗日民族统一战线的主张，毅然发表了《停战议和，一致抗日》的通电（即东征回师通电），决定回师陕北。是年 12 月间，发生了震惊中外的“西安事变”。事变发生后，中共中央从长远利益出发，分析了当时复杂的形势，确定了和平解决西安事变的基本方针，并经过多方积极努力，最终促成了和平解决的双方停战、改组南京政府、释放政治犯、停止“剿共”、召开各界各军救国会议等为内容的“六项协议”。[①]“七七”卢沟桥事变和“八·一三”上海抗战爆发后，蒋介石集团在各方舆论压力和民众爱国激情的促使下，抗战态度趋于主动，国民党中央通讯社发表蒋介石《对中国共产党宣言的谈话》则标志着第二次国共合作的局面正式形成。这是中国共产党多方努力下的结果，也是国民党内一部分具有民族情感人士促进的结果。中国共产党实行的民族统一战线政策，有利于团结中国社会各阶级、各阶层和抗日各党派，发挥一切人力、物力、财力的最大能量，有利于驱除日寇，建立一个独立、民主、自由的新中国。

东江抗日根据地的统一战线在上述历史背景下产生并逐步形成。中共广东省委领导机构于 1936 年 9 月重建后，运用各种形式，发动和领导工人、学生、农民积极参加抗日救亡运动。在东江所属的重点区域，如惠阳、东莞、海丰、龙川、和平、紫金等县纷纷成立“民众抗敌后援会”、“民众御侮救亡会”、

---

① 《周恩来选集》（上卷），人民出版社 1980 年版，第 70 ~ 71 页。

"民众抗日统率委员会"，并组织了抗日救乡团体壮丁队、妇女队、少年先锋队和自卫队等，举行示威游行活动，建立群众抗日武装。很快，东江地区的抗日民族统一战线迅速全面地开展起来。东江纵队政治委员林平在1944年接受《前进报》记者提问时答道："在东江反对派不断进攻之下，中共中央统一战线政策仍然是适用的。因为敌寇仍存在相当强大的反动力量，并使用狡猾的阴谋挑拨离间，以分化我国内的团结。在东江地区执行统一战线的政策，就是要坚持团结东江前线敌后各阶层的人民和抗日党派，坚持与各抗日友军的团结，与一切不愿意打内战的军队实行保境安民的合作。帮助各乡村自卫队训练和打仗，建立党、政、军、民亲密的关系；积极打击日寇，肃清汉奸，建立民主乡政；团结国际友人，与一切盟邦战友建立道义上的和精神意志上的亲密合作。"① 在这里，林平根据党中央有关统一战线的基本政策精神，准确阐述了东江抗日根据地内实施统一战线的目的、内容、途径和方法，这一系列活动标志着东江抗日根据地统一战线理论的正式形成，并在实践中得到不断发展。

## 二、东江抗日根据地统一战线的基本内容

中国共产党的统一战线在不同历史时期具有特定的内涵，而在抗日战争时期则是重点建立包括各党各派各界人士的统一战线，重点建立"工农兵学商"一切爱国同胞的统一战线，团结、动员和激发一切力量抵御日寇，并最终取得抗战的全面胜利。东江抗日根据地的统一战线，是根据中共中央有关建立抗日民族统一战线的基本精神，结合自身特点扎扎实实开展起来的。它与中共中央所在地陕甘宁边地区实行的统一战线政策具有密切的联系性、共同性。东江纵队政治委员林平在1944年11

---

① 广东省档案馆编：《东江纵队史料》，广东人民出版社1984年版，第99~100页。

月的谈话中明确指出：东江抗日根据地实施的各项政策，“与边区施政纲领的原则精神是一致的”①。与此同时，由于东江地区自身的特点，决定其统战的对象及具体措施也具有自身的特点。因此，东江抗日根据地统一战线的内涵是十分丰富的。

第一，团结争取各阶层、各党派和无党派人士共同抗日。通过艰苦细致的工作，中共东江地方组织先后引导和组织了以青年为主体的惠青救亡工作团、华侨回乡服务团和抗日先锋队，在整个东江地区开展起声势浩大的、具有重要影响力的抗日救亡宣传活动。这些团体深入农村圩镇，以时事座谈会、专题讲座、文艺演出、夜校学习、出版情报等各种形式，宣传抗日救亡的意义和全国抗日形势，激发各界人士的爱国热情。在这些团体的宣传发动下，几乎所有区乡都建立了“青年抗日同志会”、“妇女抗敌会”、“统率团”、“壮丁队”和“自卫队”等组织，数以万计的青年男女投身到抗日救亡运动之中，形成了轰轰烈烈的全民抗战的局面。

中共东江各级组织还积极与地方实力派、开明绅士等沟通协商，壮大自身革命力量和统一战线的声势。如东莞抗日模范壮丁队由农民、工人、学生组成，组建初期很缺乏作战武器。队长王作尧在时任东莞县政府“社训”总队负责人颜奇的协助下，通过向东莞县长做耐心细致的说服工作，从县武器库中取得40多支步枪，每支枪配15发子弹；东莞张广业通过莫纪明介绍，在高步买枪、修枪，秘密成立游击小组；黄木芬在宝安观澜乡抗敌后援会副主任吴盛唐和实力派人士曾鸿文的支持下，组织抗日自卫队，随后成立东宝惠边人民抗日游击队；东莞县长岭地方实力派人物吴金水是国民党顽军大队长黄文光的拜把兄弟，经过中共东江组织的教育争取后，积极为东江抗日游击队提供情报和经济援助等。

---

① 《东江纵队志》编辑委员会编：《东江纵队志》，解放军出版社2003年版，第644页。

在此基础上，中共东江各级民主政府按照“三三制”的基本原则，在民主建政的过程中注意吸收社会贤达、开明绅士和支持抗战的地方实力派参加政权建设工作，如惠东行政督导处吸收陶陶然、陈浩然等一批地方知名人士参加民主政府文化部门的工作，为东江抗日根据地的巩固和发展增加了力量。在这个基础上，中共东江各级民主政权先后召开有各阶层、各党派和无党派人士参加的国事座谈会，共商民主建政问题，如1944年4月惠东行政督导处在大坑乡召开的国事座谈会，就政权建设和减租减息政策的落实问题进行磋商，收到了较好效果，极大限度地调动了各方人士的抗日积极性。而在同年三四月间召开的路东和路西国事座谈会，由于中共广东省临委和东江纵队高层领导人亲自参加，其影响更加突出。路东国事座谈会原拟邀请百余人参加，到会者竟有350多人，其中包括港九区代表，渔民代表，爱国知名人士张兆昌、彭东海等，爱国军人代表陈友芳等，爱国名流张友仁、肖荫青、邓怀汉等，农工民主党人士代表李伯球等。国事座谈会由东江纵队政治委员林平和东江纵队司令员曾生亲自主持，两人向各界代表介绍了全国抗战形势和东江抗日根据地的基本情况，诚恳征求各界人士对东江抗日根据地的政权建设、减租减息政策等方面的意见。许多代表在中共统一战线政策的感召下，不仅在原则上拥护中国共产党在解放区实施的方针政策，而且就具体执行的问题上提出了许多中肯的建议。譬如对在东江抗日根据地内实行的土地政策和减租减息政策，代表们提议由地方政权主持成立有农民和地主参加的仲裁委员会，达到团结一致、共同抗日的目的。到会代表通电全国，呼吁废除国民党一党专政，实行民主政治，成立各党派参加的联合政府。国事座谈会后，东江抗日根据地内各项工作进入了一个新阶段，统一战线工作的巨大威力日益显示出来。①

第二，动员东江华侨和港澳同胞回国回乡抗战。东江抗日根据地毗邻港澳，海外华侨比较多。团结发动港澳同胞和海外侨胞回国支援抗战，是实现抗日民族统一战线的一项重要内容。为此，中共东江各级组织与中共香港工委和海委密切配合，利用多种途径，向海外华侨和港澳同胞积极宣传抗日武装斗争的重要性，吸引和动员他们回国回乡参军参战。

抗日战争爆发后，中共香港工委和海委根据中共中央指示精神，在港澳地区积极开展抗日救亡的宣传，相继成立各种救亡团体，动员港澳同胞在道义上、物质上积极援助东江人民抗日的同时，分期分批以工作团、救亡团、服务团等名义回到东江直接参加到抗日行列。中共东江各级组织与中共香港工委和海委密切配合，利用各种形式吸引、动员港澳同胞及海外华侨，尤其是东南亚各国华侨积极支援家乡人民抗战。在不到两年的时间内，港澳同胞及海外惠属侨胞迅速行动起来，在人力和物力、财力诸方面给予东江人民以资助，并且在直接抵抗日军入侵的斗争中作出了重要的贡献。

1938 年 10 月 30 日，南洋各地惠属侨胞在马来西亚吉隆坡的惠州会馆召开大会，宣布成立南洋英荷两属惠州同侨救乡委员会（以下简称“南洋惠侨救乡会”），全面负责海外惠属侨胞支援东江抗日武装斗争各项事宜。12 月中旬，在中共东南“特别委员会”的主持下，南洋惠侨救乡会、香港惠阳青年会、余闲乐社和海陆丰同乡会的代表们举行会议，决定成立东江华侨回乡服务团（以下简称“东团”），确定以“动员东江群众协助军队及人民武装抗战，并拯救伤兵难民及辅导民众组织各种救亡团体”为宗旨，且于 1939 年 1 月在惠阳县淡水县正式宣告成立。“东团”的建立及其活动，有力地推动和配合了东江地区

① 《东江纵队志》编辑委员会编：《东江纵队志》，解放军出版社 2003 年版，第 247 ~ 248 页。

抗日救亡运动的开展，对中共东江组织的发展壮大和根据地的武装斗争的开展发挥了重要作用。

东江华侨和港澳同胞除了组建社团支援东江人民抗战外，还从精神上、政治上和舆论上支持东江人民的抗日斗争。1938年8月开始，东江侨胞和港澳同胞先后组织了15个工作队，12个服务团队，2个剧团，1个政工队，共500多人回到东江，大力支持东江人民抗日。他们广泛深入东江各城乡，发放粮食和衣物，免费为伤病员治病，通过书写标语、制作漫画、出版墙报、散发传单、上演话剧等多种形式宣传抗日救亡的道理，从侧面发动广大群众参与抗日。他们通过节日纪念召开群众大会，举办战时小学、识字班、民众夜校，设立阅览室、文化站，举办座谈会，深入各家各户谈心，帮助民众解决问题等形式，鼓励广大群众抗战到底。他们还以民众自卫武装的形式，组建打猎队、联防队、自卫队等，将农村枪支集中起来，武装自卫青年，为东江人民抗日武装的建立和壮大蓄积了力量。此外，他们从财力、物力上全力支持抗战，这是海外东江侨胞和港澳同胞支援祖国抗战的主要形式之一。他们以月捐、难童捐、救灾捐、购机捐、寒衣捐、劳军捐、义卖、义演等多种形式展开筹赈活动。例如，为了长期捐助祖国家乡抗战，新加坡“南洋惠侨救乡会”决定将新加坡每户华侨家产的10%捐作支援抗战之用。“南洋惠侨救乡会”在举行第二次代表大会时，决定将所募集资产的10%捐作支援抗战之用，并决定将其中的40%献给新四军，40%献给东江人民抗日游击队，剩下的20%作为惠州难民救济金。据统计，从1937年至1941年，“南洋惠侨救乡会”总共捐献和筹集资金近四亿元（国币）。①

东江华侨和港澳同胞还动员和组织爱国青年回乡参军参战，出现了父母送儿女、妻子送丈夫、家长带领全家一起回乡参战

---

① 《东江纵队志》编辑委员会编：《东江纵队志》，解放军出版社2003年版，第29页。

救国的爱国热潮。他们的爱国之举为东江人民抗日武装的建立和发展提供了大批干部和兵员，许多华侨和港澳爱国青年在八年抗日中不畏强敌，甚至为国捐躯。①

港澳同胞和惠属海外侨胞在抗日战争期间，作出的重要贡献，首先是民族情感、民族精神、中华凝聚力促使的具体表现，同时也是东江抗日根据地各级组织和各界爱国人士引导和宣传的结果。如成立于1938年10月底的“南洋惠侨救乡会”，在11月初派代表抵达香港，即与八路军驻香港办事处取得联系，得到廖承志、连贯、叶挺等人的鼓励和支持。1939年1月中旬，在中共东江各组织的扎实工作下，东江华侨回乡服务团正式宣告成立。“东团”的各项工作得到了中共东江各级组织和各界爱国人士的支持和保护，在反动势力的破坏阻挠下被迫解散之时，“东团”许多成员的人身安全得到东江抗日民主政权的全力保护，他们中有的加入抗日武装队伍，有的被安全护送出境，他们的亲属在政治上、经济上、生活上的权利也受到优先保障。总之，东江华侨和港澳同胞的抗日壮举之所以得到充分发扬，与东江抗日根据地民主政权开展统一战线建设的扎实工作有着密切的联系。

第三，争取国民党和民主党派中的爱国分子共同抗日。在实现抗日民族统一战线的过程中，中国共产党与国民党既有合作，又有摩擦。在1938年抗日战争进入相持阶段时，日军停止对正面战场的进攻，国民党统治集团内部开始出现分化。其中，以国民党副总裁、国防最高委员会副主席汪精卫为代表的亲日派公开叛变投敌，随后在南京成立汪伪傀儡政府。同时，以蒋介石为代表的亲英美派也发生动摇，从抗战初期的相对主动抗日逐步转变为消极抗日、积极反共。

中共中央通过对时局的正确分析，制定了“发展进步势

① 《东江纵队志》编辑委员会编：《东江纵队志》，解放军出版社2003年版，第43页。

力，争取中间势力，孤立顽固势力”的基本政策。在这一正确政策的指导下，中共东江各级组织积极争取国民党和民主党派中的爱国人士共同抗日。在这期间，中共党组织派遣了一批党员到国民党政府和军队中任职，联系上层爱国人士，及时反映国民党顽固派的动态，挫败其反共高潮。如东江游击指挥所主任香翰屏准备向东江人民武装曾生、王作尧部队进攻的消息，就是由在惠阳淡水游击指挥所任军事课长的党员李一之送出的。另外，有一批国民党军官和民主爱国人士经中共的争取，加入了共同抗日行列。其中，徐荣光在抗战初期曾参加增城民众自卫团，后到国民党独立九旅六二九团任职。由于他不满独立九旅政治反动、经济贪污、生活腐化，于 1941 年 11 月率领六二九团第三营第七连的排长、班长及士兵共 20 多人，携武器投奔东江人民抗日游击队。又如原国民党退伍团长、爱国军人陈友芳，他在担任属于中国农工党民主党领导、李伯球武装的大鹏联防自卫队大队长时，经中共东江组织统战工作人员的努力争取，与澳头自卫大队、万年乡自卫大队联合组成大亚湾人民抗日自卫总队，编入东江纵队战斗序列。国民党惠博紫护航第三中队队长朱星和惠紫海联防中队长翁汉奎，不满国民党积极反共、消极抗日，经中共东江组织的教育争取，率队起义加入东江纵队行列。原老同盟会员莫雄，抗日战争时期担任国民党第七战区挺进第二纵队司令，经争取感化，主动在兵力上、物资上、武器弹药上支持东江纵队，在军事行动上密切配合共同抗日。此外，东江纵队还派李嘉人为代表与广西国民党驻军高级将领李济深会谈，获得这位国民党元老对东江纵队的支持。①

第四，加强对伪军的分化瓦解，建立日军战俘反战同盟。1943 年 2 月，东江纵队政治委员林平根据中共中央南方局指示精神主持召开了乌蛟腾会议，针对日伪和顽军，多方面进攻东

---

① 《东江纵队志》编辑委员会编：《东江纵队志》，解放军出版社 2003 年版，第 245 ~ 246 页。

江抗日根据地的严峻局势，及时作出具有战略转折意义的十条决定。其中第四条强调，要“时刻警惕顽固派的军事进攻，对顽军的进攻进行针锋相对的斗争”；第十条指出，“建立和加强保卫组织，粉碎日伪顽军密探的内线暗杀阴谋。正确执行中共中央的锄奸政策”①。乌蛟腾会议彻底消除了东江抗日武装内部一部分人对广东国民党顽固派存有的幻想，确定了坚决进行反顽斗争和积极主动打击日伪的方针，为东江抗日根据地军民主动打击日军、伪军及反击国民党顽军，确保抗日游击队连连取得胜利打下了思想基础。在这种形势下，部分伪军经争取教育后，向抗日游击队投降。如伪军第三十师的一个连，由连长李正带领，投向抗日游击队；驻东莞厚街的伪军第三十师第八十九团代团长兼第一营营长梁德明，在王作尧、黄琴的争取教育和感化下，带领全营 130 多人，携重机枪 1 挺，轻机枪 3 挺，长短枪 120 多支，投奔东江纵队。此外，伪军中整连、整排或一二十人反正、起义的事件约有 18 宗。②

1945 年四五月间，东江纵队领导机关转移到罗浮山根据地，敌工科带着战俘驻扎在罗浮山黄龙观。战俘们在我军的教育感化工作后，积极响应当时在延安组织日本人民反战同盟的日本共产党总书记冈野进（即野板参三）作出的《日本人民反战同盟宣言》，并在 6 月间先后成立了“台湾人民解放同盟华南支部”、“日本人民反战同盟华南支部”和“朝鲜人民独立同盟华南支部”。反战同盟成立后，盟员积极要求参加反战工作，主动编制日文反战传单，通过部队和抗日民主政权向日军散发，宣传对日军起到了一定的瓦解作用。1945 年 8 月，日本宣布无条件投降后，敌工科和三个反战同盟分成路西组和路东组，参

---

① 《东江纵队志》编辑委员会编：《东江纵队志》，解放军出版社 2003 年版，第 78 ~ 79 页。

② 《东江纵队志》编辑委员会编：《东江纵队志》，解放军出版社 2003 年版，第 246 ~ 247 页。

加对日军的劝降工作。他们在淡水、南头、厚街等地，进入日军驻地与日军指挥官和行进的日军进行对话、谈判和劝降。据有关资料记载，在力争个别或部分日军携械来投降，或要求日军指挥官缴交部分武器、物资等方面，都收到了一定的效果。①

总之，对伪军的分化瓦解和建立日军反战同盟阵线，作为东江抗日根据地统一战线建设的一个重要内容，在打击敌人、壮大自己的过程中起了重要作用，作出了重要贡献。

## 三、东江抗日根据地统一战线的主要特点

中国共产党领导的华南抗日武装由广东各地的工农红军和人民抗日游击队发展演变而来，包括党在东江、海南岛、珠江三角洲、粤中、南路和潮汕等地建立的几支人民抗日游击队。东江抗日根据地作为华南抗日战场的一面旗帜，其统一战线政策具有自身的特点。其具体表现为：

第一，坚持武装斗争与非武装斗争相结合。在八年抗战中，东江抗日根据地各级政权和组织通过武装斗争和非武装斗争相结合的特殊形式，战胜了人数多、武器先进的日本侵略军和国民党顽军，充分体现了统一战线的威力。首先，东江纵队远离党中央、八路军、新四军主力，孤悬敌后，是一支处于日军、伪军和国民党顽军夹击的人民抗日武装。在党中央和广东党组织的领导下，从无到有，从小到大，逐步发展成为一支拥有11 000余人的正规武装和组建12 000余人的民兵武装。它转战东江两岸、港九敌后、粤北山区和韩江地区的39个县市；在大鹏湾、大亚湾海域打击敌人，牢牢地把持着数百里的海岸线和通往香港的交通要道，步步紧逼时为敌占区的广州和香港，收复了大片国土。在东江和北江东岸解放区，先后建立了东宝行政督导处、路东行政委员会、惠东行政督导处、博罗县人民政

① 《东江纵队志》编辑委员会编：《东江纵队志》，解放军出版社2003年版，第247页。

府、海丰县民主政府以及北江东岸抗日动员委员会等抗日民主政权。根据地和游击区总面积约6万余平方公里，人口450万以上。对日军、伪军作战1 400余次，毙伤日、伪军6 000余人，俘虏、投诚3 500余人，反击顽军作战600余次，共缴获各种武器6 500余件，大量歼灭敌人的有生力量，牵制了敌人的大量兵力，破坏敌人的交通运输和通信网络，极大地威胁着日军的南海防线，积极配合全国抗日战场和盟军的反攻作战。①

同时，中共东江各级组织通过开辟敌后根据地和抓紧后勤军需工作等非武装斗争，积极配合着抗战前线的武装斗争。由于部队初创时期经济来源和粮食供应主要靠地方党组织在当地筹措和海外华侨、港澳同胞的援助，所以从1940年下半年开始，东江人民抗日武装逐步建立军需后勤工作机构，设法解决部队给养，提供经费，打破国民党顽固派的经济封锁和物资封锁。除了按政策征收税捐外，东江抗日根据地政权还通过征收抗日公粮和田质赋税、发展生产建设等形式加强军需后勤工作，为巩固根据地民主政权、争取敌后抗日游击战争的胜利奠定了物质基础。

东江抗日根据地进行的大小各次的武装斗争沉重打击了日伪顽军，为抗日战争的胜利奠定了坚实基础。而在斗争中形成的具有东江特色的统一战线，又保障敌后根据地的开辟和后勤军需工作的顺利开展，为前线武装斗争的进行，提供了必要的物质保障和有利的革命形势。总之，武装斗争和非武装斗争相结合的形式，共同促进了东江抗日根据地民族统一战线的发展，推动了东江抗日根据地建设的不断深入。

第二，坚持政治斗争与文化斗争相结合。东江抗日民族统一战线工作开展的过程，既有重要会议、民兵工作、党务工作、整风运动等政治斗争，对日伪顽军进行坚决的打击；又有报刊

---

① 《东江纵队志》编辑委员会编：《东江纵队志》，解放军出版社2003年版，第26页。

工作、电台机要工作以及文艺工作等，在思想文化领域内对日伪顽军进行坚决的斗争。

值得特别指出的是，中共东江各级组织坚持党的领导，坚持正确的领导方向，坚持执行党的政治主张和各项政策，积极做好党的组织建设和思想教育工作，形成许多成功的经验。首先，建立党的领导机制。纵队设党务委员会，支队、大队（含机关）设党的总支委员会，中队（连）设党支部委员会，小队（班或排）设党小组；短枪队、税站单独成立党支部，同时还结合统战工作逐步建立起一整套党内党外结合的政治工作系统。其次，努力发展党的组织。采取积极而又慎重的方针，在发展党员的做法和程序上，实行秘密地、一个一个地发展，不大批集体吸收，把符合条件的工人、农民作为入党对象开展培养和吸收工作。再次，积极进行党性教育。虽然部队流动性大，战斗频繁，环境艰苦，缺少教育材料，然而部队非常重视对党员的教育。除利用各种时机上党课外，还通过党的组织生活或者个别谈话等方式进行。从1942年起，中共中央决定在全党全军开展整风运动。中共东江各级组织利用学习整风文件、举办各级干部学习班等方式，认真扎实地将整风运动深入军队和地方各个领域。通过整风，使全体党员和干部进一步克服主观主义、宗派主义、本位主义、军阀主义和游击习气等非无产阶级的思想，令部队的精神面貌发生了巨大的变化。东江抗日根据地的组织建设和思想教育工作，不仅使党内、军内、政权内空前团结，战斗力不断增强，而且极大限度地鼓舞了各界爱国群众包括旧政权、旧军队内一部分爱国人士弃暗投明，扩大了抗日民族统一阵线的组成范围。

报刊工作作为文化斗争的一个重要方面，受到了中共东江各级组织的高度重视。在抗战时期，东江抗日游击区最早创办的革命报纸是《大家团结报》和《新百姓》。前者于1941年1月由广东人民抗日游击队在东莞大岭山区活动的第三大队创办，后者于同年2月由广东人民抗日游击队第五大队在宝安阳台山区创办。1941 年 3 月两报合并，以《新百姓》为报名出版，共出版 16 期。1942 年改名为《东江民报》，邹韬奋、胡绳、丁聪等曾为其题词，撰写文章、绘制图画。1942 年 3 月，报纸再次改名为《前进报》。在 1944 年 2 月东江纵队作出的《关于加强〈前进报〉工作的决定》中指出：《前进报》是东江纵队的机关报……它应当成为有严正的立场，有政治家的风度，一举一动都是代表我党我军的一份报纸。其任务是传播党的政治主张，扩大党与我队的政治影响，揭露敌伪的残暴，暴露国民党错误政策所造成的黑暗，动员与组织人民坚持抗日战争。[①]《前进报》十分重视发扬统战工作的优良传统，积极开展拥政爱民工作。每天去驻地组织和宣传群众，采访群众中的有关事迹。1945 年，《前进报》随东江纵队领导机关进驻罗浮山，从此进入了全盛时期。1942 年 3 月至 1945 年 9 月，《前进报》共出版发行了 100 期。发行范围遍及东江、北江、珠江、粤中、粤北、西江、韩江和南路等抗日政权和部队，在华南敌后有广泛的影响。不少爱国民主人士以及海外惠属侨胞在其影响下，利用各种方式全力支援东江军民的抗日斗争。

就具体文艺工作而言，东江抗日根据地政权将东江各抗日部队的文艺队伍作为对敌斗争、发动和组织群众、宣传教育部队、振奋军民抗日信心、鼓舞部队士气的得力助手。每一片游击区和每一个独立作战的部队，大都有自己的剧团（队）或政工队、艺宣队，先后有二三十支人数不等的文艺队伍，包括东江华侨回乡服务团属下的“东江流动歌剧团”（1938 年东江地区的第一支专业文艺队伍）、1940 年建立的路西东江流动剧团和“天府”政工队等。这些文艺队伍坚持将扩大抗日阵线作为重要任务，通过各种文艺活动宣传党的基本政策，并使一部分开明地主和爱国人士参加到抗日救亡的行列中来。

---

① 广东省档案馆编：《东江纵队史料》，广东人民出版社 1984 年版，第 395 页。

重要会议、党务工作和整风运动等政治斗争为我党进行抗日战争指明了方向，有利于党的政策方针得到贯彻和执行，并及时肃清了党内一些错误思想；而报刊工作、文艺工作等各种文化工作，作为抗日战争期间宣传贯彻党的政策方针的一种重要形式，享有不可忽略的地位。政治斗争和文化斗争相结合，在思想观念和舆论宣传上产生的重要作用，成为东江抗日民族统一战线工作一个鲜明的区域特征。

第三，坚持国共双方联合与斗争相结合。抗日民族统一战线是全民族广泛的统一战线，每一个阶级和政党都有自身的政治主张和需求。在一致抗日呼声的基础上，如何抗日，抗日的坚定性和彻底性如何，以及抗战胜利以后建立什么样的国家等设想则是各不相同的。这就形成了国共两党既联合又斗争的双重政治、军事策略问题。东江抗日根据地政权根据自身实际，在实践这一双重策略的过程中形成了自己的特色。

在实施抗日民族统一战线政策的过程中，东江纵队对国民党在东江地区的分裂投降活动进行了有理、有利、有节的斗争，具体表现为以联合为主体的策略。其联合主要表现在三个方面：一是战略上的配合，如 1943 年 11 月，日军打通广九铁路，国民党军撤离，东江游击队则坚持敌后抗战，挺进沦陷区，展开游击战争，以其积极抗日行动影响国民党军队抗战态度的转变。二是战术上的配合，如 1939 年 12 月，第一次粤北会战中，东江游击队配合国民党第四战区的一支部队向深圳、石龙的日军发动突击，以切断敌人后方的交通等。三是共同建立民主政权的配合，如 1939 年初，东江地区的第一个抗日民主政权包括有国民党人士参加的淡水民主政权宣告成立。此后，各地先后建立了乡镇政权、参政会或行政委员会，组成了以统一战线为特色的民主政权，对保卫人民民主权利、加强根据地建设、支援和参加抗日斗争起了十分重要的作用。如前所述，在抗战期间，中共东江各级组织派出了一批共产党员到国民党中从事政工、抗日宣传和群众组织等工作，皆收到了积极的效果。

与此同时，东江抗日根据地各级军民组织，与国民党进行过针锋相对的斗争。这主要是因为国民党在1939年1月制定了“溶共、防共、限共、反共”的反动方针，不分形势地掀起了消极抗日、积极反共的反动斗争。在东江地区，国民党顽固派企图拉拢、限制、利用曾生和王作尧的两支部队，最后达到破坏革命的目的。在1939年间，他们强行解散“抗先队”、迫害“东团”、制造“博罗队事件”后，悍然发动了对曾、王两部队的军事进攻，迫使曾、王两部队向海陆丰转移。在东移过程中曾、王部队受到了国民党的军事堵截，兵力由800人减少到100多人。在这生死存亡的危急关头，中共中央及时发出电文（即“五八指示”）指出：“目前全国尚是拖的局面……曾王两部应回到东宝惠地区……大胆坚持抗日与打摩擦仗。”[①] 于是，曾、王两部返回东宝惠前线，投入新的战斗，坚持独立自主的原则，在统一战线政策的实施下，得到了包括国民党和民主党派中的爱国人士以及广大民众的支持，东江抗日武装力量迅速恢复壮大起来。

第四，坚持国内统一战线与国际统一战线相结合。根据地政权和各级军民组织在东江抗日民族统一战线的建立和巩固过程中，不仅注意做好东江及周边地区的统战工作，而且注意执行党中央的指示，做到国内统一战线与国际反法西斯统一战线的有机结合。

在国内统一战线工作方面，其中一个重要的事件是营救爱国民主人士和文化精英。抗战爆发后，许多著名民主人士和文化界人士生活在国统区内，与中国共产党密切合作坚持抗战，反对国民党消极抗日、积极反共的反动方针，以致遭受顽固派的迫害。“皖南事变”后，他们更无法立足，于是转移到香港继续从事抗日活动。这些爱国民主人士和文化界人士包括宋庆

---

① 《东江纵队志》编辑委员会编：《东江纵队志》，解放军出版社2003年版，第486页。

龄、何香凝、柳亚子、邹韬奋、茅盾、范长江、张友渔、夏衍、胡绳、蔡楚生、司徒慧敏等。1941年日军攻占香港后，立即进行大搜捕，企图把这些人士“一网打尽”。在这危急的时刻，中共中央及中共南方局立即急电八路军驻香港办事处主任廖承志同志，电文指出：“为了保护我国文化精英，必须动员一切力量，立即把他们从香港全部抢救处理！”于是，一次大规模的抢救行动在周恩来的直接指挥下展开起来。这场秘密大营救，是一场极其艰险、时间紧迫的特殊战斗。它要闯过日伪顽军控制和土匪盘踞的地区，以及关卡林立、警特遍地的敌占区。中共东江各级组织接到任务后，经过严密的布置，不畏艰险，采取迅速灵活机动的战术，经过前后几个月的紧张工作，胜利完成了抢救任务，使800多名文化界人士和爱国民主人士安全脱险，没有一个遭到不幸。东江纵队和东江抗日根据地各级政权为这次抢险工作作出了重大的贡献。邹韬奋题写“保卫祖国、为民先锋”八个字来赞誉东江纵队。抢救行动保护了一大批祖国的文化精英，体现了我党对进步人士的关怀和患难与共的精神，大大提高了东江抗日根据地政权的威望，促进了东江抗日民族统一战线的发展和巩固。

与此同时，由于东江纵队深入港九敌后，控制着南海几百里的海岸线，所以能够扩大和加强国际反法西斯统一战线，直接为国际反法西斯斗争作出贡献。遵照中共中央关于国际反法西斯统一战线的指示，东江纵队积极营救国际友人，救护对日作战遇险的美国飞行员，建立情报站，加强与盟军的合作，以及组织反战同盟、瓦解日军等。如1941年香港沦陷后，东江抗日武装派出游击队积极营救英军被俘人员，据不完全统计，共救出英国人42名，印度人54名，丹麦人3名，挪威人2名，俄罗斯人1名和菲律宾人1名。[①] 此外，东江纵队还积极同美军

① 《东江纵队志》编辑委员会编：《东江纵队志》，解放军出版社2003年版，第144页。

进行合作，在营救美国空军飞行员、提供气象资料和情报等方面，做了大量工作，赢得了很好的国际声誉，进一步显示了东江抗日根据地统一战线在抗日战争中的地位和作用。

综上所述，东江抗日根据地统一战线政策产生、形成和贯彻、实施的历史经验告诉我们：积极主动、深入扎实地开展统一战线工作，可以发挥其与武装斗争相辅相成的巨大作用。在现阶段，统一战线的内容、对象和目的均发生了变化，但它的必要性和重要性更加明显。统一战线政策不仅关系到国内各民主党派与中国共产党合作共事的效果，还密切关系到海外侨胞，特别是台湾地区的和平统一问题。在台湾当局三番五次做出伤害祖国人民情感、妄图分裂中华民族的恶劣行为的时候，我们要更加警醒，大力加强统一战线工作，特别是加强与台湾人民的经济贸易、通信往来、台联等工作，维护整个中华民族的大团结，争取早日实现祖国的和平统一。只要我们坚定不移地以有中国特色的社会主义理论为指导，坚持“一个中心，两个基点”的基本路线，发挥人民政协和坚持共产党领导下的多党派合作制度，不断巩固发展广泛的爱国统一战线，就一定能完成和平统一大业，完成建设社会主义现代化的重任，使具有中国特色的社会主义事业不断发展。

（说明：本文与刘惠兴合作，原载《广东与抗日战争》，广东人民出版社 2006 年版。）

# 孙中山与1923年的东征讨陈之役述论

关于1923年5月至11月间发生的讨伐陈炯明叛军之役，其目的、性质和重要影响等问题，学术界很少有人给以应有的关注，更无人将其纳入“东征”的范畴加以评价。事实上，这次讨陈之役不仅被孙中山明确称作“东征”，而且是其一生直接指挥且亲临前线次数最多的一次重要军事斗争；它不仅为第一次国共合作局面的形成作出了重要贡献，而且为探寻孙中山与以惠州为主体的东江区域的密切关系，留下了诸多可信依据。笔者主张，此次东征讨陈之役，应正名为“第一次东征”，原有的“第一次东征”和“第二次东征”应依次改为“第二次”和“第三次”。本文重点就这次东征讨陈之役与孙中山的密切关系及其历史地位等问题，作一些分析考察。

## 一、发动此役的目的：扫除叛军及军阀势力，变广东为国民革命运动的基地

孙中山是一位伟大的中国民主主义革命家。一生经历过无数艰难险阻，但他愈挫愈坚，奋斗不止。面对民国初年军阀割据混战、社会动荡不安的现实，孙中山对革命受挫的原因进行了深刻反思，逐渐悟出了解决中国前途和命运问题的路径，进而在1922年下半年至1923年初，基本确立了“联俄、联共、扶助农工”三大政策，并开始着手国民党改组的准备工作。然而，此时广东作为革命的中心区域却是很不安宁。1922年“6·16事件”后，陈炯明的叛军控制了广东的部分地区，并勾结南北军阀对抗革命。当时，孙中山认为只有扫除了叛军才能使上述政策的践行得到保障。

陈炯明叛变这一事实，给孙中山以深刻的教训。1922年9月，他在反思“6·16事件”时沉痛地说：“盖历次失败虽原因不一，而其究竟则为失败于敌人。此役则敌人已为我屈，所代敌人而兴者，乃为十余年卵翼之陈炯明，且其阴毒凶狠，凡敌人所不忍为者，皆为之而无恤，此不但国之不幸，抑亦人心世道之忧也。”他提醒人们“疾风然后知劲草，盘根错节然后辨利器”，“此时尤当艰贞蒙难”。因为，“最后之胜利终归于最后之努力者”。[①] 可见，孙陈矛盾爆发不是出于个人恩怨，而是牵涉革命与反革命、进步与反动的原则问题。此后半年时间里，孙中山先后主持召开三次会议，加速策划改组国民党，并于1923年元旦发表了《中国国民党宣言》，提出了三民主义的现行计划和政策，强调中国革命必须依靠民众的重要性。与此同时，孙中山加紧组织军事力量准备武力讨伐陈炯明及重建广东革命政权，使其成为国民革命运动的基地。1923年1月4日，孙中山发出讨伐陈炯明的通电。经过半个月的战斗，滇、桂、粤联军攻克广州，陈炯明叛军退踞粤东。

尽管吃了败仗，但陈炯明力量仍很强大，且有南北军阀和帝国主义的支持，所以伺机反扑。1923年5月8日，他趁桂军沈鸿英公开叛变之机，在惠州召开军事会议，决定兵分三路进攻广州。孙中山清醒地认识到，军事形势对己非常不利，死守是没有出路的；只有主动征讨东江，才能保住广东这个革命的策源地，顺利实施其“改组党务，创立党军，宣传党义”之大计。[②] 由于无人能够替代孙中山赴前线负军事指挥全责，他即以“革命领袖、政府首脑的身份，兼为军队的统帅，有时还担负了前线司令官的责任”[③]。在是年5月至11月前后半年多时

---

① 《孙中山全集》（第六卷），中华书局1985年版，第555~556页。

② 《孙中山年谱》，中华书局1980年版，第309页。

③ 邱捷著：《孙中山领导的革命运动与清末民初的广东》，广东人民出版社1996年版，第152页。

间，孙中山亲自坐镇指挥讨陈之役，努力实践他所提出的“军事非我亲临前敌，必难速行解决”[①] 的理论认识。

## 二、战役的直接指挥者：为后人留下了珍贵的史实依据

1923年5月初至11月上旬，孙中山自始至终将东征讨陈的战略目标定在攻打陈炯明盘踞的中心惠州城，至少作出四次总攻打惠州的部署，并为实施总攻惠州计划作了最大的努力。他清楚地认识到：“倘东江不能早日肃清，则北敌必再来，而彼万无在粤安享之理；如能见机，当为一劳永逸之计也。”[②] 由于当时孙中山对陈炯明实力估计不足，也对战役进程过于乐观，致使东征军久攻不下惠州。是年8月下旬，他分析原因，认为从东征联军方面看，其“内容复杂，运用尽滞”，致使战斗力削弱；从陈炯明方面看，其经营惠州多年，一举歼灭并非轻而易举之事。但是，他已做好决一死战之准备，认为“成败之局，则决于此。我不灭敌，则为敌灭，此必然之势也”。[③]

第一次攻打惠州约在1923年5月2日至28日，孙中山令刘震寰部桂军集中石龙，以“巩固东江下游，扼制敌寇，待命行动”[④]。次日，孙中山从广州抵达东莞大朗、高塘等地，慰劳士兵，鼓舞士气。5月10日，刘部桂军与陈军杨坤如等部交战，两日后刘部败退。孙中山急调滇军增防东江前线，并派蒋介石赴石龙，与东征联军各军首领会商进攻惠州计划。5月14日，刘部攻占博罗。消息传来，孙中山感到无比欣慰，他亲赴前线巡视并慰劳各军。为了对惠州城发起第一次攻击，孙中山于20日任命大本营军政部部长程潜为东征讨陈军总指挥。三天

---

① 《孙中山全集》（第七卷），中华书局1985年版，第514页。

② 《孙中山全集》（第八卷），中华书局1986年版，第63页。

③ 《孙中山全集》（第八卷），中华书局1986年版，第167页。

④ 陈锡祺主编：《孙中山年谱长编》（下册），中华书局1991年版，第1624页。

后，再次亲临东江前线慰劳各军。然而，此时踞守潮汕的许崇智部不敌陈军林虎等部的进攻而败退揭阳。为扭转潮汕失守对攻打惠州城造成的压力，孙中山于5月28日下达分三路进攻惠州的命令，尽管东征联军占领了惠州城外飞鹅岭，但博罗被陈炯明军乘隙攻占，东征联军外围供给基地丧失，第一次攻打惠州城的计划未能实现。

第二次攻打惠州约在1923年5月30日至6月24日，针对潮汕和博罗等地失守，陈炯明有可能调防惠州的情况，孙中山对东征联军攻城的部署作了调整。6月1日，孙中山亲赴前敌督战。五天后进抵博罗，“夜宿胡思舜营，商议肃清东江右岸残敌”[①]。次日，孙中山亲赴惠州前沿阵地，至惠州城外飞鹅岭下慰问负伤的刘震寰，深夜二时才返回白沙堆住宿。6月8日，孙中山督率各军攻击惠州城，“步行上飞鹅岭，勉励将士”[②]。6月10日，孙中山在石龙行营命令滇、桂、湘、粤联军向惠州城发起总攻击。由于陈炯明军全力死守，东征讨陈军缺乏军需供给，加之内部不够统一，因而惠州城久攻不下。次日，孙中山与许崇智等详商作战计划，于6月12日再度视察前线，并委任张开儒为中央直辖湘粤联军总指挥，准备对惠州城发动新一轮进攻。6月20日，孙中山从石龙抵达博罗，与许崇智及前线各军将领“会商进攻惠州计划”[③]。此时，因北京发生曹锟取代黎元洪为总统的政变，孙中山不得不将较多精力关注时局的发展，并发表宣言，公开表明不承认曹氏北京伪政权。6月24日，他下达暂时停止攻击惠州城的命令。

---

① 陈锡祺主编:《孙中山年谱长编》（下册），中华书局1991年版，第1640页。

② 陈锡祺主编:《孙中山年谱长编》（下册），中华书局1991年版，第1641页。

③ 陈锡祺主编:《孙中山年谱长编》（下册），中华书局1991年版，第1645页。

第三次攻打惠州城约在1923年6月25日至9月27日，在这三个月的时间里，孙中山根据北方局势的变化，花费相当多精力做改组党务、外交联络以及筹划北伐等事宜，在一定程度上放松了对东征讨陈的关注。在一个月的时间里，由于攻打惠州没有什么进展，孙中山不得不暂时放下其他工作，于7月26日，从广州奔赴前线，并于29日在轮船上召开军事会议，“会商攻惠方略”[①]。此后连续三天，马不停蹄视察惠州城外各军事据点，并且复函胡汉民等人：“文在外专注意于军事，无暇分神于其他。一切政事，统由展兄代行。”[②] 与此同时，他一面急调援军开赴前线，一面筹集军饷和武器弹药，甚至将航空局的飞机和海军军舰调赴前线。他指挥部队全力攻城，曾先后抵达梅湖阵地指挥发炮，登上飞鹅岭视察敌情。20日，孙中山与前线各将领商定，于次日发起对惠州的总攻。然而，由于停泊于白沙堆江面的轮船发生爆炸，原来计划用以爆破惠州城墙的鱼雷全部被毁，21日总攻惠州城的计划也就无法实施。22日，孙中山调整部署，确定将总攻惠州城的时间改为24日。由于各方面的准备不充分，虽然多次发起对惠州城的强攻，但最终未能成功。26日，孙中山不得不在博罗重新部署作战计划，留程潜坐镇博罗，本人则返回广州。

第四次攻打陈炯明叛军的时间大约是1923年9月底至11月中旬，具体目标有所变化，东征联军由被迫撤离惠州近郊转变到力保广州安全，进而组织反击。1923年10月整一个月，孙中山没有频繁亲临东江前线督战，而将主要精力用于改组国民党的准备工作之上。这个时候，东征联军与陈炯明叛军在东江前线处于两军相持的态势，实际上自10月中旬以后，陈炯明调遣的各路援军陆续抵达东江。至10月月底，东征联军的压力

---

① 陈锡祺主编:《孙中山年谱长编》（下册），中华书局1991年版，第1659页。

② 《孙中山全集》（第八卷），中华书局1986年版，第80页。

增大，被迫撤出惠州近郊驻地，随后节节败退。10 月 30 日，孙中山不得不放下筹备国民党改组的紧张工作，亲赴石龙行营督军，并决定于 11 月 12 日组织反攻。然而，博罗于 8 日失守，前线溃败，各军无心恋战，纷纷退踞广州近郊。14 日，孙中山在广州大元帅府召集高级军政要人召开会议，针对东征讨陈军溃败之势，研究应对办法。任命滇军总司令杨希闵兼任滇粤桂联军前敌总指挥，统一这次军事行动，并急调谭延闿的湘军从湖南回援广州，新近归附的豫军樊钟秀部也同时移踞广州近郊。孙中山这一部署最直接最现实的目的，是要首先解除广州革命政权新近出现的军事危机，在此基础上再趁机歼灭陈炯明叛军，至少应将其赶回惠州老巢。在苏联顾问鲍罗廷的建议下，孙中山与中国共产党人开启了合作击退陈炯明叛军的先河。中国共产党人与工农群众关系密切，所以经其发动，广州附近的工农群众自觉协助广州保卫战。是月 20 日，围攻广州的陈炯明军被击退，随后退踞惠州。尽管在陈炯明军撤退的当日，孙中山发出了《命各将领乘胜穷追陈炯明叛军令》，“尚望本此素志，奋乃声威，乘胜穷追，务扫庭穴，庶几我有可鼓之余勇，敌无整顿之余时，懋建宏勋，奠安大局”。[①] 但是，为了阻止北敌方本仁等部入侵广东，遂将湘、滇等军调赴韶关，任命谭延闿为北江各部队总司令，指挥南始战役。孙中山本人将主要精力置于国民党第一次全国代表大会召开的准备工作，东江前线敌我两军之间处于对峙态势。

从这次东征讨陈之役具体过程来看，孙中山既是东征军统帅，又是前线总指挥，他的足迹遍及广州、石龙、博罗、惠州沿途各重要军事据点。在当时，东江沿线洪水泛滥，不仅自然环境恶劣，而且战火纷飞，随时都有生命危险，但孙中山临危不惧，镇定自如，表现出一位矢志救国救民的民主革命家的大无畏献身精神。这是孙中山给后人留下的一笔宝贵的精神遗产。

---

① 《孙中山全集》（第八卷），中华书局 1986 年版，第 414 页。

### 三、孙中山发动的1923年东征讨陈之役具有重要的历史影响：为推进第一次国共合作局势的形成奠定了有利的军事和政治基础

学界几乎一致认为，1923年的这次讨陈之役是以失败而告终的。笔者认为，此次东征讨陈之役尽管没有将陈炯明叛军消灭掉，但它通过各方合力将其从广州击退，并迫使其撤踞惠州、潮汕一带，实际上取得了军事上的成功。而军事上的成功，则为即将召开的国民党一大以及随后国共合作局面的形成提供了有利环境和条件。此后，在以广州为中心的南方革命政权所辖区域内，不仅孙中山为首的国民党完成了自己的改组，“联俄、联共、扶助农工”三大政策获得实施，而且方便了共产党人和进步人士在此区域的活动，有利于新思潮、新观念的传播。广东由此成为中国工农运动的中心和国民革命的策源地。

对1923年5月至11月东征讨陈之役的性质和历史地位，许多学者给予了积极的评价。如邱捷指出，孙中山在1923年的军事斗争，不仅发生在“五四”运动和中国共产党成立之后，而且发生在他确立了“联俄、联共”大计以后，带有明确的目标，即“把广东建成一个国民革命的基地”。它不仅在目标上有新的内容，而且其结果“直接促进了国共合作和大革命的兴起”，而“不像第二次护法战争那样仍是旧民主主义革命的余波了”；“孙中山保住广州还为国民党完成改组提供了最适合的地点”。“从根本上说，广州局势的稳定对召开国民党代表大会是极为重要的。”因为，“如果广州被叛军攻下，就不可能在1924年1月召开国民党一大以正式建立国共合作，也不可能在6月建成黄埔军校，更不可能在广东首先掀起工农运动的高潮”①。刘曼蓉指出，孙中山领导的这第三次护法运动即1923年的军事斗争，“是在联俄、联共、扶助农工政策以及改组国

---

① 邱捷著：《孙中山领导的革命运动与清末民初的广东》，广东人民出版社1996年版，第162～163页。

民党的重大决策初步确立的情况下进行的，因此护法运动超出了护法战争的范围，是在护法战争和准备重新革命工作的双重轨道上进行”[①]。黄修荣指出：“广东保卫战的胜利，使孙中山领导的南方革命政权在广东的西江、北江和珠江一带站稳了脚跟，并日益巩固和发展。广州保卫战的胜利，也使中国国民党第一次全国代表大会能够在广州顺利进行”[②]。这几位学者的观点虽在具体表述上有所不同，但他们一致认定，孙中山在1923年的军事斗争与国民党改组、国共合作局面的形成以及随后工农运动的高涨，是高度关联并成因果的。

对于三位学者的上述评论，笔者表示完全同意。但对他们提出的所谓“战役失败论”却不能苟同，相反的是，我认为这一系列军事行动基本上是成功的，尤其是广州保卫战的胜利。广州保卫战的胜利不是孤立存在的，它与东征讨陈的目的连在一起。尽管陈炯明叛军尚未消灭干净，惠州为主体的东江区域没有成为广州革命政权的控制范围，但广州革命政权比从前牢固了，以广州为中心的广东革命策源地的重要地位已经确立下来。而且，此次东征讨陈之役为1925年2月至3月和10月的两次东征和彻底摧毁陈炯明势力做了重要铺垫。

还需特别指出，讨陈一役在行动上的表现，即“重民”以改组国民党，实现国共合作，开展广泛的国民革命运动；创建黄埔军官学校，以培养革命军事人才，缔造革命军等尤为重要。

关于“重民”的问题，早在1923年之前，孙中山就已经初步认识到要解决好中国的问题，要将帝国主义和封建军阀统治彻底推翻，单靠少数人的孤军奋斗是很难达到目的的，必须将广大民众，尤其是将占中国人口绝大多数的农民发动起来，让他们明白自己解决自己的问题的必要性和重要性。通过直接领导和指挥的东征讨陈之役以及广州保卫战的切身体会，孙中

---

① 刘曼蓉著：《孙中山与中国国民革命》，广东人民出版社1996年版，第117页。

② 黄修荣著：《国民革命史》，重庆出版社1992年版，第93页。

山的"重民"观点得到深化。1923年11月25日，孙中山对国民党员发表演说称："吾党想立于不败之地，今后奋斗之途径，必先要得民心，要国内人民与吾党同一个志愿，要使国内人民皆与吾党合作，同为革命而奋斗。必如此方可以成功；且必有此力量，革命方可以决其成功。"[①] 正是基于这种认识，孙中山要把"重民"贯彻到改组国民党的工作中去，从而在行动上迈开"重民"的实质性步伐。

关于创建革命军的问题，自袁世凯篡夺辛亥革命胜利果实之后，孙中山一直在为推翻军阀政权、重建民主共和国而努力奋斗，先后组织了"二次革命"、讨袁护国运动和数次护法运动，但最终都未能获得成功。他深深感到，尽管原因是多方面的，但手中未能掌握一支真正有主义、有信仰的军队是关键所在。特别是在东征讨陈之役的过程中，地方军阀为一己私利不听指挥调遣，讨价还价的表现，使孙中山伤透了脑筋，通过这样的反思，孙中山明确认识到："我们革命，只有革命党的奋斗，所以一般官僚军阀便把持民国，我们的革命便不能完全成功。"[②] 从而，他决心"创建革命军"以便"挽救中国的危亡"[③]。他认为，培养和造就革命军"最重要的途径"，就是创建军官学校。所以，在东征讨陈之役最关键时期，于1923年10月15日，孙中山在主持国民党党务会议时，重点讨论了建立军官学校的问题，通过了"建立陆军讲武堂于广州"的提案。是年12月，孙中山又在主持国民党临时中央执行委员会上，通过了建立军官学校的决议，并将之命名为"国民军军官学校"。

毫无疑问的是，1923年东征讨陈之役在中国革命史上占有重要的历史地位。

（说明：本文原载《长白学刊》2001年第1期。）

---

① 《孙中山全集》（第八卷），中华书局1986年版，第431页。

② 《孙中山选集》，人民出版社1981年版，第917页。

③ 《孙中山选集》，人民出版社1981年版，第917页。

# 论廖仲恺“为工人农民谋利益”的献身精神

廖仲恺遇刺身亡、流血牺牲已经整整80周年了！

廖仲恺为何而死呢？死因何在呢？他是为了国民革命而死，是为中华民族自由独立而死，更是“为工人农民谋利益”而死。正如何香凝所指出：“廖先生之死，有两个重要的原因。其一，因为他继承孙中山遗志，为打倒帝国主义求中国之自由平等而奋斗，不利于帝国主义者及反革命派”，所以他们“诬为共产，而买凶刺毙”；其二，因为廖先生“为工人农民谋利益，谋解放，特别努力，不利于一般资本家和帝国主义者”，所以他们“衔恨刺骨，要将廖先生打死”。[①] 在廖仲恺被刺身亡之前，有人就劝其稍避锋芒，防人暗算，或可以远走海外，躲避风头，但他为国民革命奋斗、为工农大众谋利益的决心已定：“余无负于国，无负于党，个人更不营利，不牟利，要暗杀便暗杀，余复何恤！”[②] 由此可知，廖仲恺早已做好了流血牺牲的准备，这就让我们更增添了一份对于这位伟大的民主革命先驱者“为工人农民谋利益”而献身的钦敬缅怀之情。

## 一、廖仲恺重民、利民、为民思想之由来

廖仲恺出生在发达资本主义国家美国，对西方民主、民权

---

① 尚明轩、余炎光编：《双清文集》（下卷），人民出版社1985年版，第11页。

② 尚明轩、余炎光编：《双清文集》（下卷），人民出版社1985年版，第14～15页。

等社会政治学说有着较多的了解，如他曾翻译过《全民政治论》等西方书籍，并对中国传统的“民为邦本”思想学说有所接触，但他真正关注工农大众的疾苦，重视劳苦大众的历史作用，不遗余力“为工人农民谋利益”的思想观念，则是在总结辛亥革命失败的原因，探寻中国革命的出路，接受俄国十月社会主义革命的影响，并在协助孙中山改组国民党、实现国共合作的过程中才产生和形成的。

辛亥革命为什么失败？“二次革命”、“护法运动”等一系列政治运动和武装斗争为什么不能成功？民国初年的中国为什么会呈现出一派军阀混战的政治局势？廖仲恺认为，最根本的原因就是“一班同志，只顾自己，不顾国家，与私人没有利益的，便不去做”①。这些人没有把“公”——国家的利益放在心上，没有把“民”——工农利益至上放在眼里。从而他反复强调要“改革人心、转移风化”②，“我们中国既然叫做中华民国，主权的主体，当然就是人民”③。“中华民国主权在民，一切政治应由此发，亦由此受”④，廖仲恺在这里所说的“民”，包含的不仅仅是少数资本家、政治家或知识分子，而且是以广大工农为主体的全体国民。只有重视民众的力量，把他们组织起来与帝国主义和封建军阀作斗争，中国才有希望。

在20世纪最初一二十年间，中国内部政治纷争、军阀割据、国际帝国主义势力步步蚕食中国，民族危亡局势日趋严重。中国究竟向何处去？这是当时不同阶级、不同政治派别中的有

---

① 尚明轩、余炎光编：《双清文集》（上卷），人民出版社1985年版，第653页。

② 尚明轩、余炎光编：《双清文集》（上卷），人民出版社1985年版，第72页。

③ 尚明轩、余炎光编：《双清文集》（上卷），人民出版社1985年版，第128页。

④ 尚明轩、余炎光编：《双清文集》（上卷），人民出版社1985年版，第142～143页。

识之士苦苦思索而又必须着手解决的问题。李大钊等中国共产党人在俄国十月社会主义革命的影响下，坚持马克思主义原理与中国革命实际相结合的原则，广泛开展工农运动，使中国前途、民族命运闪现出希望之光。孙中山等国民党人在总结一系列斗争失败的教训中逐渐觉醒：要挽救民族危亡，要使国家统一，民族振兴，必须依靠绝大多数国民的努力才能实现中国人“自救”。作为孙中山的重要助手和忠实的追随者，廖仲恺在当时明确认识到：中国人必须实行自救。自救，就是靠自己的力量建设自己的国家。其目的就是把中国建成一个“民主国，然后可以把国家主权放在四万万同胞手上，然后使四万万同胞都有管理国家的义务，国家才可以发达，人民才可以安宁”。[①] 建设的内容，不仅仅指经济建设，还包括政权建设，人心风俗方面的建设。建设的手段，就是实行国民革命，而国民革命“是要靠着很大群众的力量来行的”[②]。“改造中国之责既在吾党，倘非从下层多做工夫，而徒拘泥于上层之干部，必不足以负此伟大责任。”[③] 必须改组国民党，必须与共产党合作，必须像俄国十月社会主义革命那样充分发挥广大农工群众的历史作用。

在上述这一思想基础之上，廖仲恺通过与苏俄顾问鲍罗廷等人的接触，通过阅读有关俄国十月社会主义革命的材料，在国民党第一次代表大会召开前后，明确认识到重视民众作用，依靠民众力量，为民众谋利益的必要性和重要性。他认为在这方面“全世界只有俄国”做到了。故在多次演说词中，他明确指出：“现俄国已有地位，均是由奋斗得来”，列宁是“打破帝

---

① 尚明轩、余炎光编：《双清文集》（上卷），人民出版社 1985 年版，第 626～627 页。

② 尚明轩、余炎光编：《双清文集》（上卷），人民出版社 1985 年版，第 352 页。

③ 尚明轩、余炎光编：《双清文集》（上卷）就，人民出版社 1985 年版，第 584 页。

国主义的实行革命家”，“是一个革命党里为主义奋斗、牺牲人物……他所做的事都是为被压迫民族奋斗，为无产阶级而奋斗”，如果我们都像列宁那样为民奋斗，“我们中国，将来实在不知受他多少利益”①。中国共产党虽然是一个新兴的政党，力量不是很强大，但它是为广大劳苦大众谋利益的，现今的工农运动就是在共产党为主体领导下蓬勃发展起来的，国民党应当与它合作。早在国共合作之前，廖仲恺就与陈独秀、李大钊等中国共产党人有过密切接触，在改组国民党以及改组后的一系列重大问题上，尤其是在组织发动工人、农民参加国民运动的实践中，廖仲恺与中国共产党人合作共事，对中共的思想主张有着深入的了解，特别是对中共重视发挥工农革命作用的做法深感信服。那些在广东工作或到过广东的中国共产党党员，如李大钊、李立三、于树德、谭平山、林祖涵、周恩来、张申府等人的思想作风和办事能力，给廖仲恺留下了深刻的印象，廖仲恺对他们的工作也给予了全力支持和帮助。针对国民党右派方瑞麟等人反对共产党员加入国民党、并且污蔑这是一种阴谋的观点，廖仲恺在国民党第一次全国代表大会的发言中旗帜鲜明地批驳说：“国民党是一个有主义的党，是一个要革命的党，共产党人能赞同国民党的主义和主张，并且是诚心诚意的，我们自然应当加以欢迎。”他还强调“此外，即不必多问”；“此次彼等之加入，是本党一个新生命”；共产党人“不是来拖累我们的，是与我们同做国民革命工夫（作）的”②。在国民党一届二中全会召开期间，廖仲恺以中央政治委员会委员身份，奉孙中山之命参与主持会议，与共产党员瞿秋白等人同国民党“左”派一道讨论，并通过了“国民党内之共产派问题”、“国

① 尚明轩、余炎光编：《双清文集》（上卷），人民出版社 1985 年版，第 609～610 页。

② 尚明轩、余炎光编：《双清文集》（上卷），人民出版社 1985 年版，第 605 页。

民党与世界革命运动之联络问题”两项决议，重申“凡一切忠诚拥护国民党主义、政纲的革命分子包括共产主义者，不问其何党何派，均可加入国民党”。会后，廖仲恺还以广东省省长名义，针对国民党右派制造的不利于国共合作的种种谣言发出警告：“对于此等谣言，切勿轻信，如有造谣生事者，定行严惩不贷。”①

廖仲恺“师俄”、“联共”和“重民、利民、为民”的观点，是在对苏俄依靠全体国民的力量取得革命成功的了解这一基础上形成的；也是在对中国共产党人重视工农作用，为广大民众谋利益，“服膺”改组后的国民党进行国民革命，“是要使人民自由，使人们不过枯燥的生活，并不是单为自己谋自由，单为自己谋不枯燥的生活”② 等思想主张的了解这一基础上形成的。中国共产党的最低纲领和中国国民党的最高纲领是基本一致的，即组织利用全体民众的力量，推翻一切封建主义、官僚资本主义和帝国主义在华势力，建设一个民主的，完全自由独立的中国。正因为廖仲恺看到了国共两党在这个方面的共同性，使他能够成为中国共产党真正的朋友，能够全心全意组织发动工农群众参加国民运动，并且为他们谋利益。

## 二、廖仲恺重民、利民、为民思想在启发工农觉悟的过程中得到集中体现

凭借“师俄”、“联共”思想基础，廖仲恺更加坚定了“使国基巩固，民生乐利，全国得享革命成功之幸福，固须由全国

① 尚明轩、余炎光编：《双清文集》（上卷），人民出版社 1985 年版，第 721 页。

② 尚明轩、余炎光编：《双清文集》（上卷），人民出版社 1985 年版，第 659 页。

人民的奋起协助”[①]，以及改组后的国民党必须“代表全国人民的要求”[②] 等政治信念在理论和实践上的进一步追求。换言之，廖仲恺“重民、利民、为民”的思想在启发工农觉悟、动员工农参加反帝反封建斗争的过程中得到升华。

吸取俄国十月社会主义革命的成功经验和国民党屡次失败的教训，廖仲恺深深感到要完成国民革命的重任，“徒赖军队，不过终为军队所用而已”[③]，“若徒恃干部少数人精神奋斗，为力终觉有限”[④]，只有依靠全体国民的力量，尤其是依靠工农的力量才能获得成功。“国民革命之主要分子为国民，国民中最多者莫如农民，故国民革命之唯一要件为须得农民大多数了解与集中本党旗帜之下。”[⑤] 国民革命应当反映工农要求和愿望，应当为工农争根本利益，由此获得占中国人口绝大多数的工农大众的拥护和支持。同时必须对工农大众进行国民革命必要性和重要性的教育，将他们组织起来才能发挥作用。他明确指出，如果工农不了解革命的道理，不集中在“本党旗帜之下”，那么革命成功很可能就是一句空话。“故我国国民革命之成功与否，全在乎农民之了解革命与否一问题。”[⑥] 因此，启发工农参加国民运动就是挽救中国的具体举措。

---

① 尚明轩、余炎光编：《双清文集》（上卷），人民出版社 1985 年版，第 661 页。

② 尚明轩、余炎光编：《双清文集》（上卷），人民出版社 1985 年版，第 604 页。

③ 尚明轩、余炎光编：《双清文集》（上卷），人民出版社 1985 年版，第 584 页。

④ 尚明轩、余炎光编：《双清文集》（上卷），人民出版社 1985 年版，第 585 页。

⑤ 尚明轩、余炎光编：《双清文集》（上卷），人民出版社 1985 年版，第 698 页。

⑥ 尚明轩、余炎光编：《双清文集》（上卷），人民出版社 1985 年版，第 698 页。

在对工农联合的必要性和重要性作出充分认识的基础上，他利用各种方式，对工人农民进行深入细致的革命教育和组织发动工作。在对于工人的宣传教育方面，廖仲恺特别强调，如果“人人知道把持国家，国家自然安乐，享太平之幸福”，而要使国家主权为人民所掌握，人民就“必须具有主义、有精神、有远大眼光，国家才能兴盛”。要能做到这样，“就要先解决识字问题”，要想得到知识，“不能不读书”①。他介绍到，俄国十月革命成功后，“对于工人方面，极力鼓吹识字，还有一间‘工人大学’来补救”②。所以在进行国民革命时，一定要做好工人的思想工作，提高他们的政治觉悟。他指出，工人的罢工斗争“比兵士去打仗，尤为难能可贵”，而工人罢工要取得胜利，不在于少数委员或职员勇往直前，“而在各个之工友，所以各工友要聚精会神去奋斗”③。工人罢工的目的，不单纯是为了经济，即要求增加工资的斗争，而是“为国家谋自由与独立，争国家地位，和争民族的人格”④。工人运动的目的“就在取消一切不平等条约，为国家政治上经济上谋独立的运动”⑤。廖仲恺在担任工人部长期间，很注意培养工人运动的骨干，曾开办过工人运动讲习班。与此同时，他还制订“通盘之计划”，以谋各处工人党员“根本利益之解决”，发起工人党员情况调查活动，由工人部制作表格，调查工人党员的职业结构、工会

---

① 尚明轩、余炎光编：《双清文集》（上卷），人民出版社 1985 年版，第 627 ~ 629 页。

② 尚明轩、余炎光编：《双清文集》（上卷），人民出版社 1985 年版，第 630 页。

③ 尚明轩、余炎光编：《双清文集》（上卷），人民出版社 1985 年版，第 772 页。

④ 尚明轩、余炎光编：《双清文集》（上卷），人民出版社 1985 年版，第 862 页。

⑤ 尚明轩、余炎光编：《双清文集》（上卷），人民出版社 1985 年版，第 906 页。

组织、罢工经过、海外工人状况等，并总结经验，将其作为深入开展工人运动的依据。1924 年春夏，廖仲恺主持发起“劳工统一运动”，并于是年 5 月召开广州市工人代表大会。在随后的一年多时间里，广州工人代表大会所辖工会团体达到 130 多个。为了使工人有组织的活动合法化，廖仲恺积极促成《工会条例》21 条，由孙中山以大元帅名义于 1924 年 10 月正式公布。这一条例尽管还有不完善的地方，但它有利于工人运动的深入开展，对组织发动和支持保护工人参加政治斗争起了重要作用。值得特别注意的是，廖仲恺首先认识到组织工人武装的必要性和重要性，于 1924 年 5 月下旬正式组成工团军，并在经费开支方面予以鼎力相助。① 在对农民的宣传教育问题上，廖仲恺同样倾注了极大精力，耐心细致地向农民群众阐述参加政治工作、经济斗争和组织团体、武装自己的必要性和重要性。在《农民运动所当注意之要点》一文中，他特别提醒做农运工作的干部们，首先应当使农民“明了何以要发起国民革命，国民革命之成败与他有何利益关系，他方有参加革命之希望”。其次应使农民懂得怎样才能把中国“变为一完全独立自由的国家”，了解中国贫穷落后的根源何在，清楚造成他们生活“如此痛苦”的原因在哪里，然后明白“能改变贫弱，除去痛苦”② 的途径和方式方法。他还亲自到香山等地了解农民生活状况，向他们宣传革命的道理和组织革命的办法。他用浅显的比喻说明农民自己救自己的重要性，“要免除痛苦，就先要自己预备力量、储备力量；好像要自卫，先要有刀枪一样”③。农民没有组织，

---

① 《工人代表会组织工团军》，《广州民国日报》，1924 年 8 月 20 日。

② 尚明轩、余炎光编：《双清文集》（上卷），人民出版社 1985 年版，第 698 ~ 699 页。

③ 尚明轩、余炎光编：《双清文集》（上卷），人民出版社 1985 年版，第 705 页。

就不会有力量，“所以组织就是力量。力量是从团结得来的”[①]。他特别提醒农民，现在商人有了自己的组织——商会，工人也有了自己的组织——工会，但农民没有自己的组织，“所以你们最没有力量，最痛苦，最受人家压迫”。农民应当迅速组织起来，团结起来。他指出，旧式农会“是一班绅士学者组织的”，与农民没有多大关系，农民要“自己起来组织一个真正的农民协会”。这个农民协会“完全是为你们农民自身利益的”[②]。廖仲恺还特别提醒农协会员和做农运工作的干部们注意，农民运动只有与工人运动相结合，才会有更大的效果，单靠农民奋斗是解决不了中国革命问题的。他特别重视培养农民运动骨干分子和农运人才的工作。在1924年5月农民运动委员会成立之后，廖仲恺积极促成广州农民运动讲习所的开办，并亲自讲授《农民运动所当注意之要点》等课程。应当说，在国民党改组前后，广东境内工农运动如火如荼地开展起来，与廖仲恺等国民党左派同中国共产党人密切合作，深入工厂、农村做工农大众的宣传发动、组织领导等工作是密切联系在一起的。

### 三、廖仲恺“重民、利民、为民”思想在组织工农运动的实践中发挥了重要作用

工农组织起来了，觉悟起来了，并且积极投身反帝反封建的斗争，很自然地要触及地主、资产阶级和帝国主义在华的既得利益，必然要引起一切反动势力的仇视、压制和破坏。在工农运动亟须国共双方强有力的支持和帮助时，廖仲恺利用其广东省省长、国民党中央工人部部长、农民部部长等特殊身份，

---

① 尚明轩、余炎光编：《双清文集》（上卷），人民出版社1985年版，第705～706页。

② 尚明轩、余炎光编：《双清文集》（上卷），人民出版社1985年版，第706页。

充当工农运动强有力的后盾。他先后以通电、布告、函件、演说、会议讲话以及提案等方式，旗帜鲜明地保护工农利益，充分肯定工农运动的合法性和正义性。1924 年 5 月初，江门油业工人的合法斗争遭到商团的残酷镇压，造成工人死伤多人的严重后果。得此消息后，廖仲恺即以工人代表会主席身份率 200 余名工人联名发出通电，强烈谴责商团“仇恨工人，借端伤杀，围困工会，拷打无辜”的行径直同野兽。号召广州工人“一致力争，务必达到”赔偿工人损失、抚恤伤毙工人、限制商团干涉工人行动、电请国民政府保护工人、成立工团军以保护工人行动之自由、依法严惩江门油业老板及商团的效果，“以为惨杀劳工者戒”[①]。1924 年 7 月，广州沙面英、法工部局发布“新警律”12 条等限制华工自由的条例，导致沙面工人罢工，引起英法帝国主义者的恐慌和责难。廖仲恺在复法国领事函件中义正词严，针锋相对地予以反驳，他指出：“查罢工之举，亦各国所恒有，非政府所制止，证以欧美各邦之情形及中国现在之民气，可以知之矣。”况且，此次沙面罢工发生的原因“全由沙面英法工部局颁布新律所激动而成”，并非工人无理取闹之行为，广东地方政府自然应当保护工人的正当权益，而不能横加制止。[②] 在廖仲恺等广州国民政府要员的坚决支持下，持续了一个多月的沙面罢工斗争终于取得胜利，英帝国主义被迫于 1924 年 8 月 17 日取消新警律。沙面罢工斗争的胜利，对中国全面工人运动产生了极其深远的影响，成为“二七惨案”后中国工人运动由低潮走向高潮的起点。廖仲恺从这次罢工胜利中得到了鼓舞，进一步坚定了重视工农作用、继续组织工农运动和维护工农利益的信心。

---

① 尚明轩、余炎光编：《双清文集》（上卷），人民出版社 1985 年版，第 639 页。

② 尚明轩、余炎光编：《双清文集》（上卷），人民出版社 1985 年版，第 667 页。

自1925年上海发生“五卅惨案”之后，在国共双方，尤其是中国共产党人的组织领导下，全国范围内的罢工、罢市、罢课等反帝爱国运动蓬勃高涨。廖仲恺等广州国民政府要员主动与中共广东区委和中华全国总工会负责人苏兆征、邓中夏、陈延年等密切合作，于是年6月19日组织策划省港工人大罢工。6月23日，一部分回到广州的香港工人与广州工人、农民、学生、军人等10万人举行了声势浩大的游行示威，遭到英、法帝国主义军队开枪射击和军舰炮击，伤亡达200多人，史称“沙基惨案”。针对英法帝国主义制造的“沙基惨案”，廖仲恺与蒋介石等人联名发表通电，抗议英帝暴行，指出“吾人之抗帝国主义，实为图民族独立之张本”，号召工农兵学商齐心协力，坚决斗争到底。并就“沙基惨案 ”的善后工作提出七点意见，即取消中国同帝国主义国家签订的不平等条约；通告驻广州外国领事，“欲求得吾政府保护，必须驻吾华法律所能保护之地”；外国军舰等一律禁止停泊内河；全国军队同心协力，一致对抗英国；联合一切国际友好人士，扩大罢工斗争的统一战线；对因罢工失业的工人“妥为安插，善为编练”，国人应视“沙基惨案”为国耻，“永矢勿忘”雪耻。[①] 此后，廖仲恺全身心投入省港大罢工的组织、策划工作。在省港罢工委员会代表大会演说中，他明确表示：“此次之损失，在政府方面，尽力为全民而争，在党方面，也出尽能力而争，所望全体工友一致奋斗。”在省港罢工工人第七次代表大会的提案中，他特别强调：“这次罢工，其目的在图中国国家民族之自由独立。”而要达到这个目的，必须“先使广东政治上、经济上能脱离香港之压迫而独立不可”[②]。在省港罢工工人第十二次代表大会的

---

① 尚明轩、余炎光编：《双清文集》（上卷），人民出版社1985年版，第768～769页。

② 尚明轩、余炎光编：《双清文集》（上卷），人民出版社1985年版，第864页。

报告中，廖仲恺特别强调工农兵大结合的重要性。在省港罢工委员会招待各界会上的演说中，他特别提醒人们，这次大罢工“是为中华民族上最大的事”，需要全体国民的参与和支持，“很望工人和商人相需相助，不可分开界限，才能得到完满的效果”。如果“工商各界能够同心合力去奋斗，以达到取消不平等的条约”，那么我们就可以在这个基础上，为“士农工商”提供“充量发展的余地”。[①] 省港大罢工历时 16 个月，其规模之大、坚持时间之长是世界工人运动史上所罕见的。省港大罢工的成功开展，沉重打击了英帝国主义在华政治、经济势力，对巩固广东革命根据地和推动北伐战争起了重要作用。它作为国共合作的成果，首先起重要作用的是中国共产党人，但廖仲恺等国民党左派在其中所起的作用也是不可低估的。

应当指出的是，廖仲恺作为广州国民政府的农民部长，对农民运动给予了密切关注，在组织、推动农民运动方面，在支持、维护农民权益方面，他都倾注了极大的心血。1924 年 7 月下旬，由他主持制定的《农民协会章程》以广州国民政府名义颁布，从组织形式上确立了农民运动的合法地位。在《为协助组织农会致广东各县令》中，他要求各县领导人“诱掖当地农民，根据章程及宣言，组织农民协会及农团军，实行自卫”[②]。这个命令有两点重要意义值得我们注意：一是由政府协助农民成立自己的组织农民协会，对于这样的农民协会，地方政府不仅不能阻止，而且要予以支持。二是农民不仅要成立农民协会，还要建立自己的武装用以自卫。这足以说明，廖仲恺等国民党左派对于农民反帝反封建的作用是非常重视的，对农民运动的深入开展给予了切实的支持和帮助。

---

① 尚明轩、余炎光编：《双清文集》（上卷），人民出版社 1985 年版，第 907 页。

② 尚明轩、余炎光编：《双清文集》（上卷），人民出版社 1985 年版，第 668 页。

当农民同地主阶级和地方封建残余势力的冲突和矛盾日益尖锐激烈，农民协会委员和农会会员被捕被杀事件时有发生时，廖仲恺旗帜鲜明地站了出来，为维护农民权益说话，并采取切实可行的措施对农民权益加以保护。在1924年冬，他曾致函广州国民政府要人和广东有关县乡负责人，要求严惩伤毙农协会员和损害农民利益的凶手。其态度之坚决，措词之严厉，在时任广州国民政府要职的人当中是不多见的。针对番禺县夏园乡农协会员徐基、李松兴、何炳荣无辜被捕之事，廖仲恺曾在致函卢师谛军长部属王天任时指出："嗣经本部查确，徐等三人向属安分之农会会员，故函尊处释放。"他坚决表示："本部为保护农民计，必不任令徐、李、何三人久受不法军队之鱼肉。"限定王天任在三天内作出答复，否则"本部当取积极办法"①。迫于廖仲恺等人的坚决态度，王天任不得不在第二天将徐基等三人释放。针对广州第一任农民协会执行委员长林宝宸被崇文两堡联防局枪杀事件，廖仲恺致函广东省省长胡汉民，在申述了林宝宸为求得农民合法权益而遭残杀的事实之后，坚决要求广州国民政府将凶手查明，并将"该两堡联团局封禁，以为白昼任意杀人、阻碍农民运动者戒"②。他还为孙中山代拟致郑润琦等人的命令，指出"前派大本营铁甲车队开赴广宁，保护农会，剿办匪徒"的目的是为了护卫农民利益，"清除土恶，务使横霸乡曲、损人肥己者，绝迹销声，不为农害"③。在廖仲恺等人的支持下，广宁等地农民的减租斗争终于取得胜利。为了将广东省农民协会力量联合成一股强大的势力，廖仲恺全力促

① 尚明轩、余炎光编：《双清文集》（上卷），人民出版社1985年版，第727页。

② 尚明轩、余炎光编：《双清文集》（上卷），人民出版社1985年版，第728页。

③ 尚明轩、余炎光编：《双清文集》（上卷），人民出版社1985年版，第729页。

成广东省第一次农民代表大会与全国第二次劳动大会在广州顺利召开。由此可见，大革命时期广东境内农民运动高潮之所以一浪高过一浪，实与廖仲恺等国民党左派同中国共产党人真诚合作，全力支持、推动农民运动，切实关注、保护农民利益，有着十分密切的联系。

综观廖仲恺的“为工人农民谋利益”思想的产生和形成，在实践中，围绕着为工人农民谋利益这个主题，其思想具体体现为重视工农作用、组织发动工农参加国民运动、开展反帝反封建的革命斗争，并且切实保护工农利益、积极充当工农运动的坚强后盾。作为一位资产阶级民主主义革命家，能够坚决站在工农大众的立场上与他们平等相处，关心他们的疾苦，重视他们的作用，启发他们的觉悟，指导他们同帝国主义和封建势力作斗争，实在难能可贵。其“为工人农民谋利益”而献身的精神，至今仍具借鉴启迪的价值。

（说明：本文原载《贵州社会科学》2006 年第 1 期。）

# 简论廖仲恺与两次东征

廖仲恺多年追随孙中山，为中华民族的独立和崛起立下了丰功伟绩。他以广东为战斗舞台长期进行革命斗争，其革命生涯中的光辉岁月几乎都与广东密切相关。他不仅是国民革命运动的主要组织者和领导者，而且是确保国民革命根据地广东安危的中流砥柱。他对国民革命军两次东征以及广东革命根据地的巩固与统一作出了不可磨灭的贡献。

## 一、廖仲恺为酝酿第一次东征进行了卓有成效的工作

第一次东征于1925年年初全面开展，是第一次国共合作的结果，更与第一次东征前国民党左派人士忠心协助孙中山，为巩固广东革命根据地所进行的有关经济、政治改革，建立革命武装，组织发动工农力量等卓有成效的工作分不开。廖仲恺作为我国著名左派领袖之一，在其中所起的作用的确不可低估。

首先，廖仲恺长期担负着广州革命政府财政部门的领导工作重任，为争取广东财政的好转和统一、为巩固和建设广东革命根据地，进行了长久的努力并作出了重要贡献。我们知道，廖仲恺早年留学日本时主攻的是政治经济科，对财经理论颇有研究，并且发表过几篇重要的西方财政理论译文。自1921年广州革命政府成立后，他先后担任财政部次长、部长，兼任广东省财政厅厅长、广东省省长等要职，一直被称作为孙中山的“钱袋子”。在当时，由于军阀连年混战，加之帝国主义和封建地主势力的巧取豪夺，广东这个在民国初年以来经济比较富裕的省份也已经是民穷财尽，人民生活苦不堪言。然而，任何政

治运动和武装斗争的开展都离不开经济的支撑。所以，经济基础对于广州革命政府而言不仅显得特别重要，而且是一个不可回避的、必须着手解决的问题。可是，作为一个革命政府和一股革命势力，不能对人民任意搜刮，不能随意采取措施加重人民的负担。廖仲恺通过对广东财政税收极为混乱状况的分析，决定从统一广东财政入手来解决问题。为此，他向孙中山提出建议并获得允准，先后发布《整理广东省财政的计划》、《整理财政令》、《命广东财政厅等统一军政财政令》、《统一广东财政通电》、《命各征收机关统一管理征收令》、《命广东各县县长维护财政统一令》等数十件文告，内容涉及税厘征收办法、财政开支途径等方方面面。在当时统一财政针对的是因滇桂军及陈炯明军私自征收税厘，引起政出多门、税出多门的混乱状况，统一财政以后既将税收归为广州革命政府调拨使用，又可以减轻人民遭受苛捐杂税之苦。然而，统一财政必然触及军阀的利益，引起他们的不满和反对，廖仲恺作为广州革命政府主抓经济的要员，尤其是推行财政统一措施的理念动议者和实践促成者，其生命安全随时受到威胁，但他没有向敌对势力妥协退让，而是坚决执行孙中山的指令。如他在《命广东财政厅等统一军政财政令》中引述大元帅孙中山的指令："军兴以来，各军所需伙食等费，为数甚巨。或由各财政机关指拨，或各就地筹给，手续不免分歧，系统尤形混乱，殊非所以统一军政财政之道……兹为解除此种困难起见，重新改定办法。"① 改定办法包括两个方面，一是所有财政机关原来发给海陆各军费用"着按日悉数解交军政部"，意即税厘征收之权不再属各军自行控制；二是海陆各军原来由各财政机关发给之费用"着归军政部发给"，意即税厘开支之权不再属各财政机关自行控制。廖仲恺在《命各征收机关统一管理征收令》中指出："所有财政收入，

---

① 尚明轩、余炎光编：《双清文集》（上卷），人民出版社 1985 年版，第 572 页。

应一切由法定征收机关征收管理，无论何项文武官吏人等，概不得巧立名目，擅自征收或截留，违者认为违反法令，按照军法严重治罪。”[①] 在《命广东各县县长维护财政统一令》中，廖仲恺强调：“各县倘仍蹈旧习，为别机关任意截留，则省库收一处之征收，即军需少一处之解济，不特破坏统一，抑且贻误饷需……嗣后收入一切正杂粮税各款，务须按月清解到厅，无论何处军队，一概不得就近截支，倘该县误行支拨，定予严重处分。”[②] 由于廖仲恺等人态度坚决，措施得力，统一广东省税收尽管在过程中碰到各种阻力和压力，但最终获得成功，不仅限制了军队擅自征税，地方官随意征税的混乱行为，激发广大人民群众对广州革命政府的支持和拥护，而且使广州革命政府解除了经济危机，广东革命根据地因经济基础的逐渐坚实而不断巩固起来。更为重要而直接的作用则在于给第一次、甚至第二次东征中平定陈炯明叛军提供了必要的物质基础。

其次，廖仲恺在筹办黄埔军校的过程中呕心沥血，为两次东征拥有一支革命武装作出了重要贡献。1922 年 6 月 16 日，陈炯明公然背叛孙中山，给孙中山带来前所未有的打击，也使他深刻认识到“只有革命党的奋斗，没有革命军的奋斗，革命便不能完全成功”。于是，在 1924 年 1 月 20 日至 30 日，孙中山主持召开了国民党“一大”会议，并决定筹办黄埔军官学校。而廖仲恺勇挑筹办黄埔军校的重任，在筹办黄埔军校中起到顶梁柱的作用。

最初，廖仲恺以大本营秘书长的身份，协助黄埔军校的筹备工作。但筹备工作开始不到几天，蒋介石便以“环境恶劣、

---

① 尚明轩、余炎光编：《双清文集》（上卷），人民出版社 1985 年版，第 788 页。

② 尚明轩、余炎光编：《双清文集》（上卷），人民出版社 1985 年版，第 799 页。

办事多遭掣肘”[①] 为由，于2月21日向孙中山提出辞职。两天后，孙中山即任命廖仲恺代理筹备委员会委员长职务，筹办军校的重任也就落到了廖仲恺的肩上。所以，从黄埔军校的筹备来说，廖仲恺是军校的真正创建者。经过四个多月的紧张筹备，黄埔军校于1924年6月16日举行开学典礼。建校艰难，养校更是不易。当时广东的军权、财权均为表面拥护孙中山的滇系、桂系军阀杨希闵、刘震寰等所把持，因为害怕黄埔军威胁到他们的统治地位，他们百般刁难黄埔军校的开办。军校开办时，经费异常困难，财政无日不感到拮据，平时都以挪、移、贷、借艰难运转，每到月终，各方纷纷索债，全赖廖仲恺设法筹垫。据廖仲恺夫人何香凝忆述：“仲恺向杨希闵等领款，若所领之款不足整数时，则回家向香凝或亲友设法筹措，并用自己名义在外移借，务凑足预算，以资开销。”[②] 担任过黄埔军校学生总队队长、军官团团长的张治中也曾深情回忆廖仲恺苦心筹款的情况，并总结说廖仲恺先生“真是黄埔的慈母”[③]。

事实证明，廖仲恺对黄埔军校的创建和生存发展真是竭尽全力，呕心沥血。他同军校政治部主任周恩来等亲密合作，为国民革命培养了一大批军事人才，并组成了一支新型军队。这支军队在后来两次东征、统一广东革命根据地和北伐战争中发挥了重要作用，而廖仲恺为这支新型军队的建立立下了汗马功劳。

再次，廖仲恺重视工农力量，宣传发动工农群众，依靠工农大众，组织工农与帝国主义和一切反动势力作斗争。在共产

---

① 周兴樑著：《廖仲恺和何香凝》，河南人民出版社1989年版，第205页。

② 尚明轩、余炎光编：《双清文集》（下卷），人民出版社1985年版，第65页。

③ 《黄埔军校史料》（1924—1927），广东人民出版社1985年版，第68页。

党人的帮助与影响下，廖仲恺深刻认识到工农群众是进行国民革命的主力军。在任国民党中央工人部部长、广州工代会执行委员、中央农民运动委员会委员、省港罢工委员会顾问、农民部部长等职期间，廖仲恺依靠工农力量，组织和支持工农群众投身到国民革命运动中，同帝国主义和一切反动势力作斗争，特别是在支持工农运动和支持省港大罢工以及巩固广东革命根据地的斗争中，倾注了大量的心血，功勋卓著。

廖仲恺在担任工人部部长期间，凡是有关工人运动方面的工作都虚心听取中共代表的意见，并把领导工会的事都交给工人部秘书、中国共产党冯菊坡处理。他多次下基层访问农民，并坚决反击国民党右派对农民运动的破坏活动。

廖仲恺为执行三大政策和推动我国工农运动的发展作出的卓越贡献，得到中国共产党的崇高评价。周恩来就曾说过："国民党改组之后，最显著的革命势力，便是革命军的组织和工农群众之参加国民革命，这两种伟大事业的成就，多部分的功绩要属于廖先生。"① 工农是国民革命的主力军之一。两次东征过程中，各地工农群众或参军参战或做后勤服务，都明显地体现出其重要地位和作用。而廖仲恺在发动组织工农大众过程中付出的心血，则是明显而又突出的。

## 二、廖仲恺对第一次东征的贡献

第一，廖仲恺是第一次东征的重要组织者和领导者。广东革命政府平息广州商团叛乱后，使广东革命根据地初步获得了稳定。然而，自1922年冬陈炯明从广州败退东江后，一直与广东革命根据地相对抗，时刻企图推翻孙中山的领导，广东革命仍处在岌岌可危的处境中。1925年初，陈炯明乘孙中山病重北上之机，在英帝国主义势力支持下，举兵进犯广州。为了巩固

① 周恩来：《勿忘党仇》，《廖仲恺先生哀思录》（内刊），1926年5月版，第29页。

和壮大广东革命根据地，面对陈炯明的进犯，廖仲恺等广州革命政府领导人遵照孙中山的指令决定进行第一次东征。

1925 年 2 月 1 日，广州革命政府挥师东江，开始第一次东征。廖仲恺不仅是黄埔军校的党代表，而且是第一次东征的主要决策者与组织者之一。为统一东征的军事领导权，1924 年 12 月 24 日，他在与胡汉民、加伦的三人小组会议上，决定成立军事委员会，由他和胡汉民、许崇智、蒋介石、杨希闵及加伦组成，并责成东征军指挥杨希闵“绝对服从军事委员会”领导。26 日和 30 日，军事委员会先后两次开会，廖仲恺在讨论东征军路线与作战计划时，提出了极有见地的看法，得到一致赞同并得以采纳。

第二，廖仲恺为第一次东征出征后的胜利进军做了大量工作。按照东征总指挥部人事安排，廖仲恺主要在广州担负后勤供需的重任。他在当时几乎夜以继日地为东征军筹集军饷、军需，并做好前线伤员救护工作。1925 年 3 月 1 日，黄埔军校校长蒋介石“以军势紧张，款项厅绌”从前线驰电廖仲恺告急。廖仲恺接电后马上设法接济，尽力满足前方将士所需。在淡水战斗负伤的教导一团营的党代表蔡光被护送至广州后，廖仲恺即指示医护人员全力抢救。

廖仲恺还善于分化瓦解敌人，他成功策反骆凤翔归顺就是一例。骆凤翔乃陈炯明部杨坤如第六军的参谋长兼第一旅旅长，当时他率部驻守惠州，与廖仲恺同为惠州人。策反成功后，骆率领其旅官兵三千多人赴广州听候改编，反过来成为东征军的一部分。

廖仲恺曾与蒋介石联衔布告瓦解敌军与维护东征军军纪，以保证胜利进军。1925 年 2 月 11 日，东征军扫清广九路一线并进占平湖后，他与蒋介石联衔发出《劝逆归顺布告》。3 月初，东征军克复潮汕后，又与蒋介石发布《禁止军事扰民令》，严肃军纪以获得人民群众的支持拥护。当时的《商报》在 3 月 27 日有一篇新闻对东征军的严密纪律作出了报道，认为这样的革命军是民国以来最被人民拥戴的真正的革命军。

第三，廖仲恺赶往前线慰劳官兵，并亲自指挥棉湖战斗。1925 年 2 月间，廖仲恺亲赴虎门一带巡视部队，并常和指挥官一起研究作战计划和策略。当东征右路军节节胜利之际，在北京病重的孙中山先生闻捷异常高兴，他对廖夫人何香凝说："广东现时十分重要，仲恺万不能离开广东"[①]，并嘱廖仲恺代他前往汕头慰劳东征军。廖仲恺受命之后，随即亲赴汕头慰问前线各军，鼓舞将士奋勇杀敌。当廖等 3 月 12 日抵汕头后，黄埔军校教导一、二团和粤军第七独立旅等正同陈炯明部林虎、刘志陆等营下近万人血战于棉湖地区，教导团以寡敌众，战斗十分激烈，战况也极端险恶。在这种情况下，廖仲恺奋不顾身，亲临前线督战。3 月 16 日，他在河婆对教导团全体官兵发表演说，高度赞扬教导团的奋斗精神和所取得的胜利。他说："教导团自出征以来，打很多胜仗，而且以昨日棉湖一战以十倍于我的敌人，我们只有一团人在前敌抵抗，使敌人十几次冲锋，不能破损一点，到最后还要被我们打退，这样子的勇敢，真算是空前之举"[②]。他勉励全军要更加努力，尽速扫除军阀，消灭敌人，诚恳的演说使东征前线官兵深受鼓舞。3 月底，陈炯明在东江地区的巢穴已全部荡平，其残兵败将逃向闽赣粤边境。第一次东征胜利结束。

由此可见，廖仲恺不仅亲自参与领导第一次东征，而且对第一次东征的告捷发挥了重要作用，尤其在筹措经费方面起的作用更是关键。据切列潘诺夫在《中国国民革命的北伐—— 一个驻华军事顾问的札记》中记述，廖仲恺为东征军做了许多实际工作，但他从不以领导者自居，其人格精神和实干作风实在

---

① 尚明轩、余炎光编《双清文集》（下卷），人民出版社 1985 年版，第 56 页。

② 尚明轩、余炎光编《双清文集》（上卷），人民出版社 1985 年版，第 742 页。

让人钦佩。

### 三、廖仲恺与第二次东征的密切联系

首先，廖仲恺等人采取果断措施平定“杨刘叛变”，为第二次东征胜利进军奠定了坚实的基础。1925 年 3 月底，东征军将陈炯明残部驱逐出东江境内，取得了首次东征的胜利。然而，在第一次东征战斗正酣的时候，表面上拥护孙中山三民主义的滇、桂军阀杨希闵、刘震寰趁孙中山逝世之际，又同陈炯明、唐继光等军阀勾结，密谋进行叛乱，广州再次陷于危急之秋。

随着杨希闵、刘震寰叛迹日益显露，廖仲恺等加速了讨伐杨、刘的战斗部署。5 月 13 日，廖仲恺从广州赶到汕头，与东征军要员共商讨伐杨、刘的计划，决定于 20 日回师广州。5 月 21 日，黄埔军校校军及其他部队回师广州。6 月 12 日，广州国民政府统辖下的各军发起围歼杨、刘叛兵的总攻。经过激烈战斗，杨、刘叛乱被平息。讨伐杨、刘叛乱的胜利，削除了广州国民政府内部的隐患，为国民革命军进行第二次东征扫除了后顾之忧。

其次，廖仲恺遇刺推动了第二次东征的开展。随着“五卅”运动和海港大罢工的相继爆发，中国人民反对帝国主义的爱国运动进入一个崭新的时期。这引起了帝国主义和国内反动势力的恐慌。与帝国主义沆瀣一气的军阀势力和国民党右派也加紧反革命活动，于 1925 年 8 月 20 日晨暗杀了受民众崇敬的坚定的国民党左派廖仲恺。

廖仲恺被刺杀，是帝国主义、国民党右派军阀企图以恐怖手段阻挠国民革命发展的重大事件。廖仲恺逝世的消息传出后，引起全国人民深切的悼念，许多工人、农民为之痛惜流涕，广东各地工农群众纷纷举行追悼会，并要求广州国民政府肃清内奸、镇压反革命。中共广东区委于是年 9 月 26 日，通过对外协会发动 10 多万人在广州举行示威游行，要求政府统一广东，“扫除暗杀阴谋”，肃清“卖国卖广东之内奸”。中共广东区委

和青年团广东区委还联合发表了《对广州各界示威运动宣言》，呼吁政府及军队和民众更加紧密地团结起来，粉碎帝国主义及其走狗之阴谋，造就统一和幸福的广州，巩固向全国发展的国民革命之基础。这就为随后开展的第二次东征中平息陈炯明叛军打下了良好的政治基础。

再次，"仲恺精神"对第二次东征产生了深远影响。在第一次东征期间被打败的陈炯明部队，乘东征军回师广州，东江地区空虚之时重新占据东江一带。他们烧杀掳掠、还极力破坏省港罢工。此外，陈炯明勾结南路军阀邓本殷，妄图夹击广州。面对如此严峻的形势，广州国民政府决定迅速进行第二次东征，彻底消灭陈炯明叛军，统一与巩固两广根据地，为即将进行的北伐大业扫除后顾之忧。1925 年10 月5 日，东征联军再次挥师东江，开始国民革命第二次东征。

第二次东征开始时廖仲恺已经逝世，除了上述他为两次东征作出的基础工作以及在第一次东征后领导平定杨刘叛乱外，其革命精神也对第二次东征中的将士起着极为巨大的激励作用。

第二次东征借鉴第一次东征的经验，组织了强大的宣传队开展宣传工作。宣传队拟定了《政治设施方案》，建全组织，分工合作，各司其职，还确定了工作范围，明确了宣传员在宣传工作中应注意的要点，对宣传资料（包括宣传口号）也进行了统一规范。在宣传上，多备精美照片（孙中山、列宁、廖仲恺、汪精卫、蒋介石等人）及画片，沿途分给人民作宣传的媒介。宣传队准备了 19 条主要的宣传口号，其中非常重要的一条就是——"廖部长精神不死"。

第二次东征过程中，血战惠州可谓是最为艰难也最为惨烈的一役。惠州地处东江区域咽喉之地，战略地位十分重要。据有关史料记载，自设城塞以来的一千多年中，这里历经战火，从未失守过。这里又是陈炯明经营多年的老巢，囤有重兵，因而成为东征必争之地。东征军经过 30 多小时激战，付出死伤 400 余人的惨重代价才将惠州城拿下。攻占惠州的第二天，在惠州第一公园召开了追悼惠州阵亡将士大会。总政治部主任周恩来在演说中特别指出："今天又有个特别纪念，就是廖党代表他是惠州人，他自陈炯明叛变后，即以为惠州是很重要，应以惠州为革命中心，我们现在已把惠州攻下了，庶可以慰廖先生在天之灵，我们也可以改惠州为仲恺城。"①

1925 年 11 月初，第二次东征取得完全胜利。整个东江地区的陈炯明叛军完全被肃清，只剩少数叛军逃往福建，最后由刘志陆率领投奔山东张宗昌去了。

综上所述可知，廖仲恺在两次东征中的贡献和影响表明他不仅是国民革命运动的主要组织者和领导者之一，而且是确保国民革命根据地——广东安危的中流砥柱，为广东革命根据地的巩固立下了卓越功勋。特别是在两次东征讨伐陈炯明的战争中，廖仲恺是第一次东征中的重要组织者和领导者，不仅筹集军饷、军需、参与制定战略方针与计划，还身先事卒亲临战场。正因为他是杰出的民主革命家和国民革命力量的中坚，所以孙中山在京重病之际特别叮嘱何香凝："广东现时十分重要，仲恺万不能离开广东！"廖仲恺还对第二次东征有着巨大的影响，尤其是面对反动派的恐吓时，他的视死如归的精神与至死不渝为孙中山遗愿奔走的工作态度，对东征将士起了极其巨大的激励作用。

总之，廖仲恺为中国民主革命作出了卓越贡献，广东在近代民主革命史上光荣地位的形成，凝聚有廖仲恺辛劳奋斗的成果。他在中国新旧民主主义革命中光辉的业绩与巨大贡献，将永载史册！

[说明：本文与廖桂旭合作，原载《惠城文史》（内刊），第 21 辑。]

---

① 《革命军人》（第八期），中华民国十四年（1925 年）十一月二十日。

# 试论廖承志对“仲恺精神”的继承和发展

廖仲恺家族一门三代，先后担任过国家级重要领导职务。廖仲恺是孙中山最忠诚的战友和得力助手，是第一次国共合作期间中国国民党著名左派领袖人物，为坚持孙中山在生时制定的“联俄、联共、扶助农工”三大政策而献出了自己的生命；何香凝作为廖仲恺的亲密伴侣、同志和战友，在廖仲恺壮烈牺牲后，继承其未竟事业，坚持反帝反封建反蒋介石独裁统治不动摇，成为中国共产党的忠实盟友，新中国成立后担任过全国侨委主任、全国政协副主席、全国人大常委会副委员长等要职；廖承志在父母革命思想、伟大人格的熏陶和影响下，积极投身民主革命活动，成为一位坚定的共产主义战士，新中国成立后担任过全国人大常委会副委员长、中共中央政治局委员和全国侨委主任等多项要职；廖仲恺的女儿廖梦醒虽因“工作性质决定了其业绩鲜为人知，但她的贡献是不容低估的”[①]。她是早期中共党员，长时间从事党的地下工作，新中国成立后担任宋庆龄秘书、全国妇联国际部副部长等职，享受副部级待遇，且被人们誉称为“红色翻译家”。她的丈夫李少石，1926 年加入中国共产党，长期从事党的地下工作，1945 年 10 月遭国民党士兵枪击，为民主革命流尽了最后一滴血。至于现任全国政协副主席、连任中共中央委员的廖晖，则是廖仲恺的长孙。

廖仲恺家族真可谓“满门忠烈”。他们用自己的思想言行，甚至用自己的鲜血谱写出了一部“救国兴邦”的爱国主义诗

---

① 蒙光励著：《廖家两代人——廖仲恺何香凝和廖梦醒廖承志》，暨南大学出版社 2001 年版，第 2 页。

篇，构筑了一部内涵丰富而又风格独特的家族文化史，值得我们认真总结、提炼和开发利用。就惠州目前状况而言，这方面的工作还做得不够，基本停留在对廖仲恺个案的研究上。正如张磊先生指出：“有关的研究和宣传是不够的，特别是作为一个光辉的家族，整体的反映更付阙如。”① 人们常说要继承弘扬“仲恺精神”，然而，如何继承弘扬？笔者认为，首先可以围绕廖仲恺家族成员对“仲恺精神”的继承、弘扬过程的考察，获得某些启迪。从而，本文打算就廖承志对“仲恺精神”的继承和发展问题谈些粗浅的看法。

## 一、“救国兴邦”的爱国精神贯穿于“仲恺精神”的核心

尽管廖承志作为老一辈无产阶级革命家、忠诚的共产主义战士，其坚定的共产主义信念产生和形成的原因是多方面的，但家庭的影响，尤其是父亲廖仲恺的思想言行，即“仲恺精神”对他的影响是不可低估的。所以，我们在分析考察“仲恺精神”对廖承志影响的过程中，首先有必要对“仲恺精神”的内涵作出合适的认识和定位。

关于“仲恺精神”的内涵问题，学术界、理论界已作了许多有益的探讨，但因各人探讨问题的角度不同，从而得出的结论也各有侧重。笔者认为“救国兴邦”的爱国精神构成“仲恺精神”的主体和核心，是左右廖仲恺思想言行的灵魂。“救国”——救亡图存，推翻帝国主义、封建主义和官僚资本主义的统治，致力于国家民族的自由、民主、独立、富强；“兴邦”——振兴中华，维护民族利益，张扬民族自信心、向心力、凝聚力，致力于国家安定和谐、繁荣昌盛。这两者共同构成“仲恺精神”具有的特定时代特色的爱国主义内涵。

生长于美国华侨家庭的廖仲恺，自幼谨守父训，刻苦学习

---

① 蒙光励著：《廖家两代人——廖仲恺何香凝和廖梦醒廖承志》，暨南大学出版社 2001 年版，第 2 页。

祖国文字，“不忘国学”[①]，时常受到父亲对他的“我们要爱护自己的祖国，就像爱护自己的灵魂、自己的生命一样”[②] 的告诫。从而，向往祖国、关注祖国、热爱祖国的思想情感逐渐在廖仲恺心中萌发。同时，19 世纪下半叶发生在美国的排斥华人的风潮“更加激发了他的爱国热情和强烈的民族观念，使他对祖国积贫积弱，必须奋发图强有了深刻的认识”[③]。1894 年，他告别了侨居美国 17 年的生活，回到家乡惠州。之后近两年间，目睹中国贫穷落后的客观现实，尤其是在中日甲午战争后民族危机日趋严重的刺激下，廖仲恺决定放弃旧学，前往香港改学“西学”。在此后的五六年，廖仲恺对满清王朝的腐败无能，对西方列强的侵略本质，有了更深的认识，“救国兴邦”的愿望也就更加强烈。1903 年，他在夫人何香凝的资助下，毅然自费留学日本，投身到留学救国的洪流之中。他的留学理由是：“国家危险至此，我们岂能坐视？日本留学界朝气蓬勃，志士云集，我也想东渡求学，结交革命贤豪，共图大事。”[④] 在留学日本期间，廖仲恺在孙中山的影响和革命风潮感召下，步入了职业革命家行列。“救国兴邦”爱国精神浸透于他的骨血，融入他的心灵深处，规约和指导他的思想言行。为推翻封建专制统治，建立民主共和政体，他奔走呼号，出生入死。为了“打破一切军阀官僚，铲除一切发展障碍”[⑤]，为了“打倒利用军阀

---

① ［美］陈福霖、余炎光：《廖仲恺年谱》，湖南出版社 1991 年版，第 1 页。

② 尚明轩：《廖仲恺传》，北京出版社 1982 年版，第 7 页。

③ 罗川山主编：《廖仲恺研究——廖仲恺先生逝世八十周年纪念活动文集》，广东人民出版社 2007 年版，第 228 页。

④ ［美］陈福霖、余炎光：《廖仲恺年谱》，湖南出版社 1991 年版，第 20 页。

⑤ 尚明轩、余炎光编：《双清文集》（上卷），人民出版社 1985 年版，第 604 页。

侵略中国的列强”[①]，他坚决主张与中国共产党人合作，共同开展国民运动，致力于祖国和民族的自由、民主、独立、富强。他勇于反思，与时俱进，矢志不移追求救国救民真理，明确肯定列宁“是一个革命党里为主义奋斗、牺牲的人物”，“他所做的事都是为被压迫民族奋斗，为无产阶级而奋斗……我们中国，将来实在不知受他多少利益”。[②] 而中国共产党人则是与列宁那样有主义、有理想，能够担当起“救国兴邦”重任的人物，“彼等亦不是来拖累我们的，是与我们同做国民革命工夫（作）的”。[③] 所以，必须发挥共产党人的作用，与他们携手合作。他认为，“救国兴邦”的目的不在谋一己之私利，所以，他勤奋工作，廉洁自律，克己奉公，明确表示：“我们进行国民运动，是要使人民自由，使人们不过枯燥的生活，并不是单为自己谋自由，单为自己谋不枯燥的生活。”[④] 无欲则刚，无私则无畏，当反动派打算对他下毒手之前，他大义凛然地表示：“余无负于国，无负于党，个人更不营利，不牟利，要暗杀便暗杀，余复何恤。”[⑤] 他认为，“救国兴邦”的目的是为工农劳苦大众为主体的绝大多数中国人谋利益，是为了将中国建设成为一个“主权在民”[⑥] 的国家，打造“把主权放在四万万同胞手上，然

---

① 尚明轩、余炎光编：《双清文集》（上卷），人民出版社 1985 年版，第 631 页。

② 尚明轩、余炎光编：《双清文集》（上卷），人民出版社 1985 年版，第 610 页。

③ 尚明轩、余炎光编：《双清文集》（上卷），人民出版社 1985 年版，第 605 页。

④ 尚明轩、余炎光编：《双清文集》（上卷），人民出版社 1985 年版，第 659 页。

⑤ 尚明轩、余炎光编：《双清文集》（下卷），人民出版社 1985 年版，第 14 ~ 15 页。

⑥ 尚明轩、余炎光编：《双清文集》（上卷），人民出版社 1985 年版，第 142 页。

后使四万万同胞都有管理国家的义务”① 的局面。所以，他把“救国兴邦”的希望放在人民大众身上，把工作重心放在做民众的组织发动工作之上。他反复强调：“革命要成功，第一是要工农大联合共奋斗，若是分离，革命便不能成功”②；“只靠士兵去打仗，很难得到胜利，惟有工农兵的大联合，始可达到成功”③。他提醒人们，在发动工农大众的过程中，要使他们懂得“为国家谋自由与独立，争国家地位，和争民族的人格”④的道理，要使他们懂得“一个国家的权力，不是放在少数人手上，放在我们四万万同胞手上，国家一定比较安宁”。如果“人人知道把持国家，国家自然发达，人民自然安乐，享太平之幸福”⑤。在这里，廖仲恺把创建新国家，保障国家民族兴旺发达、独立富强的希望寄托在人民大众身上，使其爱国主义内涵更加宽广深厚而富有生命力。

总之，廖仲恺的“救国兴邦”的爱国精神，构成了“仲恺精神”的主体和核心，而其与时俱进、追求真理的精神，勤奋实干的工作作风，廉洁奉公的道德品质，为工农大众谋幸福的献身精神，坚韧不拔、不怕流血牺牲的人格风范等，则系“救国兴邦”爱国精神总体内涵中的分解要素。这是笔者对于“仲恺精神”内涵的基本认识和初步定位。

---

① 尚明轩、余炎光编：《双清文集》（上卷），人民出版社 1985 年版，第 626 ~ 627 页。

② 尚明轩、余炎光编：《双清文集》（上卷），人民出版社 1985 年版，第 754 页。

③ 尚明轩、余炎光编：《双清文集》（上卷），人民出版社 1985 年版，第 905 页。

④ 尚明轩、余炎光编：《双清文集》（上卷），人民出版社 1985 年版，第 862 页。

⑤ 尚明轩、余炎光编：《双清文集》（上卷），人民出版社 1985 年版，第 627 页。

## 二、廖承志继承和发展了“仲恺精神”

在廖仲恺家族成员中，廖承志是弘扬、实践和继承、发展“仲恺精神”最具典型色彩的人物。他在1928年8月，年仅20岁时，就成为一名光荣的中国共产党党员，从此立志为中华民族的独立富强，为工农劳苦大众的自由解放不懈奋斗，这与他出生于一个民主革命家的家庭，与他在青少年时期深受民主革命精神的陶冶和洗礼存在着密切的关系，尤其是在父亲廖仲恺学识、人格、办事精神的感召下，他决心继承父亲未竟事业，立下了奋斗牺牲的志向。如他在《忆青少年时代》一文中说：“父亲为人忠厚，勇敢坚强，廉洁奉公。我一直对他十分崇敬。他遇刺时，我发誓要竭力继承他的遗志。”[①] 廖仲恺的遗志是什么？如前所述，就是“救国兴邦”的爱国精神。廖承志晚年曾对爱国主义作了科学的阐释：“爱国主义在不同的历史时期，有不同的具体内容。在民主革命时期，中国人民的爱国主义，主要表现为英勇地参加反对帝国主义、封建主义、官僚资本主义的斗争；今天，中国人民的爱国主义就是要热爱我们伟大的社会主义祖国，为建设现代化的高度文明、高度民主的社会主义国家而贡献自己的一切力量。”[②] 这不仅是对爱国主义内涵的科学阐释，而且是对父亲廖仲恺“救国兴邦”爱国精神内涵的继承和发展，更是他本人在50多年革命生涯中弘扬和实践父亲廖仲恺“救国兴邦”爱国精神的总结。

综观廖承志一生思想言行，既继承、弘扬了“仲恺精神”，又发展、创新了“仲恺精神”。笔者认为，这种继承、弘扬和发展、创新，主要体现在如下三个方面。

---

① 廖承志文集、传记编辑办公室编：《廖承志文集》（上卷），人民出版社1990年版，第5页。

② 廖承志文集、传记编辑办公室编：《廖承志文集》（下卷），人民出版社1990年版，第672页。

首先，在民主革命时期，廖承志对“仲恺精神”中“救国兴邦”精神的继承、弘扬，以“救国”精神为主体，同时蕴涵着对“兴邦”内涵的继承、弘扬和发展、创新。在长达半个多世纪的革命生涯中，尤其是在民主革命时期，廖承志经历过无数次艰难困苦、甚至生死攸关的危险时刻，他始终为弘扬、实践父亲廖仲恺的救国救民理想，奋斗在反帝反封建、反对官僚资本主义和国民党独裁统治的第一线，为中华民族的自由、独立，为新中国的创建，立下了不朽的功勋。在这时期，廖承志曾先后七次被捕，或被打入大牢，或被软禁，失去人身自由，身心均受摧残。面对敌人的威胁利诱，或自己人的误解伤害，他始终怀抱救国救民的心志，没有丝毫灰心丧气，妥协退让。譬如，在1933年8月刚从国民党和帝国主义监狱获释不到五个月，廖承志就告别年迈的母亲奔赴川陕苏区。临行前，他在给柳亚子的一封信中饱含着救国救民、舍小家为大家的爱国情怀：“我觉得，与其偷生来慰安爱护我的少数的人们，不如失掉爱护我的人们的安慰——因为大多数人的幸福是在前途等着，这是历史的命运给予人类的重担；这重担也许是很重，但是我也只能这样做了。”① 尤其是在八年抗日战争时期，面对强敌入侵，国破家亡的危急局势，廖承志这种深沉的爱国情怀焕发出耀眼的光芒。早在东北沦陷，华北告急，全面抗战爆发前夕，廖承志就明确指出：“今天中国的最大急务是在如何救亡，如何收复东北失地，为实行这目的如何加紧准备对日抗战。”在力促蒋介石集团释放在押政治犯，动员一切力量抵御日寇侵略的呼吁书中，他认为共产党人应勇担挽救民族危亡的重任，“只感觉到为中华民族解放奋斗到底的先锋的重责，更为沉重

① 廖承志文集、传记编辑办公室编：《廖承志文集》（下卷），人民出版社1990年版，第703页。

地压在我们每一个战友的肩膀上”[1]。这种以“先锋的重责”为己任，为祖国独立富强、民族自由解放不惜流血牺牲的爱国情怀，更体现于他在1937年8月31日给母亲和妻子的书信中。他首先指出，个人和家庭的安危，与国家民族的安危紧密联系在一起，“全国抗战发动的今日，每一个中华儿女，都负着光荣的保卫祖国神圣职责……我虽然顾虑着你们的安全，但为祖国设想，更希望着你们坚决往前，不屈不挠地奋斗”[2]。进而，他明确强调，亲情固然重要，但国家和民族的利益至高无上，“我们应当为维护国家民族的利益不怕流血牺牲，义无反顾，在所不惜”。他说：“战争已在进行了，一切的一切都只能为着战争的利益牺牲。”因为，“我们这里已成为整个抗战的左翼要地”，动员民众抗战的任务“也就唯有更加紧地落在我们身上”。“共产党员的职责，挽救民族危亡的重任，需要我们离开亲人和家庭，奔赴抗战救国的最前线。”这虽然是“我难过的事”，也更是“你们难过的事”。然而，“整个中华民族的生存，也唯有依靠于全国的母亲们、女儿们、儿子们，能够忍受当前的难过，能够抹下满眶的热泪，去为祖国的命运拼至最后一滴血”[3]。这是多么深沉的爱国情怀，多么炽热的爱国激情。“为祖国的命运拼至最后一滴血”的信念，与父亲廖仲恺慷慨赴难前所言“我为国家，为本党，无论何人反对，我皆不畏；即击我杀我，亦在所不恤”[4] 的信念形成了血脉相承的一致性。

全面抗战爆发后，廖承志受中共中央派遣于1938年初到达

---

① 廖承志文集、传记编辑办公室编：《廖承志文集》（上卷），人民出版社1990年版，第26页。

② 廖承志文集、传记编辑办公室编：《廖承志文集》（下卷），人民出版社1990年版，第716页。

③ 廖承志文集、传记编辑办公室编：《廖承志文集》（下卷），人民出版社1990年版，第716～717页。

④ 尚明轩、余炎光编：《双清文集》（下卷），人民出版社1985年版，第14页。

香港，负责指导华南抗日武装和动员海外华人华侨支援抗日御侮的工作。在他的悉心指导下，不仅东江抗日武装和东江抗日根据地得到迅速发展壮大，而且秘密营救转移了一大批文化界精英和著名民主人士；不仅吸引、组织了一大批海外华人华侨子弟奔赴抗日救国的第一线，而且在母亲何香凝、姐姐廖梦醒以及廖、何两家亲友的多方奔走下，一批又一批由海外华人华侨和港澳同胞捐献的财物，源源不断地输送到抗日救国的前线。单就南洋救乡总会而言，共捐献和筹集资金近四亿元（国币）。[①] 1940 年以前，东江抗日武装曾生部的被服、军鞋、药品等物资，主要来自华侨和港澳同胞的捐献。[②] 可以说，在八年抗战期间，以“救国兴邦”为主旨的“仲恺精神”，在廖承志为主体的廖氏家族及其社会关系网中发扬光大到了最富生气，最有成效的境界。同时，“仲恺精神”也深深激励着港澳同胞和海外华人华侨爱家乡、爱民族、爱祖国的爱国热情。

其次，在社会主义建设时期，廖承志继承、弘扬和发展、创新“仲恺精神”中“兴邦”内涵即振兴中华精神。

新中国建立后，廖承志曾从事共青团、华侨事务等多项工作，担任着党和国家重要领导职务。此时，中华民族爱国主义重心由挽救民族危亡转变到了投身社会主义建设上来。在新中国正式宣告建立前的 1949 年 5 月，廖承志就很清楚地认识到了这个转变。他在中华全国青年第一次代表大会所作报告中指出：“为了建设新中国的事业，应当在青年中间普遍地提倡新的爱国主义。”这新的爱国主义指的是什么？这就是“中国青年必须以无限忠诚，热爱这个可爱的祖国，积极献身于我国的经济、政治、军事和文化的建设，积极加强和改善我国人民的权利和

---

① 《中国共产党东江地方史》编纂委员会著：《中国共产党东江地方史》，广东人民出版社 2001 年版，第 292 页。

② 《中国共产党东江地方史》编纂委员会著：《中国共产党东江地方史》，人民出版社 2001 年版，第 293 页。

地位，巩固我国的国防，保证我国的领土、主权、利益、荣誉的神圣不可侵犯，爱护我们国家的一切公共财富，尊重和遵守人民政府制定的革命秩序和法律制度，向危害我们国家的生存和利益的一切敌人作坚决的斗争，借以保障我们国家的建设事业的蒸蒸日上”①。综合廖承志在新中国成立以后至1983年去世这30多年间的思想言行，其最大的贡献则是党的侨务工作上的成就，他排除党内极“左”思潮对侨务工作的种种干扰，千方百计扩大党的爱国统一战线，发动、鼓励、吸引海外华人华侨、港澳同胞关心和支持祖国的社会主义建设，将他父亲廖仲恺的振兴中华、致力于祖国繁荣富强的爱国精神作了新的发挥，形成了更具时代特色的丰富内涵。1957年4月30日，他在党的八届三中全会上作了有关侨务工作的专题发言，反复强调扩大华侨爱国统一战线的目的在于：“争取他们在各种复杂情况下，都能团结在祖国的周围，拥护祖国社会主义建设。”② 他认为，争取华侨爱国爱乡的可能性是客观存在的，其中一个最重要的原因是：“华侨远离祖国，侨居国外，热爱祖国，热爱家乡，他们对于祖国的独立和富强寄予了极大的希望。”③ 廖承志在实践中认识到，要激发海外华人华侨的爱国热情，一是要使祖国尽快繁荣富强起来，为海外华人华侨提供可以支撑的精神动力和国际影响力；二是要落实好海外华人华侨在国内亲属的各项政策，落实好归国侨胞侨眷的各项政策，努力挖掘和发挥他们建设祖国的积极性，激发他们关注支持祖国的热情。可以说，中华人民共和国不断发展壮大，中国国际地位的不断提高，与

---

① 廖承志文集、传记编辑办公室编：《廖承志文集》（上卷），人民出版社1990年版，第161~162页。

② 廖承志文集、传记编辑办公室编：《廖承志文集》（上卷），人民出版社1990年版，第321页。

③ 廖承志文集、传记编辑办公室编：《廖承志文集》（上卷），人民出版社1990年版，第329页。

广大海外华人华侨、归国侨胞侨眷以及港澳同胞的关注、支持分不开，与他们的爱国爱乡热情被极大限度地激发出来分不开，与廖承志及其母亲何香凝、姐姐廖梦醒等廖氏家族成员，在实践“仲恺精神”中作出的诸多努力紧密联系在一起。此外，廖承志晚年在参与构思港澳“一国两制”框架方面，在力争台湾回归方面，都做过许多有益的工作。在这些工作中，明显体现出廖承志继承、弘扬和发展、创新父亲廖仲恺的“兴邦”，即振兴中华爱国精神的深层内涵。

再次，廖承志对“仲恺精神”予以发展、创新中，最全面、最深刻而又最典型的表现，在于他具有的坚定的共产主义信念。而廖承志坚定的共产主义信念，最明显并集中体现在七次被捕的人生经历之中。

在民主革命时期，用廖承志自己的话来说，“有六次被捕入狱”，还有一次“特殊被捕”。第一次被捕是在1927年9月下旬，地点在日本，被捕原因是廖承志在国内参加过爱国民主运动，其姐廖梦醒在日本开展秘密活动引起日本当局的注意；第二次被捕是在1927年12月中旬，地点也在日本，被捕原因是廖承志在中共领导的留日学生组织的活动中公开发表宣传马克思主义的学说；第三次被捕是在1928年5月中旬，地点还是在日本，被捕原因是廖承志积极参加声讨日军侵占山东、制造“济南惨案”的罪行；第四次被捕实际上分前后两次，时间是在1931年6月上旬和1931年9月底至10月初，被捕地点分别为荷兰和德国，被捕原因是此时廖承志已加入了中国共产党，受党的派遣到海外做中国海员的工作；第五次被捕是在1933年3月，地点在上海，被捕原因是廖承志担任中华全国总工会宣传部长和全国海员工会党团书记等重要职务，受到叛徒出卖；第六次被捕是在1942年5月底，地点在广东乐昌，被捕原因是廖承志担任华南抗日武装重要领导人、中共驻香港办事处主任，引起国民党政府的仇恨而被叛徒出卖被捕入狱。第七次被捕即廖承志说的“特殊一次被捕”，时间是在1934年底，地点既不在国外，也不在白色恐怖笼罩的国统区，而是在川陕苏区，被捕原因是张国焘推行“左”倾机会主义，廖承志被诬陷为“日本特务”、“蒋介石侦探”而遭到关押，失去人身自由。

在这七次被捕过程中，廖承志面对敌人的严刑拷打、威胁利诱，面对自己人的误解和伤害，为人民大众谋幸福的共产主义信念矢志不移。此处以第七次被捕和第六次被捕为例，分析廖承志作为一位共产党员所具有的优秀品质和精神风范。

第七次被捕即长征路上经历的“特殊一次被捕”，从1934年底至1936年底这两年时间，廖承志带着枷锁镣铐走完艰难的长征。在当时，他的内心异常痛苦。据他在《关于任弼时同志的一点回忆》中说：“那时候，我是张国焘的犯人之一……我们是被分开了的，我则被押解着跟随队伍向泸霍前进。谁都不敢和我们打一个招呼，我们也不愿意和任何人打招呼。因为打一个招呼就会连累别人的。”① 一方面是“犯人”被分开着的，失去了人身自由，另一方面是自己不敢和别人打招呼，别人也不敢和自己打招呼。这是何等的人际环境，何等的孤独和苦闷！但廖承志以其大无畏的革命乐观主义精神，以其对共产主义信念矢志不移的人生动力，顶住压力，承受身心痛苦，坚持走完长征之路。他在《戴枷行万里》一诗中说：“缠索戴枷行万里，天涯海角任销磨。休叹友朋遮面过，黄花飘落不知所……笑，笑，笑，何须怒目不平叫？心透神明脑自通，坦怀莞尔心光照；绳套刀环不在手，百年自有人照料。”② 正是这种纯贞而坚毅的精神境界，支撑着廖承志笑对人生，应对困境，最终成就其共产党员的优秀品质和老一辈无产阶级革命家的人格风范。在50年后的1975年，廖承志在《示儿孙》诗中，以自己在长征途

① 廖承志文集、传记编辑办公室编：《廖承志文集》（上卷），人民出版社1990年版，第172页。

② 廖承志文集、传记编辑办公室编：《廖承志文集》（下卷），人民出版社1990年版，第796页。

中的经历和表现警示后人，不必计较个人得失，好好做人，勤奋工作，牢记共产主义信念，将革命精神一代一代延续下去。他说："背剑轩昂入地狱，含辛茹苦死无辞。芒鞋踏遍千峰雪，征途万里笑胼胝。原意东风是西风，镣枷铐锁满身封。含冤两年流血泪，虬髯西域忽相逢……由来远矣五十年，子孙慎莫轻迁延。代代须成革命人，待到共产社会成。"[①] 由此可见，50 年前的那一次特殊被捕及其表现，在晚年廖承志心目中留下了抹不去的痕迹，被他视作一笔宝贵的精神财富。

廖承志的优秀品质和精神风范，廖承志对共产主义信念的矢志不移，更能体现在他于 1942 年至 1946 年这四年的牢狱生涯之中。1942 年 5 月底，廖承志在乐昌因叛徒郭潜出卖被捕，先后被关押在广东、江西、重庆等地，时间不是几天几个月，而是前后达四年之久。在这四年间，他随时面临着敌人的严刑拷打、威逼利诱，如果没有坚定的革命信念，没有视死如归的牺牲精神，没有坚持到底的决心和意志，不是叛变投降，就是被折磨致死。但廖承志坚强地活下来了，并且在狱中被选举为中共中央候补委员。支撑他活下来的动力，激发他坚持革命气节的动力，不是别的，正是他的父亲"救国兴邦"的爱国精神，是他内心深处拥有的为人民大众谋幸福的共产主义信念。在狱中，廖承志写下了许多充满革命英雄主义的诗篇。如《南柯子·辞世》一诗道："默默心情遥寄白云中，留得枯骨待残冬。待到冬过春还，遍地皆红。"[②] "冬过春还，遍地皆红"，表明廖承志坚信黑暗必将过去，光明必将到来，一个"遍地皆红"的新中国必将展现在世人面前。面对敌人的诱降，他在《狱中有感》诗中说："胡说识时为俊杰，我偏洗颈待刀环。临

① 廖承志文集、传记编辑办公室编：《廖承志文集》（下卷），人民出版社 1990 年版，第 823 页。

② 廖承志文集、传记编辑办公室编：《廖承志文集》（下卷），人民出版社 1990 年版，第 803 页。

刑莞尔能无憾，是即天公大奖颁。”① 一个坚贞不屈的革命者形象，在这些诗作中体现得淋漓尽致。1945 年冬天，廖仲恺被囚禁在国民党伪政府所在地重庆，随时都有牺牲的危险，但他在《沁园春·雨夜》一词中满怀信心地表白心迹：“快刀断麻，摧枯拉朽，壮丽金堂着后雕，天近晓，任深埋黄土，笑仰明朝。”② 每个人都有父母之情，妻子儿女之情，尤其对深陷牢狱的人而言，思念亲人之情也就更加急切。廖承志在思念亲人的过程中不是流露于一般的私情，而是将其与革命信念、革命真理和革命目标紧密结合在一起，化作为与亲人间的相互鼓励与促进，相互抚问与安慰。在 1942 年 9 月 3 日致母亲何香凝和妻子经普椿的书信中，说他在狱中“生活仍没有问题，只是他们逼迫我投降，是可忍孰不可忍？倘必要时惟有宁死不辱而已，希告各友放心”。他特意叮咐妻子经普椿：“新生的孩子倘健在，可名为继英，取继续英勇事业的意思。你必须好好地抚养孩子们。”③ 在给母亲和妻子的诗作中，廖承志表示已做好了随时牺牲的准备。如《拜别慈母》一诗说：“半生教养非徒劳，未辱双亲自足豪，碧痕他夕留播众，不负今晨血溅刀。”④ 在《诀普椿》一诗中说：“往事付流水，今夕永诀卿；卿出革命门，慎毋自相轻。白发人犹在，莫殉儿女情；应为女中杰，莫图空节名。廖家多烈士，经门多隽英；两代鬼雄魄，长久护双

---

① 廖承志文集、传记编辑办公室编：《廖承志文集》（下卷），人民出版社 1990 年版，第 807 页。

② 廖承志文集、传记编辑办公室编：《廖承志文集》（下卷），人民出版社 1990 年版，第 811 页。

③ 廖承志文集、传记编辑办公室编：《廖承志文集》（下卷），人民出版社 1990 年版，第 720 页。

④ 廖承志文集、传记编辑办公室编：《廖承志文集》（下卷），人民出版社 1990 年版，第 802 页。

清。”[①] 诗中尽情流露出诗人舍小家为大家，鼓励亲人以国家、民族前途命运着眼的远大理想和坚定的革命意志。1946 年 10 月 8 日，廖承志在延安党员干部会议作了题为《监狱斗争经验点滴》的讲话，其中谈到在狱中“要坚定沉着”。因为，“如果你坚定敌人也就没有办法”。这就是说当我们被捕入狱后首先要下定一个决心，“做好牺牲的准备，根本就不想活着出去”。只要下定了这样的决心，“敌人任何恐吓、酷刑也都无济于事了”。他在讲话中特意提到：“不管在什么情况下，都要有坚定的信念。”这种信念是什么呢？那就是“相信我们所信仰的共产主义，是世界上唯一正确的世界观和思想方法，是战无不胜的世界观和思想方法”[②]。廖承志还对狱中斗争经验作了概括：“我们要做一个崇高的革命理想主义者，在任何情况下都要为这个理想坚持下去，直到为这个理想牺牲。这些在我个人看起来是极为重要的东西。我们要锻炼无产阶级气节，最重要的是加强平时修养，树立为人民服务的精神。”[③] 由此可见，支撑廖承志在前后七次被捕经历中，自始至终没有向敌人屈服，没有失去生活的信心，就是他对共产主义信念的矢志不移。这种信念来源于坚定的为人民大众谋幸福的革命追求和随时准备牺牲个人利益乃至宝贵生命的共产党员特有的优秀品质和精神境界，来源于他的父亲廖仲恺“救国兴邦”爱国精神的影响和激励。

综上所述，“仲恺精神”既是廖氏家族一份宝贵文化遗产，更是中华民族一份宝贵文化遗产。廖承志在践履和彰显“仲恺精神”的过程中，不仅作了继承和弘扬，而且予以发展和创

---

① 廖承志文集、传记编辑办公室编：《廖承志文集》（上卷），人民出版社 1990 年版，第 804 页。

② 廖承志文集、传记编辑办公室编：《廖承志文集》（上卷），人民出版社 1990 年版，第 117 页。

③ 廖承志文集、传记编辑办公室编：《廖承志文集》（上卷），人民出版社 1990 年版，第 118 页。

新。具体言之，廖承志将“救国”和“兴邦”作为一个整体加以实践，尤其在“兴邦”——振兴中华、建设祖国这个方面多有发展、创新。他的政治身份与父亲廖仲恺不一样，他一开始步入政治生涯就直接成为无产阶级政党中国共产党党员，并且担任党和国家重要领导职务，更有条件、有机会为救亡图存、振兴中华，为人民大众作出贡献，实现自己的理想。这是廖承志继承、弘扬“仲恺精神”，尤其是对“仲恺精神”能够予以发展、创新的主客观原因所在。主观原因在于廖承志对中国国情了解更深，对人民大众历史作用的认识更深更全面，对共产主义学说的认同和信奉更系统、全面和深刻。客观原因在于廖承志经历了民主革命和社会主义建设前后两个时期，中国社会制度和时代环境比廖仲恺在世时发生了诸多变化，甚至是根本性变化，从而为廖承志发展、创新“仲恺精神”提供了合适的舞台。

[说明：本文原载《悠悠乡国思——纪念廖仲恺先生逝世85周年全国学术研讨会论文集》，暨南大学出版社2010年版。又，本文较多地引述了原载于《惠城文史》（内刊）第22辑《从七次被捕看廖承志坚定的共产主义信念》一文的主要观点和文字。]

# 从七次被捕看廖承志坚定的共产主义信念

2008年9月25日，是中国共产党的优秀党员，老一辈无产阶级革命家，新中国成立后长期担任党和国家重要领导职务的廖承志同志诞辰一百周年纪念日。作为廖承志家乡的人民，理应对其一生的丰功伟绩加以缅怀纪念。我发言的题目是——《从七次被捕看廖承志坚定的共产主义信念》。共产主义信念指的是什么？据我的理解，这就是为人民大众谋幸福，不计个人得失，乃至牺牲自己的生命也在所不惜；这就是坚信正义战胜邪恶，坚信革命事业一定能够获得成功；这就是追求真理，不畏艰险，奋进不止。的确，廖承志在中国民主革命时期的思想言行值得后人学习，尤其是他在经历七次被捕过程中表现出的大无畏的革命精神，革命乐观主义的博大胸怀，面对敌人的严刑拷打或威胁利诱，面对党内分裂势力的打击陷害，时刻牢记党的宗旨和革命目标，不屈服、不动摇、不悲观、不绝望，胸怀共产主义信念矢志不移。这是廖承志体现出的共产党员的优秀品质，这是廖承志给后人留下的宝贵精神财富。这种优秀品质和精神财富，值得总结、继承和弘扬。下面，我分三个方面叙述和分析。错误之处，敬请各位批评指正。

## 一、青少年时期深受民主革命精神的熏陶

廖承志在1928年8月，年满20岁时就成为一名光荣的中国共产党党员，从此立志为中华民族的独立富强，为工农劳苦大众的自由解放不懈奋斗，开始确立其坚定的共产主义信念，这与他出生于一个民主革命家的家庭，与他在青少年时期深受民主革命精神的陶冶和洗礼有密切的关系。

廖承志的父亲廖仲恺早年加入同盟会，第一次国共合作时期协助孙中山改组国民党，坚持“联俄、联共、扶助农工”三大政策，成为著名的国民党左派领袖之一。孙中山逝世后，他继续坚持与共产党合作，继续坚持反帝反封建军阀的基本方针，与国民党右派进行了坚决不妥协的斗争，于1925年8月20日惨遭反革命势力暗杀。廖承志的母亲何香凝早年加入同盟会，也是著名的国民党左派，丈夫廖仲恺遭暗杀后，她化悲痛为力量，坚持同国民党右派作斗争，拥护中国共产党的革命主张，为中国民主革命的胜利作出了重要贡献。新中国成立后，何香凝先后担任国务院华侨委员会主任、全国政协副主席和全国人大常委会副委员长等重要职务。廖承志的姐夫李少石和姐姐廖梦醒是早期中国共产党党员和党的优秀干部，1945年李少石遭国民党特务暗杀。廖承志生长在这样的革命家庭，从小就接受民主革命的风雨洗礼，内心深处播下了爱国、民主的种子。尤其是在其父廖仲恺的学识、人品、办事精神的感召下，廖承志很早就立下了为中华民族的独立自强，为工农劳苦大众的自由解放奋斗牺牲的志向。如他在《忆青少年时代》一文中说：“父亲为人忠厚，勇敢坚强，廉洁奉公。我一直对他十分崇敬。他遇刺时，我发誓要竭力继承他的遗志。”① 历史唯物主义告诉我们，一个人走上革命的道路，并且成为坚定的职业革命家，尽管原因是多方面的，但其家庭出身，尤其是在青少年时期所受的影响，必是一个不可忽略的因素。廖承志步上革命道路，始终坚信共产主义信念不动摇，就清楚地说明了这一点。

## 二、从七次被捕看廖承志坚定的共产主义信念

在新中国成立前的民主革命时期，拿廖承志自己的话来说，

① 廖承志文集、传记编辑办公室编：《廖承志文集》（上卷），人民出版社1990年版，第5页。

“有六次被捕”，还有一次“特殊被捕”，我在这里将其综合为七次被捕。第一次被捕在1927年9月下旬，地点在日本，被捕原因是廖承志在国内参加过爱国民主运动，其姐廖梦醒在日本开展秘密活动引起了日本当局的注意。第二次被捕是在1927年12月中旬，地点也是在日本，被捕原因是廖承志因第一次被捕时坚定了自己参加革命活动的决心，他在《我的缧绁生活》一文中说：“本来当时我也想马上回国，但这一经历反而促进了我找党和革命进步势力的决心。我决定留下来。”① 不久，廖承志直接加入了中共领导的留日学生组织“社会科学研究会”，初步学习并加深了对马克思主义学说的理解，“思想上已有了很大的变化，来往的都是共产党员”。② 其时，廖承志在集会演说等活动中表现十分活跃，遭到日本警方的干涉并被捕。第三次被捕在1928年5月中旬，地点还是在日本。这次被捕是由于廖承志积极参加留日中国学生组织的声讨日军侵略山东、制造震惊中外的“济南惨案”的罪行，且因廖承志与中共党员陈曼云等人来往密切而被捕关押近一个月，最终被日本当局驱逐出境。经过这次被捕，廖承志感到在日本再停留下去没有什么意义，应当直接投身到国内的革命洪流之中，并且产生了加入中共组织的强烈愿望，正如他回忆说：“便决心回国找党”③。1928年8月，全国革命处于低潮，廖承志在白色恐怖笼罩的上海正式加入了中国共产党，三个月后由组织派往德国做中国海员的宣传发动工作。如果说前三次被捕时，廖承志还是以爱国青年身份参加进步活动，其思想水平和在进步活动中所起作用

① 廖承志文集、传记编辑办公室编：《廖承志文集》（下卷），人民出版社1990年版，第434页。

② 廖承志文集、传记编辑办公室编：《廖承志文集》（下卷），人民出版社1990年版，第435页。

③ 廖承志文集、传记编辑办公室编：《廖承志文集》（下卷），人民出版社1990年版，第437页。

极其有限的话，那么，这次赴德国做中国海员的工作，争取国际力量支援中国革命，廖承志以中共党员的身份，肩负着党组织交付的重任，他对共产主义的信念更加坚定，为中华民族自由解放而奋斗献身的信念更加明确。在德国和其他国家的两年时间里，廖承志全身心投入工作，与中国海员关系密切，成效显著。在这期间，廖承志遭遇了两次被捕，被他合起来称作“第四次被捕”。这第四次被捕中的前一次被捕，时间在1931年6月上旬，荷兰中国海员在廖承志等人的发动下多次举行游行示威及罢工等政治、经济斗争，荷兰当局即将廖承志逮捕，六个星期后将其“驱逐出境”。后一次被捕是在1931年9月底至10月初，地点是德国汉堡。德国当局因未掌握到确切证据，又碍于国际公法，便以“永远驱逐出汉堡”的方式迫使廖承志离开德国。第五次被捕是在1933年3月。1932年，廖承志从莫斯科回到上海，担任中华全国总工会宣传部部长和全国海员工会党团书记等重要职务。当时的上海，党的组织几乎全部遭到破坏，在极其险恶的环境下开展党的工作，随时有被叛徒出卖被捕入狱的危险。是年3月28日，因叛徒卢福坦的出卖，廖承志被国民党特务逮捕入狱。在狱中，他承受了非人的折磨，但始终坚贞不屈，与陈赓等人相互鼓励配合，最终在宋庆龄、柳亚子等人的努力营救下获得释放。第六次被捕是在1942年春天。针对日军于1941年12月8日侵占香港的紧急形势，时任中共香港办事处主任的廖承志，根据党中央的批示精神，与东江抗日根据地负责人张文彬等组织秘密营救在香港的大批爱国民主人士和文化界人士的行动。在将这些人士通过东江区域转移到内地之后，廖承志转道惠州前往韶关，打算与母亲何香凝会合。然而，当他到达乐昌后，因叛徒郭潜的出卖，于1942年5月底与张文彬等被国民党特务机关逮捕入狱。这次被捕入狱时间自1942年5月至1946年2月，前后近四年，其间他先后被转押至广东、江西、重庆等监狱。在这期间，敌人对他百般威胁利诱，甚至在1945年9月间，蒋介石为了给即将赴重庆参加国共谈判的毛泽东一个下马威，特意会见廖承志劝其脱离共产党，当即遭到廖承志的拒绝。廖承志始终表现出坚定的共产主义信念，表现出作为中共党员的坚定立场。第七次被捕，被廖承志称作“特殊一次被捕”。时间在1934年底，地点既不在国外，也不在白色恐怖笼罩的国统区，而是在川陕苏区。所以，廖承志称这次被捕为“特殊一次”是有道理的。1933年夏，廖承志在上海获释出狱后，立即到川陕苏区加入工农红军，由于他不赞同张国焘在党内和红军内肆意推行“左”倾机会主义路线，从而被张国焘诬陷为“日本特务”、“蒋介石侦探”而遭到关押。据廖承志回忆说：“后来才知道四川省省委的干部绝大部分被张国焘抓起来杀掉了。”① 没有杀掉的，或被关押，或被遣散。这次被捕关押，与以往数次被捕不一样的是，廖承志不仅在精神上承受着被开除党籍的打击，而且在肉体上承受着带着锁镣行进在艰难长征路上的痛苦。在这次特殊被捕的两年里，廖承志忍辱负重，对革命前途没有悲观失望，坚信冤案一定能够得到平反昭雪，共产主义的信念在他心目中丝毫没有动摇过。

从廖承志这先后七次被捕及其表现可以看出，他的确是一位胸怀宽广、意志坚强的共产党员，是一位对共产主义信念坚定不移的共产党员。这七次被捕，最能反映出廖承志作为一位共产党员的优秀品质和精神风范的则是第七次，即长征路上“特殊一次被捕”和1944年至1946年间被捕入狱，即第六次被捕期间的表现。

就一般情况而言，一个人被敌人逮捕关押，能够大义凛然、针锋相对、宁死不屈，即使受尽折磨，乃至最终献出生命，临死之前在内心深处很容易产生一种想法，即我为劳苦大众谋幸福而受尽折磨，献出生命，我为自己的人生信仰吃尽苦头，抛头颅洒热血，没有什么遗憾的，没有什么后悔的。然而，被自

① 廖承志文集、传记编辑办公室编：《廖承志文集》（下卷），人民出版社1990年版，第453页。

己人所误解，被自己的组织折磨伤害，内心的痛苦比死更让人无法承受。廖承志在1934年底至1936年底这两年期间，戴着枷锁镣铐走完艰难的长征之路，面对随时被杀头的危险，面对同志们不理解的目光，他在内心中的痛苦是无法形容的。如他在《关于任弼时同志的一点回忆》一文中说："那时候，我是张国焘的犯人之一。和我一起坐张国焘的牢的同志，还有罗世文、朱光、徐一新等同志。我们是被分开了的，我则被押解着跟随队伍向泸霍前进。谁都不敢我们打一个招呼，我们也不愿意和任何人打招呼。因为打一个招呼就会连累别人的。"① 一方面是"犯人"被分开着的，失去了人身自由，另一方面，是自己不敢和别人打招呼，别人也不敢和自己打招呼。这是何等的孤独和苦闷！但廖承志以其大无畏的革命乐观主义精神，以其对共产主义信念矢志不移的人生动力，顶住压力，承受身心痛苦，坚持走完长征之路。他在《戴枷行万里》一诗中说："缠索戴枷行万里，天涯海角任销磨。休叹友朋遮面过，黄花飘落不知所……笑，笑，笑，何须怒目不平叫？心透神明脑自通，坦怀莞尔心光照；绳套刀环不在手，百年自有人照料。"② 正是这种纯贞而坚毅的精神境界，支撑着廖承志笑对人生，应对困境，最终成就其共产党员的优秀品质和老一辈无产阶级革命家的人格风范。在50年后的1975年，廖承志在《示儿孙》诗中以自己在长征途中的经历和表现警示后人，不必计较个人得失，好好做人，勤奋工作，牢记共产主义信念，将革命精神一代一代延续下去。他说："背剑轩昂入地狱，含辛茹苦死无辞。芒鞋踏遍千峰雪，征途万里笑胼胝。原意东风是西风，镣枷铐锁满身封。含冤两年流血泪，虬髯西域忽相逢……由来远矣五十

① 廖承志文集、传记编辑办公室编：《廖承志文集》（上卷），人民出版社1990年版，第172页。

② 廖承志文集、传记编辑办公室编：《廖承志文集》（下卷），人民出版社1990年版，第796页。

年，子孙慎莫轻迁延。代代须成革命人，待到共产社会成。”[①] 由此可见，50 年前的那一次特殊被捕及其表现，在晚年廖承志心目中留下了抹不去的痕迹，被他视作一笔宝贵的精神财富。

廖承志的优秀品质和精神风范，廖承志对共产主义信念的矢志不移，更能体现在他于 1942 年至 1946 年这四年的牢狱生涯这中。如前所述，廖承志自营救香港爱国民主主义人士和文艺界人士的行动告一段落后，转道惠州前往韶关，途经乐昌时，因叛徒郭潜出卖而被捕，先后关押在广东、江西、重庆等地，时间不是几天几个月，而是前后达四年之久。在这四年间，他随时面临着敌人的严刑拷打、威逼利诱，如果没有坚定的革命信念，没有视死如归的牺牲精神，没有坚持到底的决心和意志，不是叛变投降，就是被折磨致死。但廖承志坚强地活下来了，并且在狱中被选举为中共中央候补委员。支撑他活下来的动力，激发他坚持革命气节的动力，不是别的，就是为人民大众谋幸福的共产主义信念。在狱中，廖承志写下了许多充满革命英雄主义的诗篇。如《南柯子·辞世》一诗道：“默默心情遥寄白云中，留得枯骨待残冬。待到冬过春还，遍地皆红。”[②] “冬过春还，遍地皆红”，表明廖承志坚信黑暗必将过去，光明必将到来，一个“遍地皆红”的新中国必将展现在世人面前。面对敌人的诱降，他在《狱中有感》诗作中说：“胡说识时为俊杰，我偏洗颈待刀环；临刑莞尔能无憾，是即天公大奖颁。”[③] 一个坚贞不屈的革命者形象，在这几句诗作中体现得淋漓尽致。1945 年冬天，他被囚禁在国民党伪政府所在地重庆，随时都有

---

① 廖承志文集、传记编辑办公室编：《廖承志文集》（下卷），人民出版社 1990 年版，第 823 页。

② 廖承志文集、传记编辑办公室编：《廖承志文集》（下卷），人民出版社 1990 年版，第 803 页。

③ 廖承志文集、传记编辑办公室编：《廖承志文集》（下卷），人民出版社 1990 年版，第 807 页。

牺牲的危险，但他在《沁园春·雨夜》一词中满怀信心地表白心迹："快刀断麻，摧枯拉朽，壮丽金堂着后雕，天近晓，任深埋黄土，笑仰明朝。"[①] 每个人都有父母之情，妻子儿女之情，尤其对深陷牢狱的人而言，这种对亲人思念之情，也就更加急切，更加真切。廖承志在思念亲人的过程中不是流露于一般的私情，而是将其与革命信念、革命真理和革命目标紧密结合在一起，化作为与亲人间的相互鼓励与促进，相互抚问与安慰。他在1942年9月3日致母亲何香凝和妻子经普椿的书信中，说他自己在狱中"生活仍没有问题，只是他们逼迫我投降，是可忍孰不可忍？倘必要时惟有宁死不辱而已，希告各友放心"。他特意叮嘱妻子经普椿："新生的孩子尚健在，可名为继英，取继续英勇事业的意思。你必须好好地抚养孩子们。"[②] 在给母亲和妻子的诗作中，廖承志表示已做好了随时牺牲的准备。在《拜别慈母》一诗中说："半生教养非徒劳，未辱双亲自足豪，碧痕他夕留播众，不负今晨血溅刀。"[③] 在《诀普椿》一诗中说："往事付流水，今夕永诀卿；卿出革命门，慎毋自相轻。白发人犹在，莫殉儿女情；应为女中杰，莫图空节名。廖家多烈士，经门多隽英；两代鬼雄魄，长久护双清。"[④] 诗中尽情流露出诗人舍小家为大家，鼓励亲人以国家、民族前途命运着眼的远大理想和坚定的革命意志。廖承志的这种思想理念，优秀品质和革命精神，早在抗日战争爆发初期就已经明显地表现出来。如他在1937年8月31日给母亲何香凝和姐姐廖梦醒

---

① 廖承志文集、传记编辑办公室编：《廖承志文集》（下卷），人民出版社1990年版，第811页。

② 廖承志文集、传记编辑办公室编：《廖承志文集》（下卷），人民出版社1990年版，第720页。

③ 廖承志文集、传记编辑办公室编：《廖承志文集》（下卷），人民出版社1990年版，第802页。

④ 廖承志文集、传记编辑办公室编：《廖承志文集》（下卷），人民出版社1990年版，第804页。

的家书中提到："全国抗战发动的今日，每一个中华儿女，都负着光荣的保卫祖国神圣职责……我虽然顾虑着你们的安全，但为祖国设想，更希望着你们坚决往前，不屈不挠的奋斗……我个人，也唯有从工作的加紧中，遥祝你们的安全，遥祝你们的努力……这是使我难过的事，也更是使你们难过的事吧。但是整个中华民族的生存，也唯有依靠全国的母亲们、女儿们、儿子们，能够忍受当前的难过，能够抹下满眶的热泪，去为祖国的命运拼至最后一滴血……我们只好忍受它，我们只好勇敢地接受这磨炼。也唯有让我们大家，来担受这重担吧！"① 在这段通俗而又饱含深情的文字中，我们看到的是廖承志作为一位共产党员的深沉坚定的革命信念，对祖国和人民的浓浓的热爱之情。正是这样一种信念和热爱之情，促使他在失去自由、面对身心折磨乃至危及生命的关头，没有灰心丧气、没有妥协退让、没有屈服低头，维护了人格的尊严、维护了中共党员的尊严，更加坚定了为劳苦大众谋幸福、为共产主义事业奋斗不息的决心和信心。1946 年 10 月 8 日，廖承志在延安党员干部会议上，作了题为"监狱斗争经验点滴"的讲话，其中谈到在狱中"要坚定沉着"。因为，"如果你坚定敌人也就没有办法"。这就是说当我们被捕入狱后首先要下定一个决心，"做好牺牲的准备，根本就不想活着出去"。只要下定了这样的决心，"敌人任何恐吓、酷刑也都无济于事了"②。他在讲话中特意提到："不管在什么情况下，都要有坚定的信念。"这种信念是什么呢？那就是"相信我们所信仰的共产主义，是世界上唯一正确的世

① 廖承志文集、传记编辑办公室编：《廖承志文集》（下卷），人民出版社 1990 年版，第 716～717 页。

② 廖承志文集、传记编辑办公室编：《廖承志文集》（上卷），人民出版社 1990 年版，第 115 页。

界观和思想方法，是战无不胜的世界观和思想方法”[①]。在讲话最后，廖承志对狱中斗争经验作了概括：“我们要做一个崇高的革命理想主义者，在任何情况下都要为这个理想坚持下去，直到为这个理想牺牲。这些在我个人看起来是极为重要的东西。我们要锻炼无产阶级的气节，最重要的是加强平时修养，树立为人民服务的精神。”[②] 很明显，支撑和激发廖承志在前后七次被捕经历中，自始至终没有向敌人屈服，没有失去生活的信心，随时满溢着坚持斗争的勇气，就在于他对于共产主义信念的矢志不移，就在于他的思想言行中具有坚定的为人民大众谋幸福的革命追求和为之随时准备牺牲个人私利乃至宝贵生命的共产党员特有的优秀品质和精神境界。

## 三、简短的感言

尽管廖承志所处的时代已经成为了历史，我们面对的不再是阶级的大搏斗，面对的不再是敌人的严刑拷打、威胁利诱；尽管实现共产主义社会的理想还是遥远的将来，我们尚处在社会主义的初级阶段，但共产主义的信念并没有过时。它在现今所被赋予的新的内涵，据我的理解，就是为绝大多数人民谋幸福，全心全意为人民服务；就是坚持正义，追求真理；就是坚持科学发展观，处理好各方面的关系，极大限度地调动各阶层人民建设祖国、振兴中华、增强综合国力、提高中华民族的生活水平、走共同富裕道路的积极性。廖承志作为一名共产党员，对于共产主义信念的矢志不移，在其七次被捕入狱期间所体现出的优秀品质和精神风范，至今具有继承价值和激励作用。他的优秀品质和精神风范是战胜任何艰难困苦的思想武器，是促

---

① 廖承志文集、传记编辑办公室编：《廖承志文集》（上卷），第117页。

② 廖承志文集、传记编辑办公室编：《廖承志文集》（上卷），第118页。

进和激励我们热爱生活、建设祖国、振兴民族、科学发展和共建和谐社会的精神动力。

[说明：本文系笔者2008年参加中共广东省委举办的纪念廖承志同志诞辰一百周年座谈会发言稿，原载《惠城文史》(内刊)，第22辑。]

# 陈炯明与广东禁赌

陈炯明是一位具有较大争议的历史人物，长期以来他的生平思想言行基本上受到否定。其实，陈炯明一生中有许多事迹值得重视，应当给予客观公正的评价。譬如他与广东禁赌的问题就值得研究。综观陈炯明的禁赌言行，可以分为前后三个阶段。本文谨就陈炯明在这三个阶段的思想言行作出分析考察，敬请方家批评指正。

## 一、咨议局议员时期的禁赌活动（1909. 6—1911. 8）

清末民初，是广东赌风最为盛行的时期，各类赌博名目有60多种。与他省不同的是，广东赌博业承担着国家征税负担，即广东地方政府从赌博业中抽税，以解决财政困难。这种税收主要用作军饷。因而，广东赌风要比他省更为肆虐猖獗。广东赌博之风盛行，造成了严重的个人问题、家庭问题和社会治安问题，如赌博致人失眠、焦虑、心悸、自杀，妻离子散、家破人亡、懒惰、贪污、盗窃、敲诈勒索、抢劫、杀人、涉入黑社会等问题紧随而至。赌博造成的巨大危害性，使广东到了不禁赌，社会问题不能解决的境地。陈炯明明确指出："赌博为广东大害及妨碍新政之施行……诚非禁绝此害，不能救广东于危乱。"[①] 清朝政府对于禁赌的问题虽有明确规定，但在1911年以前，历届两广总督禁赌工作很不得力，致使广东赌害在清朝末期愈演愈烈，其中一个重要原因就在于地方税收的相当一部

---

① 段云章、倪俊明编：《陈炯明集》（上卷），中山大学出版社2007年版，第3页。

分来源于赌税，每年赌饷数字惊人。而且，上至总督、督军、巡阅使，下至地棍土豪，大都靠赌博吃饭，靠赌博发财。这样一来，历次禁赌时紧时弛，禁而难禁的客观现状也就摆在人们面前。地方官吏从自身利益出发，表面上不得不作出禁赌的姿态，实际上盯住赌税现实利益，采取分类禁赌的“禁而不禁”的政策，“先禁甲种，次禁乙种，丙、丁两种之禁期，视筹抵之迟速为差”。[①] 很明显，这是开赌派的缓兵之计。因为，开赌派分类禁绝政策的本质，即是保留长期盛行不衰的赌博种类。对此，陈炯明在任职广东咨议员期间，于 1909 年 11 月 8 日的会议上，逐条驳斥了开赌派、驰禁派的论调，提出“赌博不能分类禁绝之理由”和“赌博不能分期禁绝之理由”共计八条，又在 10 日举行的第二次会议上明确提出“原议筹禁之法，分类分期分区，拟请更正为定期一律禁绝”的主张。他的理由是：“分类不过禁减赌博名目，而赌徒罔利之心，仍可移彼就此”；“分期无一定之年限，视乡邑之力为差。乡邑无力，即永无禁绝之日”；“分区则向无赌博地段，非邻于赌之区，既属于偏僻无可设赌之地，十步之外，仍可聚赌，截堵甚稀。”[②] 但时任两广总督的袁树勋以“未筹抵赌饷”为借口，将广东省咨议局禁赌议案不予准核实施。1910 年 5 月中旬，在陈炯明等人的努力下，省咨议局再次作出“限期一律禁绝赌博”的决议，但总督袁树勋仍然托词拖延，一些不法赌商和反对派议员从中阻挠，议案犹如一纸空文。但陈炯明并未灰心，禁赌态度异常坚决，在断然拒绝赌商贿赂的同时，将反对禁毒的议员名单送有关报馆曝光，一时间社会各界群起抨击“否派议员”，强大的舆论压力迫使清朝政府不得不在 1910 年 10 月改任张鸣歧为两广总

① 段云章、倪俊明编：《陈炯明集》（上卷），中山大学出版社 2007 年版，第 3 页。

② 段云章、倪俊明编：《陈炯明集》（上卷），中山大学出版社 2007 年版，第 5 页。

督。张鸣歧是一位禁赌派，所以他上任总督不久后，就于1911年3月底宣布严禁赌博，陈炯明等人的禁烟主张终于在地方督抚大员的主持下，开始付诸于实践。然而，由于辛亥革命运动的不断推进，广东于是年9月19日宣布独立，刚刚开始的禁赌行动也就很快中止。

陈炯明在这一阶段有关禁赌的言行，说明他对赌博的危害性有着清醒的认识，将其与民族前途、社会安定这个长远利益紧密结合在一起。陈炯明坚决主张禁赌的态度和行动表明，他是一位有胆识、有谋略、并且清正廉洁的省议会议员。尽管这一阶段的禁赌主张未能真正在实践中产生多大效果，但为他后来两次主政广东期间的禁赌活动奠定了思想基础和群众基础。

## 二、第一次主粤时期的禁赌活动（1911.11—1913.8）

1911年11月至1913年8月，陈炯明先后担任广东副都督、都督等要职。在这近两年的时间里，陈炯明把严禁赌博作为广东第一要政来对待，采取了以下一系列禁赌措施和行动。

第一，迅速解散部分民军，用以稳定社会秩序，铲除赌博赖以生存的温床。据不完全统计，辛亥广东光复后，云集在广州的民军达15万人之多。在这些民军中，大多是破产农民和手工业者，有些还是会党成员或旧式散兵游勇，他们既具有小农的分散性，又具有游民无产者的破坏性，聚众赌博等现象在这些人中时有发生。据段云章等先生所著《陈炯明的一生》记述，民军中或因争夺开设烟赌的区域，或因赌博争执，追索赌债，从口角而至动武开枪杀人、寻机报复等事件时有出现。民军中一些营官统领，则又“沉迷于嫖、赌、饮、吹的堕落腐化生活”。[1] 鉴于此，陈炯明清楚地认识到，要在广东禁绝赌博之害，就必须有针对性地解散部分民军，并且着手整顿新军。因

---

① 段云章等著：《陈炯明的一生》，河南人民出版社1987年版，第42～43页。

为，社会秩序的混乱，赌博之害泛滥，首先与军警参赌、庇赌有关。

第二，饬令各县严禁赌博，并将禁赌纳入军事范围。如在1912年7月1日见诸报刊的《严禁麻雀牌赌博告示中》指出："麻雀牌赌博，为害甚大。昨经本经略出示严禁，违者以军法从事，杀无赦"，无论官民凡收藏有麻雀牌者，"限五日内送各警区烧毁"。[①] 在是年8月上旬的《饬吴祥达及潮州各县令严禁赌博令》中指出："粤省赌博悬为厉禁。案经划入军事范围，专归营、县办理，获犯得以军法从事，禁例森严"，"兹限至九月初一日止，务将属内赌博一律禁绝……倘限后如有赌博出现，一经查出，惟该管营、县是问，定治以纵赌驰禁之罪"[②]。赌博的名类很多，危害最大者首推麻雀牌，所以陈炯明专就严禁麻雀牌赌博作为重点打击对象。而将禁赌纳入军事范围，不仅对赌犯治以重刑，而且将军、政官员捆绑在一起，禁赌不力者"治以纵赌驰禁之罪"，说明陈炯明在这一阶段肃清赌博之害的决心。

第三，督促各县照章照律严办赌博之案。针对严禁赌博期间，有些地方出现了私取罚款，擅放赌犯的情形，先后下达《着粤省各县嗣后拿获赌匪务应严办谕》和《批梅州绥靖处总办呈复梁在廷私取罚款擅放赌匪案文》，以此矫正各地在严禁赌害中的错误行为。其中明确指出："嗣后拿获赌匪，务应按法严办，不准罚锾了事。"并将和平县令陈根"记过一次，以示薄惩"[③]，梅州绥靖处营官梁在廷因将赌博罚款私分，匿不上

---

① 段云章、倪俊明编：《陈炯明集》（上卷），中山大学出版社2007年版，第103页。

② 段云章、倪俊明编：《陈炯明集》（上卷），中山大学出版社2007年版，第107~108页。

③ 段云章、倪俊明编：《陈炯明集》（上卷），中山大学出版社2007年版，第109~110页。

报，特将其“着即革职，归案严讯”。[①] 由于采取了上述一系列措施和行动，陈炯明第一次主粤期间的禁赌活动，取得了初步的成效。一时间，公开聚赌的现象很少发生，就连省城广州几乎没有一家公开挂牌的赌馆存在了。然而，就在1914年龙济光督粤之后，伙同巡按使李国筠，借救灾之名，使铺票赌博等名目死灰复燃。1916年陆荣廷执掌两广以后的四年时间里，部下谭浩明等借筹饷之名，行开赌敛财之实，使得一度销声匿迹的广东赌害重新泛滥起来。正如陈炯明在1920年12月回顾说：“陆荣廷把持粤局期间，宣布自主，公开番摊及一切赌博，于是赌祸复遍乎吾粤，士夫妇女亏损廉洁，逾越防闲，而破家荡产，卖妻鬻子，弱者计穷自杀，悍者铤而走险，种种情状，不可胜数，其流弊卒至盗贼横行，闾阎凋敝。”[②]

**三、第二次主粤时期的禁赌活动（1920.12—1923.1）**

1920年12月至1923年1月，陈炯明出任广东省省长，实现了第二次主粤。到任不到一个月，他顺应广州市民禁赌请愿游行而形成的时势，在总结第一次主粤时期禁赌经验教训的基础上，采取了更加切实可行的禁赌措施和行动。

一是做好粤军军官支持禁赌的思想工作。一直以来，禁赌面临的一大障碍，就是赌饷的筹抵问题。因为赌饷是军饷筹措的重要来源之一，所以禁赌首先受到粤军军官的反对。针对这一实际情况，陈炯明在1920年11月中旬召开的粤军军官禁赌会议上明确表示：“说者谓禁赌须先筹抵赌饷，试问前请末造及民国元二年间禁赌，何尝先有筹抵赌饷，然后实行。以赌为饷，不特为古昔所无，亦实贻羞中外。吾人服官，兴利除弊，

---

① 段云章、倪俊明编：《陈炯明集》（上卷），中山大学出版社2007年版，第120～121页。

② 段云章、倪俊明编：《陈炯明集》（上卷），中山大学出版社2007年版，第510页。

无论如何艰阻，必须一意进行。”[①] 尽管赌饷为粤军军官所垂涎，但因陈炯明的一番肺腑之言，最终得到了大多数粤军军官对严禁赌博之举的支持和理解。

二是严惩部下开赌庇赌。在 1921 年 1 月间，陈炯明在《严禁军人开赌庇赌令》中强调：“近闻各处营队间有包庇及私行开赌情事，实属胆玩藐法……自此次通电之后，倘再有军人包庇开赌情事，一经查觉，定当从严惩办。”[②] 开赌庇赌与军警关系密切，因为他们有人有枪，有权有势。陈炯明专就军警与禁赌的关系作出明确规定，要求军警领会禁赌的必要性和重要性，严申军警不能开赌庇赌的禁令，抓住了严禁赌博的关键所在。

三是颁布禁赌规章，并派人员稽查各地执行程度。1920 年 12 月，陈炯明主持制定《广东赌博治罪暂行章程》九条，实行细则三条；1921 年 3 月制定《实施禁赌办法之规定》七条。他的最终目的是通过颁布一系列规章制度，使禁赌既能做到有法可依、有章可循，又能使禁赌工作得以顺利地按照正确的轨道进行。关于禁赌规章执行的力度，陈炯明再三表示：“余对于禁赌，前已不啻三申五申，今为宣示，粤军可倒，而赌不可开……万事可通融，独此不徇情面也。”[③] 即使因经济窘绝，导致政权崩溃，也不能开赌以敛财，“宁作逃亡，不能开赌”[④]。的确，尽管后来因军事形势严峻，军饷又极度紧绌，下级军官屡劝陈炯明开赌以济燃眉之急，但他始终丝毫不改严禁赌博的立场。为了使各地禁赌活动收到实效，陈炯明定期或不定期选派

① 段云章、倪俊明编：《陈炯明集》（上卷），中山大学出版社 2007 年版，第 500 页。

② 段云章、倪俊明编：《陈炯明集》（下卷），广东人民出版社 2007 年版，第 531 页。

③ 段云章、倪俊明编：《陈炯明集》（下卷），中山大学出版社 2007 年版，第 1002 页。

④ 段云章、倪俊明编：《陈炯明集》（下卷），中山大学出版社 2007 年版，第 1002 页。

干练人员分赴各县稽查监督禁赌情况。据1921年1月7日《广东群报》记载："省长陈炯明为落实各属地方文武，对于禁赌命令是否切实举行，各属大小赌博，已否一律肃清，特派专员分别密查切实报告，以资考核。"① 然而，尽管禁赌活动声势浩大，处罚严厉，由于赌博的巨大经济利益的诱惑力，仍有不法赌商和军警顶风作案，"不法之徒受人唆使，布散政府弛禁之谣，希图摇惑人心"。为此，陈炯明于1922年12月上旬发布《重申禁赌通电》，表示："本总司令嫉赌如仇，爱民若赤，省库纵极支绌，维持纸币自有正当办法，断不至饮鸩止渴，重害吾民。"明确指出谣言所出，在于"劣绅地痞私行开设者固多，其由不肖军官得规包庇者亦属不少，亟应重申禁令，以除流毒"②。

四是建立禁赌功过奖惩制度，激励军民踊跃投身禁赌行列。在1921年1月下旬的《禁赌办法通令》中，陈炯明非常赞同粤军总司令部委员李胪初提出的"诚恐日久玩生，军警查缉不力，民间隐讳不宣，纵有私赌，无从发觉。设有赏以劝之，不惟奸徒私赌，而人乐揭发，即军警庇赌，而人亦敢指攻"的意见，充分肯定其"禁赌宜酌定赏款，约束军警，取缔稽查三条，自是应有之义"。进一步重申此禁赌办法"除分行遵照外，合行令仰该县即便遵照办理勿延"③ 的必要性和重要性。实行这一禁赌奖惩措施后，广东各地禁赌活动确有明显效果，仅江门一地在1921年1月间"所有烟赌寮销声匿迹"④。为此，广

① 汕尾市人物研究史料编纂委员会编：《汕尾市人物研究史料》第4集，1993年（内刊），第384页。

② 段云章、倪俊明编：《陈炯明集》（下卷），中山大学出版社2007年版，第1003页。

③ 段云章、倪俊明编：《陈炯明集》（下卷），中山大学出版社2007年版，第533～534页。

④ 汕尾市人物研究史料编纂委员会编著：《汕尾市人物研究史料》第1集，1993年（内刊），第29页。

东各界民众发起为陈炯明铸造禁赌纪功铜像，广东省议会则提议建造纪念禁赌省河桥。[①] 由此可见，陈炯明在第二次主粤期间的禁赌活动是深受人民群众肯定和赞扬的。

综观陈炯明有关严禁赌博的思想言行，我们从中可以获得某些借鉴启迪。第一，作为现实生活中的每一个人，尤其是从政做官者，必须充分认识到赌博对个人、对家庭、对社会的巨大危害，不禁赌不足以使社会安宁，禁赌不仅仅是赌徒本人的问题，而是一个社会问题；第二，作为现实生活中的每一个人，尤其是从政做官者，必须坚定不移地实行禁赌主张和措施，不为威胁利诱所动，旗帜鲜明地一禁到底；第三，作为现实生活中每一个人，尤其是从政做官者，有必要像陈炯明那样，不仅具有坚定的禁赌立场，而且应当谨守拒绝贿赂的、廉洁自律的工作作风。尽管赌博之风就像潜伏于社会的一颗毒瘤，难以完全禁绝，但只要我们给予高度重视并且身体力行，不参赌、不庇赌，就会在不同程度上为减少赌博对社会的危害尽到一份责任。

（说明：此文系海丰陈炯明学术研讨会宣讲论文。）

① 汕尾市人物研究史料编纂委员会编著：《汕尾市人物研究史料》第1集，1993年（内刊），第29页。

# 东江历史文化资源总结、开发、利用专题思考

# 惠州城市文化竞争力的几点思考

## 一、文化竞争力的概念

当今世界，文化在综合竞争力中占有重要地位。这是因为，文化对社会经济的渗透力逐渐增强，在整体上作为软实力的文化，已经或并且将继续向着硬实力转化；文化与经济、政治的相互交融，软实力与硬实力的相互渗透，构成国际竞争的当代新图景；文化的力量在根本上是精神力量，它深深熔铸在民族的生命力、创造力和凝聚力之中，是影响综合国力消长的长期性、基础性、战略性要素。[①] 一个民族的文化是一个民族的灵魂，深刻影响着一个民族的心理、性格和精神世界。同样，一个城市的文化是一个城市的灵魂，深刻影响着城市居民的心理、性格和精神世界，成为城市核心竞争力中的重要动力和强大支撑力。

城市文化是一个由理论文化、行为文化、产业文化、人文景观文化和自然景观文化五大要素构成的完整体系。一个城市的文化影响力或文化竞争力，不仅体现在文化事业或文化产业之上，如文化场所、文化设施、文化载体等物质的、自然的、可以看得见摸得着的实体之上，而且体现在人的精神面貌、价值取向、思维观念、行为方式和生活理念等看不见、摸不着而又悄悄发生作用的东西之上。在这个完整的文化体系中，理念文化是核心、是主干，具体包括市民的公德精神、公民精神、时代精神、人文精神四个方面，一个城市据此展现其核心价值、

---

① 严昭柱:《文化的力量》,《求是》,2004 年第 2 期。

城市的本质、城市的精神，这就是文化竞争力的核心所在。这种文化竞争力决定着一个城市的知名度、影响力和辐射力，在城市综合竞争力中占有重要的地位，产生着重要的作用。

## 二、惠州文化竞争力现状

惠州市在提升城市综合竞争力过程中对于文化竞争力给予了越来越多的重视，文化建设比从前大有改观，但惠州文化竞争力离城市综合竞争力的要求还差一段距离。

2002 年度《中国城市竞争力报告》中，在对中国 47 个最具竞争力城市排名点评时，报告的作者指出：惠州在文化竞争力方面处于中等偏上水平，具有传统的重商意识，勇于创业，善于竞争闯荡，但需要增强商业诚信和法制观念。其中“创新氛围指数”为 0.713 分，排第 27 位；“交往操守指数”为 0.47 分，排第 46 位，几乎就是最后一位。[①] 2003 年度报告点评道：惠州从业人员文化素质低，知识水平不高；文娱设施不够发达，卫生教育基础设施质量有待提高。其中“交往操守指数”增加 0.137 分，排名有提升，企业文化、文化氛围法制与文化环境、商业文化等要素排名均比以往有所提升，但作为惠州城市综合竞争力中的重要因素之一——“文化中心”地位得分并不高，仅 0.337 分，排在 50 个城市中的第 36 位。[②] 2004 年度报告又指出：惠州不仅在文化区位方面竞争力较差，而且整体文化竞争力较差，尤其是人们的价值取向和交往操守表现较差，与周边的深圳等相比有较大差距。具体而言，文化竞争力的“价值取向指数”为 0.745 分，排在全国 50 个城市中的第 44 位；“创新氛围指数”为 0.716 分，排名第 27 位；“交往操守指数”为

① 倪鹏飞主编：《中国城市竞争力报告》，社会科学文献出版社 2003 年版，第 279 页。

② 倪鹏飞主编：《中国城市竞争力报告》，社会科学文献出版社 2004 年版，第 413 页。

0.61分，排在第46位，惠州的整体文化竞争力排在第37位。①可见，尽管在连续三年城市竞争力排名中，惠州综合竞争力分别居第25位、第22位、第17位，逐年有了提升，但惠州文化竞争力的排名仍然较低，而且并没有太明显的改善。

## 三、影响惠州文化竞争力的主要因素

城市文化竞争力，与科学技术竞争力、文化艺术人才现状、金融资本竞争力、文化设施优势、基础设施优势、相关产业比重、文化需求规模、综合区位优势、文化交流机会、人文国际化程度和历史文化资源等因素紧密联系在一起。这些因素解决得好，城市文化竞争力也就增强了，城市综合竞争力也就能够具有长久生命力。影响文化竞争力的首要因素是城市经济实力，然而经济实力与文化竞争力之间并非具有完全对应的关系，经济实力强的城市，文化竞争力不一定就强，反之亦然。

城市文化有其自身的发展规律。从根本上看，影响文化竞争力的深层原因，就蕴藏在文化体系内部。惠州文化竞争力弱，其根本原因在于惠州尚未形成占主导地位的强大的主流地方文化风格、文化品牌和文化体系。对于惠州文化建设总体状况，《惠州市文化建设战略规划》作了比较科学的分析。该规划将惠州文化资源分成“物质文化”、“产业文化”和“人文文化”三种类型，并将这三种类型分别分为“历史遗产”、“现代本土创新”和“现代外来文明”三个要素层次，从这三个途径对惠州文化来源渠道、内涵及特点进行分析评判。其作者指出：在惠州的历史文化中，“其物质文化部分会变得日益稀缺”，而“传统产业文化正面临一次脱胎换骨的改造，只留给人们以经济文化史的问题”。尽管惠州传统文化历史悠久且种类较多，“但较高层雅文化部分数量不多且较分散，它与神仙文化一起

---

① 倪鹏飞主编：《中国城市竞争力报告》，社会科学文献出版社2005年版，第439页。

并没有实现文化的大众化。所以，在惠州文化的历史底蕴中，来源于生产活动的俗文化实际是主流大众文化，而以苏东坡的诗为代表的雅文化曲高和寡，宗教神仙文化只用来求财保富，并演变为大众财神文化，它与主流文化的结合表现为一种典型的功利思想文化核心”①。当代惠州本土创新文化尽管逐渐上升为一种主流的竞争意识文化核心，但“无论在人工制造物的面貌上，还是产业文化的现代革新上，或者人文文化的制造上，都还处在较低水平的竞争，有文化影响力的除 TCL 等极少几家外，并没有产生像青岛那样的文化品牌的能力”。正是本土文化创新能力的不足，为现代外来文明在惠州渗透与成长提供了条件。尽管在当前惠州的多元文化交汇过程中，尚未“形成占主导地位的强大的主流地方文化风格、文化品牌和文化体系，但其中已经孕育了功利、竞争和开放的核心文化思想的种子”②。这是惠州文化竞争力的现状与发展前景所在。然而，对此我们不能过于乐观，应当看到“现有这一核心思想的种子却存在着巨大的潜在危险”③。这种潜在危险“来自当前惠州社会流行心理文化中的追求功利与讲求诚信的矛盾和冲突，来自过度无序开放与缺乏自主精神风格的冲突”④。这一分析是关于惠州城市综合竞争力与文化竞争力落差的理性思考和科学简释，很有说服力、警醒力。

从外在原因分析，尽管制约惠州文化竞争力的因素多种多样，但其中最重要的还是人的问题。应当承认，近几年来惠州

---

① 广东省社会科学院宏观经济研究所编：《惠州市文化建设战略规划》（内刊），2003 年版，第 13 页。

② 广东省社会科学院宏观经济研究所编：《惠州市文化建设战略规划》（内刊），2003 年版，第 14 页。

③ 广东省社会科学院宏观经济研究所编：《惠州市文化建设战略规划》（内刊），2003 年版，第 14 页。

④ 广东省社会科学院宏观经济研究所编：《惠州市文化建设战略规划》（内刊），2003 年版，第 14 页。

各级党政领导对文化建设给予了相当的重视，许多标志性的文化场所、文化设施和文化载体，如江北体育馆、江北会展中心、慈云图书馆、广播电视局大楼、《惠州日报》大楼和国际数码广场等相继建造起来；对于有关历史文化资源的整合、开发、利用也倾注了较多的人力、物力和财力，诸如叶挺故居的修复、东江纵队纪念馆和陈列室的建造，以及一些历史遗迹、遗址等都纳入了惠州文化建设的行列，并且收到了明显的效果。然而，一个城市的文化竞争力，远不仅仅表现为文化建设中的基础设施这些看得见、摸得着的实体（况且惠州文化建设的状况与发达城市相比较还差得远，数量不多，分布零散，尚未形成一个整体，其文化功能的发挥也有限），更重要地表现为人文文化氛围、对外文化交流的程度和人文国际化程度，表现于人民的素质、思维观念、生活方式、行为方式、价值取向和道德情操等。这些都属于文化竞争力软因素，而且需要一个长时间的过程才能体现出来。应当承认，近几年来惠州市在制造人文文化氛围，尤其是在开展对外文化交流和推进人文国际化程度方面做了许多实际的工作，如开展各种形式的讲座、报告，举办数码节、鞋文化节、人文社科活动周等，都收到了预期效果，扩大了惠州在全国乃至世界的声望。然而，急功近利的政绩效应因素不时掺杂其中，反映出组织者对于文化竞争力的核心功能缺乏足够的认识，譬如举办一项活动就要斥巨资请来歌星助兴，但惠州人文社会科学资助项目每项仅2000~3000元。或许有人会说，举办某项活动，主要经费由主办方某某企业承担，与政府部门的关系不大。笔者认为，这不是理由所在。因为某某企业或企业家一般是看政府部门的喜好行事的，而且急功近利的思想对于生意人来说是本能的，很自然的事情，不仅无可非议，还应当根据方式和效果加以肯定。关键的问题是，政府部门要对文化竞争力的核心要素予以高度重视，该由政府拨款的就得拨款，最起码也得由政府出一部分，起个表率作用，引导人们有钱出钱，有力出力。久而久之，在全社会可以形成一种共识，大家围绕这个主题做文章，围绕这个目标去献计献策、出钱出力。总之，惠州于这方面的不到位，是我们对于文化影响力或文化竞争力在惠州城市竞争力中的重要功能问题认识不足的一个突出表现。如果这个认识问题解决得好一些，我们的劣势就有可能转化为优势。

目前，惠州物质文化的建设，人文文化氛围的构建，历史文化资源的整合、开发和利用等，缺乏整体的、长远的战略规划，缺乏统一的、协调的行动步伐，急功近利的思想观念相当突出，或多或少地影响到市民的文化素质、技能素质、行为素质和心理素质，总体素质水平比较低下。其主要体现在：一是文化基础设施布局不规范，零散而缺乏整体性，而且文化基础设施中应包括的很多东西付诸阙如。二是对全市的旅游资源的整合、开发和利用缺乏整体而长远的规划。究竟惠州市的旅游特色是什么？有几条主要的旅游线路？自然旅游资源要不要与人文旅游资源相配套？这些都要首先做到心中有数，然后规划出哪些近期要做，哪些推后几年再说。三是惠州文化氛围不浓，缺乏对以惠州为主体的东江地方史的全面深入的研究，市民对地方史的了解太少。在一般领导和市民心目中，研究历史或东江地方史不能创造直接而快速的经济效益，因而对于这个问题不甚关心，不闻不问，不理不睬。譬如理论界和学术界对以惠州为主体的东江近百年史的研究，尽管产生了不少成果，但真正有专业学术价值的成果还不多，许多研究停留在对历史人物和事件的资料性组合，回忆录性质、大事记性质的成果较多。这不仅仅是因为经费短缺和研究力量有限，根本原因在于，我们对研究地方史的必要性和重要性的认识不够，对地方史与文化影响力或文化竞争力的关系问题的认识不够深，缺乏整体研究规划和统一组织协调。

综上所述，文化竞争力在惠州城市综合竞争力中所占有的重要地位是十分明显的，其功能和作用也是非常突出的。我们对于这个问题必须要有清醒的认识。

## 四、增强惠州文化竞争力的建议

一是注重整体规划。官学结合，领导、管理者与专家共同论证，制定惠州近期与中长期文化发展规划。要有一个长远而整体的规划，在多少年内惠州准备建多少重要的文化场所，有大有小，有近期的有长久的。制定这个规划蓝图，一定要请专家论证，而不是仅凭长官意志，而且不要零敲碎打，想到哪就做到哪。经费有限可分期实施，但必须做到心中有数，究竟我们有哪些优势，不可不知道，不可不规划。要规划得好，单靠几个人或主管部门的领导还不行，应当吸收真正懂行的专家学者参与其中。

二是加强对惠州地方史的研究。在惠州悠久的历史长河中，许多具有地方特色的人和事值得我们了解。然而，市民阶层对惠州历史，即使是近代以来历史的了解是极其肤浅的。因此，应当由惠州市党政主要领导挂帅，督促有关方面制定出了解、研究惠州地方史的整体规划，近期和中长期实施方案，在这个基础上激发各界人士对惠州地方史的关注和积极支持之情。了解、学习和研究惠州地方史，包括普及和深入研究两个方面。普及惠州地方史知识可以采取多种形式，譬如编写《惠州史地常识》普及本，利用报刊、广播、电视等传媒途径，设置专栏介绍惠州历史上发生的人和事，介绍惠州人生活方式的方方面面，久而久之，潜移默化，使惠州市民对惠州的“昨天”和“前天”有所了解，不仅增强热爱惠州的乡土情结，而且丰富知识储量。关于对以惠州为主体的东江地方史作深入研究的问题，两年前我曾呼吁组织力量编写一套《惠州：让历史告诉未来丛书》，可以由市领导牵头把关，划拨一部分经费作为基础研究费用，争取热心地方史研究的企业家们赞助。最近，在落实惠州市委、市政府有关繁荣发展哲学社会科学实施意见的座谈会上，我又建议由惠州市廖仲恺何香凝研究会牵头，组织市内、省内及国内专家学者共同编写《廖仲恺家族及粤东地方史丛书》，以书面记录形式加强对东江革命史的研究，注重区域优势，彰显地方特色，希望能够得到市领导和社会各界人士的鼎力支持。总之，我们要把眼光放长远一点，将急功近利的价值观抛开，大家都来参与其中，有钱出钱，有力出力，持之以恒，一定能达到很好的效果。

三是组织惠州市人文社会科学界理论和学术研究力量集体攻关，争取取得一批有理论和学术深度的、对现实经济社会发展有指导意义的研究成果。惠州市哲学社会科学界联合会成立之后，做了许多工作，取得了较好的效果。但是，党政机关、企事业单位理论工作者如何与惠州学院等专家学者紧密配合，统一行动，团结合作，还有不少工作要做。譬如惠州市有关人文社会科学研究规划等重大学术活动的开展，可以事先征求高校专家学者的意见，让高校专家学者参与其中。为了活跃全市理论和学术氛围，请一些国内外专家学者来惠州作报告、开讲座固然必要，但首先应当立足于本土力量，定出计划和步骤，形成经常化、有明确主题的学术报告或讲座体系，因为本地专家学者对本地的情况比较熟悉，能够将理论与实际问题结合起来进行分析考察，听众从中得到的启发可能会更大。又譬如对惠州的过去和现在，应当有个总体研究规划，在此基础上去组合全市人文社会科学界的力量集体攻关，既可攻关一批有理论和学术深度的、对现实发展有指导意义的课题，又可通过集体分工编写一批将通俗性、普及性地方史与现实生活紧密结合在一起的读物，在报刊、电视、广播等媒体开设专栏，宣传和介绍惠州的“今天、昨天和前天”，或者以惠州本土的人和事作为素材创作有关剧本、小说等。这是一项系统工程，单靠少数人是干不好的，需要有组织、有领导、有分工、有合作，否则不会产生深远影响。尤其是在组织申报和研究重大社科基金资助课题上，更需要群体攻关，需要团队协作。

现今社会的方方面面都值得我们去探讨，惠州亦如是。深圳道路、温州模式、苏南模式都有人研究，成果众多，在国内外有显著影响，对当地经济社会发展和城市综合竞争力，尤其是文化核心竞争力的增长，都起了不可低估的作用。改革开放以来，惠州经济社会的演变历程和发展前景，体现了自身的特色。这种特色是什么？就是勇于吸纳外来文化的、开放的惠州特色，就是拿来主义又并不抛弃本土意识的惠州特色，就是急功近利又具有竞争冒险精神的开拓、浮躁合为一体的惠州特色，其具体表现在惠州大地在改革开放后的发展印迹中：20 世纪 90 年代的炒地皮风盛行，本世纪初的英荷壳牌项目落户，建设国际数码产业名城，经济增长速度很快但人均受教育的程度不高，科技竞争力和文化竞争力不强，市民诚信意识、守法意识较差等。对这一特色，我将其定位为“惠州现象”。形成“惠州现象”的因素是多方面的，有历史的，也有现实的；有政治的，也有经济的；有人文的，也有地缘的；有官方的，也有民众的，只有全方位研究，才能获得有价值的成果。目前，由笔者主持申报的“近现代粤东社会变迁研究”已获得省社科基金课题立项，但苦于人力、财力和时间的不足，进展并不很顺利。如果由有关部门出面组织惠州市内一批力量，以“改革开放与惠州社会变迁”为选题申报并获得广东省社科基金资助项目，则可缩短时间，两个课题的研究成果作为一种合力，有可能获得国家社科基金立项。纸上谈兵好说，实际做起来不易。总之，聚合全市人文社会科学力量集体攻关的问题非常重要，因为这牵涉文化影响力和文化竞争力能否继续增强的问题，与惠州城市综合竞争力之间的关系密切。

四是加强对“四东文化”的研究。[1] 关于“东江文化”、“东坡文化”、“东纵文化”和“东征文化”的开发和利用，如今基本上还是停留在表层，对于“四东文化”中之重点研究部分尚未能作出具体的、切实可行的部署。在“四东文化”中，

---

① 尽管笔者自 2004 年起就不同意“四东文化”的提法，此处为了叙述的方便，暂且用“四东文化”作为叙述的对象。

占主导地位的应当是“东江文化”。“东江文化”指的是以惠州为主体的、发生在东江流域的文化现象，我们应当首先探寻东江人文文化现象，同时顾及对东江物质文化和传播文化的方式和手段的研究。这个定义和内涵必须弄清楚，“东江文化”主题有三：一是具有“东江特色”的思维观念、行为方向和价值取向等；二是为延续传递“东江文化”而形成的文化传播方式与手段，如学校、图书馆、新闻机构、戏剧、乐曲和乐器等；三是介于精神文明与物质文明之间的“东江要素”，如风俗习惯、饮食、服饰、建筑和礼仪等。这些是“四东文化”中之主体部分，需要有计划、有步骤地组合全市力量集体攻关，取得有价值的成果后，就可解释清楚诸如为什么惠州人不排外，为什么惠州人吃苦耐劳、勇于进取等问题。我们可以依照深圳民俗文化村，将东江客家风俗民俗等融为一体，供旅游者参观游览，让省外、甚至外国游客一来到广东，就想到惠州看看客家文化是个什么样子。

此外，还应加强对“东征文化”要素、“东纵文化”要素的关注和研究。毫无疑问，“东坡文化”要素需要研究，但苏东坡在惠州生活只有两年左右的时间，其影响不要说不及大范围的“东江文化”，就是与“东征文化”要素、“东纵文化”要素相比，也是远远不及的。实际上，“东征文化”要素、“东纵文化”要素的地位非常重要，全省乃至全国都独一无二，深入研究和重点总结其红色文化精神，对于我们继承和发扬爱国主义传统，增强民族自豪感和民族自信心都具有重要的意义。目前，有关“东征文化”要素和“东纵文化”要素研究的精品成果不多，应当加大力度，开展集体攻关研究。

（说明：本文原载《惠州学院学报》2006 年第 1 期，收入本书时对有些专有名词的表述作了修订。）

# 特色办学：东江文化研究

惠州学院作为东江地区一所省市共建的地方性本科高校，只有紧紧围绕为地方经济社会发展培养特色人才的建设目标，才能具有长久生命力。为此，学院经过反复论证，确定将东江文化研究作为特色办学的一个重点内容加以建设。2008 年，在对东江文化作出初步研究的基础上，申报获得广东省社科基金项目“东江文化研究”，成立了惠州学院东江文化研究所，以政法系专家学者为主体，并整合思想政治理论教学部、美术系、音乐系、中文系和体育系等系部研究力量，形成了一支学历学位层次高、学术职称和年龄结构合理的科研、教学队伍，在 30 余人的研究力量中拥有硕士以上学位者占 80% 以上，拥有教授职称的有 15 人，占总人数 40% 以上。“东江文化概论”、“惠州西湖与东江文化”、“东江民俗与民间艺术”、“东江藏书家与东江文化”、“东江书院与东江人才群体的产生形成”和“红色东江：东江革命历史文化”、“廖仲恺家族文化史”等课题是未来五年东江文化研究的方向，其成果将结集成《廖仲恺家族·东江历史文化丛书》公开出版。

在目前已发表的一批东江文化研究专题文章中，在东江文化定位、东江文化的内涵和特征、东江文化的研究方法和专家学者与地方政府合作研究等方面都产生了有价值的成果。2009 年 12 月，惠州学院举办了首届东江文化全国学术研讨会，来自北京、江苏、河北、湖北、海南等省市的 70 余位专家学者，就东江文化名称定位和属性问题，苏轼与东江文化关系问题，东江区域古代历史、地理与东江文化形成发展的关系问题，东江学术思想、语言和文学艺术及民间信仰与东江文化的关系问题，近现代东江历史事件和历史人物与东江文化的关系问题，东江文化开发利用的问题等七个方面展开充分讨论，提出了许多富有学术价值的观点。关于东江文化的定位和东江文化属性的问题，学者们从历史延续性、地域整体性和文化表现的基本内涵等角度分析，认为东江文化的主体和要质虽然是客家文化，但因与广府文化、潮汕文化发生较多交流融合，所以东江文化不等同于纯客家文化。东江文化研究的任务，在于通过研究历史的东江文化和东江文化发展演变的历史，总结、梳理出“人无我有，人有我独”的可资当今文化建设借鉴利用的要素所在。与此同时，从2009年始，《惠州学院学报》开辟了“东江文化研究”专栏，每期刊发2~3篇专题文章。2010年8月又公开出版了《东江文化纵横谈——首届东江文化全国学术研讨会论文集》。总之，现有研究成果和学术活动，已经产生较好的学术影响和社会反响。

惠州学院同时将东江文化研究与学科专业建设和教育教学改革紧密结合起来。如确定思想政治教育作为学院重点学科建设立项、惠州学院特色专业建设立项，其中东江文化研究融入教学、科研重点内容。又如在本科高年级开设“东江文化研究专题”、“广东地方史研究专题”等选修课，在培养特色人才方面初见成效。目前，学院正在启动论证申报“广东省东江文化研究基地”的工作，力争在今后五年内使惠州学院成为学术成果较多，学术特色鲜明的东江文化研究领地。

（说明：本文原载《中国社会科学报》2010年9月2日。）

# 关于惠州学院特色办学的几点思考

前不久，学院党政领导组织我们中层行政正职，到粤西几所高校作了有关特色办学的考察，本人感触很深，危机意识、责任意识和使命意识油然而生。在这篇短发言文稿中，我打算站在惠州学院发展的整体性、全局性角度，谈谈有关特色办学的几点思考。错误之处，请大家批评指正。

## 一、应从惠州学院发展全局思考特色办学

我认为，一所大学的教学、科研特色，人才培养特色，既具有多年积累性，又存在一个主动性、超前性和全局性的问题。在解决主动性、超前性和全局性问题的过程中，就惠州学院上下思想状况而言，尤其需要引起高度注意，值得尽速解决的是认识问题和观念问题，即着力解决“全局性”这三个字。这是因为，特色办学并非要求全院各系各专业面面俱到，所做工作都是特色。如果都想成为特色，而且都成为特色，实际上就不存在特色。“特色”两字，据我的理解就是“人无我有，人有我独”。只有这样，才称得上特色，特色才具有长久的生命力。特色形成了，并且产生了巨大的经济效益和社会效益，学校的发展就有了可持续性空间。因而我主张，不论是学校层面领导，还是各教学系、教辅单位的领导，需要剔除小单位、小范围的利益观念，需要理智思考学校发展的未来，需要用全局意识、全局观念来思考如何才能真正抓住惠州学院特色办学的关键问题。这个认识问题必须解决好，也只有解决好了这个认识问题，才有“特色”可言。

## 二、应紧密结合地方经济社会发展需求思考特色办学

惠州学院作为一所省市共建的地方性高等学府，其性质和定位决定惠州学院人才培养模式和特色办学的立足点，既与综合性重点高校有区别，又不同于各类职业技术学院。我们在构建特色办学的框架时，在实施特色办学战略方针的过程中，依据必须来源于地方经济社会发展需求，目光必须盯住如何服务“地方”这个重点，否则特色办学也就成了无源之水，成了无的放矢，成了“英雄无用武之地”。具体来说，尽管惠州学院现有40多个专业中涵盖了八大学科门类，但我们必须清醒地认识到，惠州学院真正能极大地办出特色，真正能引起地方经济社会发展兴趣的，主要不在文科专业，而在理工科专业；主要不在师范学科专业，而在非师范学科专业；主要不在基础学科专业，而在应用学科专业；或者说主要在于师范与非师范、基础与应用相结合的学科专业才有发展前景，才具有特色办学的长久生命力。综括惠州学院现有学科专业现状，结合惠州地方经济社会发展现状和发展前景，我主张突出化学工业和电子科学这两大学科专业领域作为惠州学院特色办学的重中之重，整合惠州学院资源作为理工科特色办学的重中之重。尽管化学工业学科专业和电子科学学科专业的师资力量、学术梯队有待加强，尽管在服务地方、取得合作科研课题方面，基本上停留在表层的、外围的、或者是个人或少数人行为的水平之上，尚未形成厂矿企业找上门来的局面，暂时还停留在离开惠州学院就很难发展的格局，但是，能力和实力是慢慢积聚起来的，如果我们真有能力和实力，本地厂矿企业何必花更多的财力和物力，舍近求远去与外地高校、与外地专家学者合作呢？在生存竞争异常激烈，真学问、真能力、真实力特别吃香的当今社会，我们应当抓住惠州经济社会发展机遇，瞄准石化和电子产业领域，制定短期和长远规划，将其纳入惠州学院理工科特色办学的重心范畴加以建设。

我认为，惠州学院文科各学科专业特色办学的突破口、整体思路和长远目标，应当围绕东江文化做文章。当今世界，国家与国家之间，地区与地区之间，城市与城市之间，其竞争的主要内涵就是文化。文化的主要内容，体现的是人的观念、人的素质问题。因为，经济社会的发展，物质财富的创造，始终要靠人来完成和实现。我的理由是，东江文化的主体和要质虽然是客家文化，但因历史原因和特定地域原因形成了潮汕文化和广府文化某些成分对东江文化的渗透与融合，从而使东江文化又不等同于客家文化。我不主张使用惠州文化概念，主要考虑的是东江文化发展的历史演变性、继承性和延续性，考虑的是以惠州为主体，可以涵盖现今河源、汕尾、东莞甚至深圳等地文化所具有的东江区域性特色。

那么，将东江文化研究作为服务地方、作为惠州学院大文科特色办学的选题依据是否准确、是否充足呢？我的回答是肯定的。人们常说，惠州不排外，惠州人海纳百川，这可以从东江文化发展演变的历史中找到根据。在近现代史上，东江区域发生的诸多历史事件，诸如辛亥革命在东江，两次东征在东江，农民运动中心在东江，东江纵队在东江，其发生不是偶然的，是历史上东江文化形成的特定文化传统、文化精神所决定的。这种特定的文化传统和文化精神，不仅在广东，而且在全国都具有典型意义；这种特定的文化传统和文化精神，可为现今以惠州为主体的东江区域经济社会发展提供人文借鉴价值，特别值得总结提炼。惠州学院有义务、有责任，也有能力做这方面的工作。进而，我之所以主张以东江文化研究作为惠州学院大文科学科专业特色办学的战略方针来对待，是因为现有学科专业研究基础和条件也已经初步具备。诸如东江文化研究所等科研机构已成立，召开了“东江文化全国学术研讨会”，产生了一批东江文化的著作和论文，获得了一批有关东江文化专题研究的纵横向课题，在服务地方过程中，文科各学科专业体现出有关东江文化开发、利用的基本内涵。这种研究不仅涵盖政法系、中文系、美术系、音乐系和思政部各学科专业，而且经管系、体育系、外语系各学科专业也大有用武之地。譬如经管系可以研究东江区域工商业发展史，可以研究现代企业文化；体育系可以研究东江区域体育艺术史，可以研究现今体育文化；外语系可以研究近现代和当代本土文化与外来文化的冲突、碰撞和交流、融合。

## 三、将特色办学尽快纳入惠州学院工作重心并加以认真对待

特色办学，办出特色，并非一天两天的事情，而是一个长时期积累的过程。特色办学，办出特色，牵涉方方面面，我在这里提出粗略的建议，仅供参考。

（1）建议有针对性地组织有关惠州学院特色办学的讨论，解决统一认识，统一思想的问题。

（2）建议在制定惠州学院特色办学规划的过程中，不要只坐在办公室靠少数人闭门造车、主观设计，应对惠州学院的资源现状（尤其是科研团队现状）作出全面了解，从中筛选出优势所在，更重要的是应弄清楚对惠州经济社会发展中迫切需要高校参与合作的重心在哪里。一句话，惠州学院特色办学不是关起门来形成的，而是与地方经济社会发展需求紧密结合中形成的。所以，在制定特色办学规划时尤需解决好这个问题。

（3）建议尽速成立惠州学院特色办学临时机构。这个机构不是虚设，应有权有责，有经费有场地。

（4）建议确定少量专职科研岗位指标，作为惠州学院特色办学专职骨干研究人员，专心攻关科研课题、社会调研，划拨特色办学专项资金，从人力、物力、财力上提供全方位保障。与此同时，对专职特色办学研究者定任务、定目标，定期检查、定期总结。

（5）建议院级党政领导尤其是党政正职和分管领导，在与地方联络、沟通、合作的基础上，围绕特色办学进一步加强与

地方政府、厂矿企业的联络、沟通，拼全力促成产学合作、校企合作，形成联合攻关重大项目的态势。

（6）建议全院上下，不管是普通教师还是院级领导，均须树立起特色办学关系到惠州学院生死存亡的危机意识、忧患意识、责任意识、使命意识。尤其是院级领导，不管你在位一年两年，还是三年五年，即使是明天调离岗位，今天在惠州学院当领导，就应当全力抓好特色办学。同样，各教学系部、教辅处部室主要负责同志，也应拥有这样的胸怀和工作态度。如能做到这些，惠州学院特色办学就必定能渐见成效。

（说明：本文系笔者在“惠州学院特色办学研讨会”上的发言稿。）

# 东江文化重点研究领域论证

传统观点通常将历史上的岭南大文化体系划分为广府文化、桂系文化、潮汕文化、客家文化、海南文化和港澳文化等六个地区文化。而研究现今广东省行政区划内的岭南文化学者一般将岭南文化划分为广府文化、潮汕文化和客家文化三个主要分支，对于地域（地区）特色鲜明的、体现出多元文化要质的东江文化，则将其纳入客家文化这个范畴之内。这显然是不妥当的。因为，特定的自然地理条件和人文社会风尚，使东江文化与广府文化、潮汕文化发生着较多联系，融合吸收了较多外来文化要质，并由此获得创新而形成东江地域（地区）性文化特征。所以，我们将东江文化作为独立的地域文化重点研究领域这个命题，希望能作为广东省教育厅并转报广东省哲学社会科学重点研究领域加以重视。我们重点推荐的理由如下：

## 一、研究东江文化的缘由

东江文化的生成、发展、演变的历史表明，它的主体和要质虽然是客家文化，但并不等同于纯客家文化。它不仅融合了客家文化，而且吸收了广府文化、潮汕文化的成分，形成独具特色的东江文化多元化文化体系。研究东江文化，既可凸显客家文化在广东的地域化特色（因为客家文化不是广东特有，而现今研究客家文化的成果，很难体现客家文化作为广东省内地域文化研究的独特性），这个地域化特色就是客家文化与广东省内其他地域文化之间交流、融合的内涵，又可体现客家文化、广府文化、潮汕文化在东江地区这个特定区域内共生共存，通过创新而获得多元化地域文化特色。如果说现有的客家文化、广府文化、潮汕文化研究已形成地域文化特色，那么通过对东江文化的研究，又可形成新的地域文化研究特色，这个特色就是文化的多元化，就是文化相互交流、融合的特色。这个特色，对于现今社会地区之间的文化交流、融合很有借鉴和指导意义。

## 二、研究东江文化的必要性和重要性

研究具有海纳百川、兼容并包、多元化文化特色的东江文化，对于推进现今惠州、东莞、深圳为主体的地区性文化建设，具有重要的现实文化建设指导意义和重要借鉴价值。当今世界，国家与国家之间、地区与地区之间、城市与城市之间的竞争越来越激烈。在这个竞争中，综合实力的强弱多寡，决定其优胜成败。而在综合实力中，文化竞争力则起着至关重要的作用。这是因为，文化对社会经济的渗透力逐渐增强。在整体上，作为软实力的文化，已经并继续向着硬实力转化。从而使文化与经济、政治的相互交融，软实力与硬实力的相互渗透，构成国际竞争的当代新图景。文化的力量，从根本上说是精神力量，它深深熔铸在民族的生命力、创造力和凝聚力之中，是影响综合国力消长的长期性、基础性、战略性要素。一个民族的文化是一个民族的灵魂，深刻影响着一个民族的心理、性格和精神世界。同样，一个城市的文化是一个城市的灵魂，深刻影响着城市居民的心理、性格和精神世界，成为城市核心竞争力中的重要动力和强大支撑力。

城市文化是由理念文化、行为文化、产业文化、人文景观文化和自然景观文化五大要素构成的一个完整体系。在这个体系中，理念文化是核心、是主干，包括市民的公德精神、公民精神、时代精神和人文精神四个方面，一个城市据此展现其核心价值观、城市的本质、城市的精神。这就是一个城市文化竞争力的核心所在，它决定着一个城市的知名度、影响力和辐射力，在城市综合竞争力中占有重要的地位，产生着重要的作用。而在文化竞争力的培育和建立过程中，对自然地理条件和人文社会结构相似，且具有历史区域性共生共存传统的特定地区内城市与城市间的相互融合和促进，显得非常重要。

鉴于文化具有如此重要的影响力，全国各地都在推进文化建设。广东作为改革开放的前沿阵地，惠州和东莞、深圳等作为珠江三角洲地区最有发展潜力的地区性城市，有责任、有义务，也有能力、有实力，在文化建设中充当新一轮中国改革开放现代化进程的引领者。并且将这种地区性文化建设一体化影响力辐射整个广东东部和江西、福建等有关省市和地区。换言之，以东江文化体系为基础，以开放、兼容、创新为主要特征，连接和包容客家文化、广府文化、潮汕文化，影响力涵盖珠江三角洲东部，粤东及粤北、江西及福建。需要特别引起注意的是，文化建设具有可循规律的科学性，尤其是如何凸显“人无我有，人有我独”的文化建设特色，则涉及对历史文化资源的总结、梳理和开发、利用等问题。惠州、东莞、深圳等城市的文化建设，只有遵循文化建设的规律性，只有重视历史上形成的并至今仍然产生影响的东江地区历史文化资源，做好总结、梳理和开发、利用问题的解决，才能收到预期的效果。在解决这个问题的过程中，离不开高校专家学者基础理论研究，离不开高校专家学者目光长远的、不受固有既定思维限制作出的思考，这种思考，能够在惠州、深圳、东莞等城市一体文化建设中起到推动者、承担者和引领者的作用。

惠州学院作为东江地区一所省市共建的地方性本科高校，只有紧紧围绕为地方经济社会发展培养特色人才的工作目标，也只有在服务地方的过程中、在融入地方社会的发展中，提高自身实力、发挥重要作用，才能具有长久的生命力。而在推进惠州、深圳、东莞等城市一体化文化建设过程中，惠州学院有责任、有义务，也有能力、有实力充当推动者、承担者和引领者的角色。因为，在充当这种角色的过程中，惠州学院文科各系各专业及部分理工科学科专业，已经并必将继续发挥作用。

## 三、深入研究东江文化的条件已经具备

多年来，尤其是近几年来，惠州学院院领导在有关东江文化研究的问题上皆予以高度重视，专家学者开展专题研究，获得大量宝贵成果，有的成果和学术观点引起了学术界、惠州官方及社会各界的反响和认同。这些，都为东江文化研究院提供了较扎实的基础和条件。具体而言，这些基础和条件表现在如下方面。

（1）2001 年成立了粤东地方史研究中心，在对粤东历史文化作了初步研究的基础上，于 2004 年申报并获得广东省社科基金资助项目《近现代粤东社会变迁研究》，并有 30 余项有关东江地区历史文化研究的校立项目、市立项目和教育厅项目立项。

（2）发表有关东江历史文化论文近 100 多篇，在形成东江文化研究初步科研力量的基础上，于 2008 年申报并获得广东省社科基金资助项目《东江文化研究》；近几年还有“客家音乐研究”、“东江建筑艺术研究”、“韩愈刺潮与苏轼寓惠研究”、“惠东渔歌研究”等项目先后获得广东省社科基金、教育部社科基金、惠州市社科基金资助立项，并获得多项校立项目。

（3）2010 年由惠州学院主持召开首届东江文化全国学术研讨会，来自全国各地的 70 余位专家学者就东江文化的定位等多方面的问题进行了研讨，十多家新闻媒体对此次会议的学术观点作了报道，产生了深远而广泛的学术影响和社会反响。

（4）2008 年有三篇专题研究东江文化的文章，由市政办以《调研论丛》形式印发，供惠州市委、市政府、市人大、市政协四套领导班子成员传阅，引起了部分市领导的关注，并对东江文化名称的定位予以认同。自 2009 年以来，新旧“四东文化”的提法很少见诸惠州官方讲话，新闻媒体报道中也不再出现了。

（5）以惠州学院教师为主体，于2005 年成立的惠州市廖仲恺何香凝研究会，在对廖仲恺家族文化史作专题研究的同时，

先后主持纪念抗日战争60周年系列报告及“仲恺精神与当代大学生思想政治教育”征文比赛、组织师生参加广东省和惠州市有关东江历史文化资源的调研等系列活动，取得很好的效果，受到省市有关部门领导的肯定和好评。

（6）2010年由惠州学院与仲恺高新区管委会联合举办“纪念廖仲恺逝世85周年全国学术研讨会”，《惠州日报》、《南方日报》、《中国社会科学报》对此会作了专题报道，多家电视台、报纸杂志分别予以报道，产生了较大的学术影响和社会反响。

（7）自2004年以来，政法系学生积极参加由该系教师主持的有关地方历史文化等科研项目的研究，先后有10篇文章在《惠州日报》和《惠州学院学报》公开发表，有近100篇毕业论文选题涉及惠州历史文化方面的内容。

（8）从2008年开始，政法系学生暑期有20多项创新课题获得政法系和教务处、学生工作处的立项资助，内容涵盖以惠州为中心的东江地区历史与现实的方方面面。

（9）自2006年始，“东江文化研究”、“粤东地方史研究”、“广东地方史研究”等课程作为政法系思想政治专业、历史专业学生的基础课或提高课开设，收到较好效果，锻炼培养了东江文化研究师资力量，增强了学生对东江历史文化的兴趣和认识。

（10）2009年，政法系思想政治教育和中文系文艺学被惠州学院确定为重点学科立项培养建设，东江文化研究作为其中特色研究内容加以重视，已产生了一批重要成果。

（11）思想政治教育专业于2009年被惠州学院确定为特色专业建设立项和优秀教学团队建设立项，其中东江文化研究作为教学、科研特色得到充分重视，并已产生一批重要成果。

（12）2009年，惠州学院成立了“东江文化研究所”、“岭南迁谪文化与诗学研究所”、“东江流域音乐文化研究所”等有关东江文化的研究机构，并已产生了一批有价值的研究成果。

（13）从2009年始，《惠州学院学报》开辟了“东江文化研究”专栏，每期刊发两至三篇专论文章，已在学术界产生了一定影响。

（14）公开出版了《近现代东江社会变迁研究》（河北人民出版社2008年版）、《东江文化纵横谈——首届东江文化全国学术研讨会文集》（暨南大学出版社2010年8月版）、《悠悠乡国思——纪念廖仲恺逝世85周年全国学术研讨会论文集》（暨南大学出版社2010年12月版）等多部专著。

以上情况表明，深入东江文化研究的条件已具备，时机已经成熟。如能整合现有资源，形成更有组织、有计划、有专责、有统一规划的学术研究、理论探讨和服务惠州、深圳、东莞等城市一体化文化建设的格局，将在推进广东文化建设中发挥更多更大的作用。

## 四、东江文化选题规划

（1）重点研究的内容，即可以形成专题研究成果的选题包括三个方面，一是具有“东江”特色的思维观念、行为方式、价值取向等；二是延续传递东江文化的方式和手段；三是具有“东江”特色的风俗习俗、饮食、服饰、建筑风格和礼仪等。在十二五规划期间可首先开展这方面的专题研究。以下列举近期计划编纂出版的研究书籍，共14部。

①《东江文化概论》；②《惠州西湖与东江文化》；③《东江民俗与民间艺术》；④《东江书院教育与东江文化》；⑤《东江藏书家与东江文化》；⑥《东江革命历史文化研究》；⑦《东江历代人才群体研究》；⑧《东江贬谪文化研究》；⑨《东江建筑艺术研究》；⑩《历代外来名人学士与东江文化》；⑪《中原移民与东江文化》；⑫《东江军旅文化研究》；⑬《廖仲恺家族文化史研究》；⑭《历代守惠官吏与东江文化》。

（2）举办有关东江文化的全国性和国际性学术研讨会。2012年拟举办第二届东江文化全国学术研讨会；2013年拟举办廖承志全国学术研讨会；2015 年拟举办廖仲恺逝世 90 周年国际学术研讨会。

（3）组织惠州学院科研力量与惠州、深圳、东莞、河源、汕尾等市有关部门理论工作者通力合作，开展对东江历史文化资源的调查与收集工作。

（4）拟订惠州、东莞、深圳、河源、汕尾等市区域性文化建设整体规划方案，突出各城市间文化建设相互合作、相互渗透、相互交融的特点，为惠州、深圳、东莞等区域性文化建设提供可行性、科学性依据。

（5）办好《惠州学院学报》东江文化专栏，吸引外地专家学者积极参与，或刊发专论文章，或组织专题笔谈，使此专栏在全国产生一定影响，形成地域文化研究特色。

（6）编写《东江文化概论》等教材；在政法、中文、音乐、美术、土木建筑等院系开设有关东江文化专题研究的课程；开设东江文化专题研究的、针对全校性文理工科学生的选修课。

根据以上情况，特予推荐东江文化作为广东省教育厅十二五规划期间哲学社会科学重点研究领域的一个重要内容。

（说明：本文系笔者代惠州学院根据广东省教育厅征集十二五期间地域文化选题规划精神而作。）

# 惠州学院东江文化研究院建设方案

## 一、沿革与机构

### 1. 缘起和沿革

由自然地理和人文社会风尚多元化特征而形成的特定地缘和人缘因素，使得东江文化在保留客家文化要质的同时，又与广府文化、潮汕文化具有较多联系，因而体现出内涵丰富、特色鲜明的东江地域性文化体系特征。因此与客家文化、广府文化和潮汕文化具有同等地位，成为岭南文化中一个独立的地域文化分支。研究东江文化，既可凸显客家文化在广东的地域化特色（因为客家文化并非广东省特有，而现今客家文化研究成果又很难体现客家文化作为广东地域文化研究的独特性），又可体现客家文化、广府文化、潮汕文化在东江地区共生共存的多元文化融合的特色。这个多元文化特色，对于现今社会地区之间、城市之间的文化交流、融合很有借鉴和指导意义。因此，东江文化的研究越来越受到学术界、理论界和社会各界的关注和重视。

惠州学院地处东江地区的中心惠州市，这里是客家人为主，广府人、潮汕人融入其中而形成的多元人群聚居地，保存有丰富的东江人文资源，具有开展东江历史文化研究的独特地缘优势。惠州学院在办学理念和学科建设中，依托这一文化资源，将东江文化研究与教育作为学院办学特色之一，成立了专业性的研究机构——东江文化研究院。

东江文化研究院的前身是成立于2008年的“东江文化研究所”。早在2004年，惠州学院就有一批专家学者积极参与惠州历史文化的研究。针对“四东文化”的定位，有的学者提出了不同的看法，在不断深入研究惠州地方历史文化的基础上，于2006年申报获得校立项目《东江文化研究》，2008年申报获得广东省哲学人文社科基金资助项目《东江文化研究》，并于中期研究阶段发表了多篇东江文化专题研究文章。2009年12月，惠州学院举办了“首届东江文化全国学术研讨会”，多家媒体作了报道，产生了强烈的社会反响和较大的学术影响。此后，有关东江文化要素，如贬谪文化研究、民俗文化研究、建筑艺术研究、音乐舞蹈艺术研究、红色文化内涵研究等专题，成果不断增多，影响不断扩大，并相继获得多项省级、部级纵向资助项目。在校级重点学科、特色专业和优秀教学团队立项建设中，突出东江文化研究和教育教学特色，先后在本科生中开设了“东江文化研究专题”、“粤东地方史研究专题”等多门选修课程，收到了较好反响。《惠州学院学报》自2009年起，开设了“东江文化研究”专栏，扩大了东江文化研究的影响力，增加了社会关注度。2011年6月，惠州学院为了推进特色办学、加大服务地方的力度，整合文科各学科专业资源，成立了“惠州学院东江文化研究院”。这一整合，提高了东江文化研究的整体水平，推动了学院东江文化研究与教育工作的进程。

2. 研究机构

东江文化研究院拟由惠州学院副院长、惠州市政协副主席许玩宏教授兼任院长，拟由政治法律系成晓军教授担任常务副院长主持日常工作，另拟由徐旭阳教授、肖向明教授、杨子怡教授、杜洪泉老师、刘薰词教授、胡超文老师担任兼职副院长。打算下设东江革命历史文化研究所、东江民俗与方言研究所、东江文学研究所、东江旅游发展研究所、东江教育与人才群体研究所、东江企业文化研究所、东江艺术研究所（包括建筑艺术、音乐艺术、舞蹈艺术、绘画艺术、体育艺术等）、东江籍华人华侨研究所、东江近现代名人研究所等九个研究所，并设东江文化研究院学术委员会（名单待定）、东江文化展览室（包括文字、图片、实物及研究成果的展览）、东江文化研究资料中心。

3. 宗旨与任务

（1）坚持以马克思主义唯物辩证法原则为指导，运用历史学、地理学、文化学、民俗学、心理学、教育学、伦理学、社会学和经济学等理论和方法，对东江文化生成、发展、演变过程的内涵和特征进行专题性的深入探讨，总结、梳理出可供借鉴、吸取的有用成分，为地方文化建设提供可供开发、利用的历史文化资源。

（2）运用历史人类学的田野考察方法，广泛收集与整理东江文献、口述历史资料及东江文物等，有组织有计划地开展东江历史文化相关课题研究，实施东江传统文化资源的抢救与保护。

（4）接受国家、省、部、厅、市等有关部门委托，开展东江文化专题调查研究；申报国家、省、部、厅、市纵向项目，开展东江文化专题调查研究。

（4）出版学术刊物《东江文化》和各类专著；收集整理田野考察报告，推进东江历史文化研究的广度和深度；办好《惠州学院学报》“东江文化研究”专栏和《惠州日报》的“东江文化”专栏，扩大东江文化研究和应用的学术和社会影响。

（5）把研究成果融入大学课堂，开设东江文化研究的相关课程，在大学生教育教学中弘扬与传播东江文化。

（6）为从事东江历史文化研究的学者和社会各界人士提供资料性和咨询性服务，定期举办研讨会、学术论坛等，邀请校内外人士参加，促进学术交流。

4. 东江文化研究资料中心

东江文化研究资料中心旨在搜集和保存有关东江地区历史、文化等方面的文献资料，如方志、谱牒（族谱、家谱等）及田野考察所获声像资料、图片等，为东江文化的深入研究和广泛传播提供帮助。目前，拟由思想政治教育重点学科建设经费中拨出四万元，拟由政法系发展基金中拨出两万元，用于《广东省地方志集成》专题资料的购置，2012 年起由学院每年给予三万至五万元专项资金，用于图书资料的购置。

5. 东江文化展览室

东江文化展览室功能包括：①分八至九个专题，用文字配以图片的方式，将东江文化的内涵与特征，将东江文化生成和发展、演变的概貌展现出来；②保存、抢救日渐稀少的东江文化实物，如具有东江地方特色的生活生产器物以及契约文书等东江民间文献，并将这些文物陈列出来；③将现有东江文化研究成果展现陈列出来。

## 二、研究方向与研究人员

1. 东江社会与经济研究方向

以东江革命历史文化研究所、东江教育与人才群体研究所、东江企业文化研究所、东江近现代名人研究所、东江籍华人华侨研究所、东江旅游发展研究所为主，形成以成晓军、徐旭阳、杨凤、关威、刘薰词、叶岱夫、杨志英、李文珊、余彬、黄敏、李远、纪望平、邹富联等为骨干的学术团队。目前，此研究方向成果最多。

2. 东江文学与艺术研究方向

以东江文学研究所、东江艺术研究所为主，对东江地区传统文学、传统建筑艺术、音乐艺术、舞蹈艺术、体育艺术、绘画艺术等作专题研究，形成以杨子怡、杨林夕、李彦、杜洪泉、杨中华、潘胜、刘国钊、胡超文、岳晓云、罗晓敏、陈璐等为骨干的学术团队。目前，此方向已有数项省级、部级纵向项目在紧锣密鼓地进行。

3. 东江民俗与方言研究方向

以东江民俗与方言研究所为主，形成以肖向明、刘志生、张青松、吴映萍、张菊梅、张小平、庄丽丽等为骨干的学术团队。目前情况看来，此方向基础较薄弱，成果较少，但此方向很重要，必须作为重点研究方向加以培育。

4. 客座教授

学院拟聘任国内外知名专家学者任东江文化研究院客座教授，名单待定。

## 三、主要学术活动

1. 现有研究课题

据初步统计，校级、市级、厅级、省级、部级纵横向课题（包括已完成者和正在进行者）约30项，下半年将用一览表展示在东江文化研究院。

2. 学术论著及专题研究文章

学术论著据初步统计约15部，下半年将用一览表展示在东江文化研究院，并将成果陈列在展室；文章约有100篇，重要文章将于下半年陈列在展室。

3. 学术研讨会

（1）2009年12月，举办首届东江文化全国学术研讨会，代表名单、论文题目、新闻媒体有关报道和会议图片下半年将列表展示。

（2）已拟定于2011年9月底，由东江文化研究院与仲恺高新科技开发区管委会、市廖何研究会联合举办纪念辛亥革命在惠州100周年报告会，经费由仲恺区管委会筹拨。

4. 东江文化教育

（1）已在政法系本科专业中开设"东江文化研究专题"、"粤东地方史研究专题"等课程。

（2）自2005年以来，政法系本科生毕业论文选题与东江文化研究有关者达10%～15%。

（3）政法系本科生参与教师科研课题和承担的科技创新课题，有20多项与东江文化研究相关。

（4）2012年，学院将请文科各系相关专业设计并开设有关东江文化研究的课程，且要求按学科专业将相关研究成果融入课堂教学。

（5）2012年启动两至三部东江文化教育教学方面辅助教材的编写工作。

（6）由教师带队指导，定期组织高年级学生分赴东江地区作调查研究。该调研一般在暑期进行，列入各系及学工处、团委创新项目立项。

5. 服务地方

东江文化研究院必须注重应用研究，积极参与，为地方经济建设服务，为地方政府制定经济文化发展工作献计献策。如地方政府规划的制定，文化产业的开发，旅游业务的指导，东江建筑遗产和非物质遗产民俗活动的开展和开发、保护过程中的指导等。服务地方的详尽规划，待下半年各研究方向负责人论证汇总后再予以确定。

有三点需要说明：

（1）此方案中的有关内容可作为东江文化研究院成立后用以对外宣传的重要依据。

（2）兼职副院长的分工如下。徐旭阳和刘薰词主要兼管东江革命历史文化研究所、东江教育与人才群体研究所、东江企业文化研究所、东江旅游发展研究所、东江近现代名人研究所、东江籍华人华侨研究所科研业务，两位兼职副院长密切合作，协调各研究所科研重点。肖向明兼职副院长主要负责东江民俗和方言分块研究的业务和两大块科研力量的协调。杨子怡、杜洪泉和胡超文兼职副院长，主要负责东江文学和东江艺术科研业务，以及此重点方向科研力量的协调，其中杨子怡主要负责东江文学的研究团队，杜洪泉主要负责东江音乐艺术、舞蹈艺术和体育艺术的研究团队，胡超文主要负责东江建筑艺术和绘画艺术的研究团队。

（3）未来五年规划中有以下重点选题由成晓军负责实施完成。一是《东江文化概论》；二是《惠州西湖与东江文化》；三是《东江民俗与民间艺术》；四是《东江革命历史文化研究》；五是《东江书院教育与东江文化》；六是《东江藏书家与东江文化》；七是《东江历代人才群体研究》；八是《中原移民与东江文化》；九是《东江贬谪文化研究》；十是《历代外来名人学士与东江文化》；十一是《廖仲恺家族文化史研究》；十二是《东江十大政治文化名人》；十三是《东江艺术研究》；十四是《历代守惠官吏与东江文化》。

上述选题以项目委托形式落实到人，主要由本研究院力量承担完成，同时可聘请省内外专家学者承担完成。立项前须有论证报告书，立项后须有开题报告书，须组织本院学术委员并适当邀请省内外专家参加论证会、开题报告会和结题座谈会，以保证质量，生产精品。

（说明：此方案作于2011年5月底。）

# 东江客家人·东江文化概说

## 一、东江人概说

### 1. 东江人界说

东江人特指从古至今生活在东江区域的人群。历史上的东江地区包括现今惠州、河源、汕尾、东莞、深圳之宝安和广州之增城等地。公元591年，隋王朝设循州总管府于惠州，府治在今惠州市区中心公园附近；五代十国时，岭南属于南汉统治。公元917年设祯州行政建制，州治在惠州市区；宋真宗赵恒天禧五年，即公元1021年，为避太子赵祯讳，祯州改称为惠州。从此，惠州之名沿袭至今。直到1949年10月新中国成立时设置的东江专员公署所辖区域，基本上没有超出上述范围。

东江人主要组成部分是客家人，而客家人指历史含义上的客家人，即从外地迁徙而来的人被本地土著人称为客家人。他们的先民主要是中原人，包括由于战乱等原因被迫从中原迁徙到南方的江西、广东、福建等地的人，也包括迁徙到台湾地区、东南亚、非洲等地的人。

### 2. 中原人五次南迁及其原因

客家先民从中原迁居南方总计有五次。

第一次大迁徙发生在东晋，由中原迁徙而来。具体来说，为河南中部、北部、西部和陕西等地迁至湖北和河南南部，以及安徽、江西沿长江南北岸，到达赣江上下游。这是客家人南迁的第一个时期，时间在公元317年至879年。

这次迁徙主要受五胡乱华的影响。五胡指匈奴族、鲜卑族、羯族、氐族和羌族五个少数民族。匈奴族在战国时期游牧于燕国、赵国和秦国以北。东汉时分为南北两部，北匈奴被汉王朝击溃，余部西迁至西域以西，匈牙利、奥匈帝国不少先民为匈奴人。南匈奴则归附于汉王朝，不少人后来完成汉化。西晋末年，社会动荡不安，阶级矛盾突出，匈奴等五个少数民族乘机率部进扰中原，先后建立起十六国政权，即五凉（前、后、南、北、西），二赵（前、后），三秦（前、后、西），四燕（前、后、南、北），夏和成汉。

第二次迁徙在唐朝末年，时间在公元880年至1126年。客家先民由安徽、河南、湖北、江西等第一次南迁旧居地，再迁徙到安徽南部以及江西东南部、福建西南部和广东东北边境。

这次迁徙主要受唐朝末年黄巢起义的影响。黄巢起义军于公元880年初冬攻占汝州，自称天补大将军。随后攻占洛阳、潼关、长安，士族纷纷南逃。

第三次大迁徙发生在宋高宗南渡后，时间在公元1127年至1644年。客家先民由第二次南迁旧居地分别迁徙到广东东部和北部。

这次迁徙主要受金人南下及蒙古族入主中原之影响。金人即女真族，世居松花江之东，服属于辽，国号金，后为蒙古族所灭。金人南下迫使宋室南迁，南宋王朝由此产生。

第四次大迁徙发生在明末清初，即公元1645年至1867年，客家先民由第三次南迁旧居地分别迁徙到四川、湖南和台湾、贵州等地。

这次迁徙主要受满族入主中原之影响。满人为女真族后裔，由皇太极改称为满族。

第五次大迁徙发生在清朝同治年间，即公元1862年至1873年，客家先民由前几次南迁旧居地分别迁徙到广东南部和海南岛等地，这次迁徙主要受太平天国农民起义的影响。太平天国农民起义持续了14年之久，影响遍及大半个中国，江南地区，尤其是江西、福建和广东东部的封建统治秩序大乱，阶级矛盾异常尖锐激烈，不少士族和绅富之家纷纷迁徙到相对安定的海南岛等地。

2. 迁居海外

客家人迁徙到南洋各地及南北美洲，主要是在第三、第四、第五三个大迁徙时期。同时，元帝国铁蹄西进，足迹涉及红海、地中海，并曾一度占领过莫斯科、巴格达等地，所以，也有部分客家人定居中亚、西亚和东欧等国家和地区。

南宋末年，首都临安被元军攻陷，君臣南下，奔走广东沿海。客家人大都起兵勤王，文天祥转战抗元的各个地区，更是客家人居住之地。南宋王朝灭亡后，大批臣民先后逃亡到东南亚等地。

明末清初，因与外界联系较多，客家人为了生存，远赴海外经营工商业。有的人因此发家致富，就又吸引一部分广东、福建等地的客家人迁居海外。这其中还有一个重要原因是海上丝绸之路的兴盛，不少人通过这条道路到海外谋生。

清朝同治年间，因太平天国农民起义被镇压，还有因当时广东西部客家人与土著人发生矛盾以致一部分客家人被迫迁往海外，刘永福黑旗军等部分起义军将士及家属较多地迁徙到海外以求生存，而惠州等地的客家人主要到达南北美洲等地做工侨居。

总体而言，客家人迁居海外的原因，或由于战乱，或由于饥荒，或由于兵灾，或由于匪盗，或由于土客矛盾，或由于政府鼓励，或由于海外经济发展的吸引。

3. 客家人分布状况

江西省的纯客家人居住县共十个，有寻乌、安远、定南、龙南、虔南、信丰、南康、大余、崇义、上饶。这些县的客家人有的是唐宋时期迁入的，有的是明清时期或以后从福建、广东迁入的。江西省非纯客家人居住的县达 17 个，如吉安、修水、萍乡等县。

福建省纯客家人居住县共八个，有宁化、长汀、上杭、武平、永定、将乐、沙县、南平。这些县的客家先民大都是唐宋时期迁入的。福建省的非纯客家人居住在龙岩等七个县。

广东省客家人居住县共15个，包括梅县、兴宁、五华、平远、蕉岭、大埔、连平、和平、龙川、紫金、仁化、赤溪、始兴、英德、翁源。这些县客家人的先民大都是五代至明朝初年迁入的。广东省非纯客家人居住的县有惠阳、海丰、陆丰、博罗、龙门、东莞等50个。

广西壮族自治区没有纯客家人居住县，但有45个客家人居住县，包括柳州、蒙山、藤县等。

湖南省没有纯家人居住县，但有客家人居住的县有五个，包括浏阳、平江、宜章、郴县、汝城。这些县客家人先民一般是清朝初年从广东或江西迁入的。

台湾虽无纯客家人居住县，但有客家人居住的县有五个，包括彰化、新竹、高雄、屏东、苗栗。这些县的客家人主要是清朝初年从广东、福建迁入的。

此外，贵州省榕江县也有客家人居住。

海外的客家人，主要分布在南洋群岛各国，以及越南、新加坡、缅甸，还有南北美洲、西印度群岛等各国。

4. 东江客家人分布状况

东江地区有40多个民族，绝大部分为汉族，汉族的先民大部分是客家人。这些客家人主要是中原人、福佬人。中原汉民迁徙东江地区的时间在公元前214年，秦始皇平定百越之后，一些中原人开始落户于龙川一带。公元前111年汉武帝用兵岭南后，又迁入不少中原军士及其家眷。宋元时期，中原人移居东江地区数量增多，明末清初，不少福佬人也加入了东江地区移民大军行列。

## 二、东江文化概说

文化包括心态（精神）文化、物态（物质）文化、制度文化和行为文化四个方面。

1. 东江文化含义

文化由人来传递，东江地区的人群主要是客家人构成，同时又有相当数量的潮汕人、广府人，这就决定了东江文化的自成体系，它的要质和主体虽属客家文化，但又不是纯客家文化，因为特殊地缘因素起作用，使得东江文化又体现了广府文化和潮汕文化的成分。珠江三角洲九市中有深圳、东莞、惠州在东江地区（就历史演变而言，属于以惠州为主体的东江地区，甚至香港先民相当一部分是东江客家人），所以研究东江文化对于促进珠江三角洲经济社会的发展具有十分重要的意义。因为，文化的深层部分是思想观念、人的素质问题。2004 年开始，惠州提出了“四东文化”的文化建设思路，但“四东文化”的提法不妥。一是将具体文化要素，如东坡寓惠文化同完整的文化概念等同，混淆起来了。二是割裂了东江区域文化发展的整体性、联结性。三是只盯住现实的惠州区域和惠州文化，而忽略了历史的东江文化和东江文化发展演变的历史。四是“四东文化”没有抓住中心，不能体现出“人无我有，人有我独”的文化建设策略。现在省里和市里已经产生了比较一致的意见，不再使用“四东文化”的提法，而用东江文化来涵盖历史的东江文化和东江文化的历史。

2. 东江文化传统

文化传统主要指的是思想观念、价值取向等。东江文化继承了中原汉文化传统，如重教崇文、自强不息、崇老尚古、勇担道义等，又形成了吃苦耐劳、开拓进取、善于沟通、兼容并包等特色。

3. 东江文化精神

东江文化精神与东江文化传统紧密联系在一起。

（1）爱国爱乡。这种精神在日常生活中表现为急公好义、乐善好施；在外敌入侵时表现为舍身救国。

（2）勤朴好洁。这种精神在工作上表现为刻苦勤劳、毫不懈怠；在生活上表现为俭朴节约；务农上表现为敦仆力田；经商上表现为苦心经营；治学上表现为孜孜不倦。敬业精神强，游手好闲少。

（3）重教崇文。因受儒家思想影响较深，东江客家人守礼节、重道义、讲伦理、讲宽容、讲立功、立德、立言。

（4）崇文与习武并重。东江客家人讲究“写得、打得、讲得”，即文武双全。这可能与客家先民迁徙各地的环境条件有关联。东江客家人习武传统原因有三：一是保卫国家民族的需要；二是保卫家园的需要；三是外出谋生的需要。

（5）团结互助。这种精神表现为生产上通力合作，生活上睦邻相处。这种精神形成的原因有三：一是宗族观念较强；二是从外地迁入，必须凝聚和协调内部力量以对外；三是深受儒家传统的影响。

（6）开拓进取。与传统汉民族“安土重迁”的价值观有所不同的是东江人勇于开拓进取，善于向外发展，心境海纳百川、兼容并包。这与东江文化生成演变的多元化特点紧密联系在一起。东江人到海外打拼的人较多，其中一个主要原因就是开拓进取。东江妇女不缠足，除了下地劳动的原因，还在于东江地区没有那么多清规戒律。东江民间信仰不定于一尊，皆因受海纳百川、兼容并包文化传统的影响。

4. 东江客家人的服饰

总体来说，东江人服饰最突出的特点是朴素无华。如东江客家妇女服饰无裙装，由此派生出东江客家妇女对针织女红不在行。这由以下五点原因形成：

一是东江客家人饱经艰难的移民生活，造就出俭朴的性格与心态，由此而代代相传。

二是东江客家人移居之地大都是贫瘠之地，生存条件艰苦，使他们养成了艰苦奋斗、勤俭持家的传统风尚。

三是东江客家人长时期以务农为本，商品经济不太发达，沿袭着男耕女织的纯朴风尚。

四是东江客家人所居之地大都气候炎热，衣饰要求相对简单。

五是东江客家人居住之地大都不产蚕桑，从而对丝绸制品等高档衣饰品不很讲究，他们通常就地取材，以麻、棉为衣服的原料，所出衣饰皆简单实用，朴素大方。

需要指出的是，这里主要是由古代客家人与其他区域人群相比较而言的。

5. 东江客家人的饮食

（1）主食：东江客家人以稻米为主食；杂粮则有番薯、芋头、粟米、豆类等。

（2）蔬菜：芥菜是古代东江客家人每天三餐必备之菜，主要用来制作咸菜，便于下饭。此外主要有蕹菜、茼蒿、芥兰、白菜、豆角等多种多样的蔬菜。

（3）果品：因水土气候的关系，有荔枝、龙眼、橄榄、杨桃等特产。

（4）饮料：东江客家人喜饮黄酒。黄酒酿于冬季，又名冬至酒。主要有兴宁“珍珠红”、汀州陈缸酒、龙岩陈缸酒等。流行于梅州、惠州、河源等市县的“老酒”（黄酒中酒味最佳者）可保存数十年之久，早在宋代就已闻名于世。

客家人迁徙南方后，受当地水土气候和传统饮食文化的影响，除好食水产外，还自创了许多风味食品，如逆糍、粉果、糖丸、水板、东江春卷等。

此外，盐焗鸡长期流行于东江流域；白切鸡（又名白斩鸡），也是一大特色；鱼丸、牛肉丸、猪肉丸均别具一格；酿豆腐、干咸菜焖肉、炒仔鸭等也风味独特。

6. 东江人的民居风格

（1）类型多样，主要有以下几种：圆楼，是客家先民早期迁徙到南方的建筑形式；方楼，主要指方形土楼；五凤楼，沿山坡地势而建成的阶梯式客家民居形式；殿堂式建筑，继承了古代中原汉族府第风格的民居形式；围龙屋，由圆楼发展变化而成，由全封闭变为半封闭形式，也是殿堂式的扩大形式。

（2）民居艺术特点：一是突出防御性能；二是聚族而居的庞大规模；三是向心内聚的空间形式；四是对风水观念的体现；

五是优美独特的造型；六是高超的版筑技术。

（3）民居用途特点：一是坚固性；二是实用性；三是安全性；四是经济性。

7. 东江客家人的风俗礼仪

（1）东江客家人的婚姻礼俗：东江客家人的成婚过程，保留了较完整的传统礼制。特点有二：一是盛行童养媳婚；二是“隔山娶”，沿海客家地区侨乡多有此习俗，是在南洋的男子为照顾家乡父母而产生的习俗。

（2）丧葬礼俗：东江客家人重视古代汉民族传统的丧葬礼俗，但其沿袭的二次葬又有自己的特点，究其原因有两点：一是客家人的生活特点，即流动生活方式；二是客家人看重风水、“信堪舆”等信仰。

8. 东江客家人的宗教信仰

东江客家人的信仰有以下五个特点：一是注重祖先崇拜；二是淫祀、巫风之习较重；三是酷信风水之说；四是信佛，最信观世音菩萨，独尊定光佛；五是对西方基督教的信奉。但总体而言，东江客家人的宗教信仰的实用性较突出，各种神灵都可能成为东江人信奉的对象。

9. 东江客家山歌

（1）来源：东江客家山歌除了受到中原文化的影响，也从南方诸族民歌中吸取了养分。

（2）类别有三：一是情歌；二是生产歌；三是生活歌。如生产和生活的歌谣《丰湖渔唱》，早在明代在惠州就很流行，后来转化为西湖歌，也叫惠州西湖歌。

需要指出的是，我们在这里所说的东江客家人和东江文化，主要指的是传统的、以客家人为主体的东江人和东江文化。

**参考资料：**

1. 罗香林著：《客家源流考》，中国华侨出版公司 1989 年版。

2. 吴永章著:《客家传统文化概论》，广西师范大学出版社2000年版。

3. 刘佐泉著:《客家历史与传统文化》，河南大学出版社1991年版。

4. 司徒尚纪著:《广东文化地理》，广东人民出版社1993年版。

5. 惠州市惠城区地方志编纂委员会编:《惠州志·艺文卷》，中华书局2004年版。

6.（清）光绪朝修:《惠州府志》，惠郡城北文昌宫1881年刊本。

7. 惠州市地方志编纂委员会编:《惠州市志》，中华书局2008年版。

**（说明：本文系笔者为四十二集团军副团职以上人员所作专题报告的课件文稿。）**

# 孙中山与1923年东征讨陈之役史事日志

传统观点将1925年2月至3月和10月的两次讨伐陈炯明叛军之役分别称作为第一次东征和第二次东征，而对于1923年5月至11月的讨陈之役，不仅未纳入东征范畴之内，而且很少有人对其历史地位加以重视和肯定。人们充分认可1925年的两次东征，首先考虑的是其国共合作的性质，其次考虑的是1925年10月的东征最终将陈炯明叛变势力摧毁，将经营多年的、以惠州为主体的东江地区正式纳入了广东革命根据地的管辖范围之内。而对1923年5月至11月的东征讨陈之役不予重视的原因主要在于，首先是认为它不属于国共合作的产物；其次是认为这次讨陈之役未能攻占惠州，未能将以惠州为主体的东江地区纳入广东革命政权的范围。实际上，1923年5月至11月的东征讨陈之役在中国革命史上占有重要的地位，尤其与孙中山的关系非常密切，应将此次东征讨陈之役视作第一次东征，而将原有的第一次东征和第二次东征更名为第二次东征和第三次东征。

## 一、辑录孙中山与1923年东征讨陈之役史事日志的目的、意义和价值

（1）孙中山1923年发动的东征讨陈之役，其目的是为了巩固广东革命策源地和根据地，以便广泛开展国民革命运动，进而统一全中国，推翻北洋军阀政权和帝国主义对中国的奴役统治。而要巩固广东革命根据地，就必须铲除盘踞在东江地区的陈炯明叛军势力。只有铲除陈炯明势力，“广东从此可告太平，

而北敌亦不敢再犯广东矣”①。

（2）孙中山于1923年初已基本确立了“联俄、联共、扶助农工”三大政策，发表了《中国国民党宣言》，着手筹备国民党改组工作，并实行国共合作、依靠农工等面向劳苦大众的方针。孙中山这一思想的转变，与陈炯明在1922年6月中旬的叛变有直接关系。为了革命目标的实现，孙中山决定组织东征联军主动讨伐陈炯明叛军，以便在军事上、政治上获得有利的环境条件进行国民党改组、实现国共合作、开展国民革命运动。

（3）1923年3月初，孙中山在广州设立了海陆军大元帅府，第三次在广东建立了革命政权。在孙中山的影响下，滇、桂、粤、湘等地方军事势力依附在他的旗帜之下，尽管各方军事势力各自怀有目的，但保证了充足的军事力量对陈炯明叛军发起攻击。

（4）孙中山于1923年5月2日派桂军刘震寰部集结石龙；5月10日，派蒋介石赴石龙部署军事；5月20日任命程潜为东江讨贼总指挥，统率滇、粤、桂联军分路直捣陈炯明叛军巢穴惠州。

（5）孙中山认为：“倘东江不能早日肃清，则北敌必再来，而彼万无在粤安享之理；如能见机，当为一劳永逸之计也。”②他又明确指出：“此次非众志成城，大举东征，决一个月之精力，不能扫灭惠、潮之敌，而为一劳永逸计也。且成败之局，则决于此。”③

（6）1923年东征讨陈之役自5月至11月，历时半年多，孙中山既是东征联军最高统帅，又是前线直接总指挥，他认识到“军事非我亲临前敌，必难速行解决”④。在这半年多时间

① 《孙中山全集》（第八卷），中华书局1986年版，第71页。

② 《孙中山全集》（第八卷），中华书局1986年版，第63页。

③ 《孙中山全集》（第八卷），中华书局1986年版，第167页。

④ 《孙中山全集》（第七卷），中华书局1986年版，第514页。

中，孙中山频繁往来于东江前线各重要军事据点，整整两个月时间没有离开过战火纷飞的战场。是年7月26日，孙中山不得不暂时放下改组党务、外交联络等工作，从广州再次亲赴东江前线，并于8月4日致函胡汉民等人，“文在外专注于军事，无暇分神于其他。一切政事，统由展兄代行，至其例外发生之事，请四兄会议定之”①。（按：展兄即字为展堂的胡汉民；四兄即胡汉民、程潜、廖仲恺、杨庶堪）8月23日至9月27日这一个多月时间里，孙中山几乎吃住在东江前线。

（7）由于陈炯明从香港回到惠州，调集援军全力设防，更因东征联军内部涣散、军饷给养困难，东征联军不仅失守惠州外围军事指挥策划及给养补充基地博罗，被迫从惠州城外高地飞鹅岭撤出，总攻惠州城的计划数次落空，而且致使陈炯明叛军持续逼近广州，广州城危在旦夕。在这关键时刻，孙中山一方面于是年11月14日召开广州保卫战军事会议，任命滇军总司令杨希闵兼滇粤桂联军前敌总指挥，随后又急调谭延闿从湖南率湘军回援广州、豫军樊钟秀部移踞广州近郊，做好反攻陈炯明叛军的准备；另一方面，孙中山主动接受苏联顾问鲍罗廷的建议，与中国共产党人真诚合作，由中共发动广州及近郊工农群众协助广州保卫战。是月20日，围攻广州的陈炯明叛军被击退，不得不重新退踞惠州。

（8）1923年5月至11月的东征讨陈之役，以广州保卫战的胜利、陈炯明叛军重新退踞惠州为标志宣告结束。此次讨陈之役尽管未能将陈炯明叛军消灭掉，但它取得了成功，因为广州革命政权比以前牢固了，以广州为中心的广东革命策源地的重要地位已经确立下来。在这个基础上，为了阻止北敌方本仁等部入侵广东，孙中山在广州保卫战胜利后不久，将湘、滇等军调赴韶关，任命谭延闿为北江各军总司令，指挥南始战役。孙中山本人则将主要精力投到国民党改组、筹备召开国民党一

---

① 《孙中山全集》（第八卷），中华书局1986年版，第80页。

大等工作之中。

(9) 1923年5月至11月的东征讨陈之役是对1925年两次东征最终统一广东的铺垫，其与后两次东征存在不可分离的连续性。

(10) 1923年5月至11月的东征讨陈之役，尤其是广州保卫战的胜利，“直接促进了国共合作和大革命的兴起”；“孙中山保住广州还为国民党完成改组提供了合适的地点”；“从根本上说，广州局势的稳定对召开国民党代表大会是极为重要的”。因为，“如果广州被叛军攻下，就不可能在1924年1月召开国民党一大以正式建立国共合作，也不可能在6月建成黄埔军校，更不可能在广东首先掀起工农运动的高潮”①。“广州保卫战的胜利，使孙中山领导的南方革命政权在广东的西江、北江和珠江一带站稳了脚跟，并日益巩固和发展。广州保卫战的胜利，也使中国国民党第一次全国代表大会能够在广州顺利进行。”②

(11) 通过1923年的军事斗争，尤其是通过直接领导和指挥东征讨陈之役和广州保卫战，孙中山在思想上和行动上发生了根本性转变和质的飞跃，主要表现在“重民”以改组国民党，实现国共合作，开展广泛的国民革命运动；创建黄埔军官学校，以培养革命军事人才，缔造革命军队。他在1923年12月间指出：“我们已经将陈炯明叛军打得七零八落，在广州方面亦可说是兵力之成功。但将来能收得效果若干，将来结果如何，诚不能预定。”经过反思后，他认为：“吾党想立于不败之地，今后奋斗之途径，必先要得民心，要国内人民与吾党同一个志愿，要使国内人民皆与吾党合作，同为革命而奋斗。必如此方可以成功；且必有此力量，革命方可以决其成功。”他的理由是：“以兵力战斗而成功，是不足靠的；以党员力量奋斗

---

① 邱捷著：《孙中山领导的革命运动与清末民初的广东》，广东人民出版社1996年版，第162~163页。

② 黄修荣著：《国民革命史》，重庆出版社1992年版，第93页。

而成功，是足靠的。”[①] 这种认识，是孙中山对民众力量重视的结果，而对民众力量的重视，又由东征讨陈之役，尤其是在广州保卫战过程中与中共及工农大众合作而形成的。孙中山在反思历次革命运动、武装斗争不得成功的经验教训，尤其是在1923年包括东征讨陈之役在内的军事斗争中认识到，手中未能掌握到一支真正有主义、有信仰的军队，革命就不会成功。在东征讨陈过程中，滇、桂等地方军队为一己私利，不听指挥调遣，讨价还价，是导致战场上不利局面时有发生的重要原因。1923年12月2日，孙中山在演说词中指出：“从前滇、粤、桂诸联军在东江和陈炯明的叛军打仗，一败到博罗，再败到石龙，到了上月十七日，陈家叛军打到石牌，广州人心便非常摇动，几乎有不能保守的现象。”[②] 在东征讨陈过程中，滇、桂等军并非为“主义”而战，较大程度上是为金钱而来，不仅不听孙中山指挥，而且擅开烟赌，截留饷税，即便是许崇智的粤军，也是内部矛盾重重，战斗力不强，甚至有部分海军军舰在直系军阀拉拢下先后叛归北方。[③] 通过东征讨陈之役，孙中山明确认识到：“我们革命，只有革命党的奋斗，没有革命军的奋斗；因为没有革命军的奋斗，所以一般官僚军阀便把持民国，我们的革命便不能完全成功。”[④] 从而他决心“创建革命军”，以便“挽救党的危亡”。[⑤]“有和革命党的奋斗相同的军队，才叫做革命军”[⑥]，孙中山特别强调，培养和造就“革命军”的途径，就是创建军官学校。在东征讨陈之役的关键时刻，即1923年10月15日，他在主持中国国民党党务会议时，重点讨论了建立军

---

① 《孙中山全集》(第八卷)，中华书局1986年版，第431页。

② 《孙中山全集》(第八卷)，中华书局1986年版，第468页。

③ 邱捷著：《孙中山领导的革命运动与清末民初的广东》，广东人民出版社1996年版，第150～151页。

④ 《孙中山选集》，人民出版社1981年版，第917页。

⑤ 《孙中山选集》，人民出版社1981年版，第917页。

⑥ 《孙中山选集》，人民出版社1981年版，第917页。

官学校的议题，通过了“建立陆军讲武堂于广州”的提案。是年12月，国民党临时中央执委会议通过了建立军官学校的决议，命名为“国民军军官学校”，任命蒋介石为筹备委员会委员长。1924年5月，一所最后定名为黄埔陆军军官学校的革命军校正式成立，蒋介石任校长，廖仲恺任党代表，周恩来任政治部主任，叶剑英、恽代英、肖楚女、聂荣臻等中共党员皆为当时该校师资力量中的骨干。

（12）孙中山作为1923年5月至11月东征讨陈之役的统帅、前敌总指挥，足迹遍及广州、石龙、博罗、惠州以及东莞沿途各重要军事据点。在当时，东江沿线洪水泛滥，不仅自然环境恶劣，而且战火纷飞，随时都有生命危险，但孙中山临危不惧，镇定自如，身先士卒，或吃住阵地，或亲自发射炮弹以鼓舞士气，或冒着敌军的炮弹视察阵地，表现出大无畏的献身精神，给后人留下一笔可资借鉴、利用，开发、弘扬的精神遗产。

## 二、孙中山在1923年东征讨陈之役中的具体史迹

（1）1922年6月16日，陈炯明叛变，炮轰广州中华民国总统府和孙中山在观音山的住所粤秀楼；孙中山脱险后抵海珠海军司令部。

（2）1922年6月17日，海军全体官兵通电讨伐陈炯明。

（3）1922年6月17日，胡汉民在韶关率大本营人员撤离韶关。

（4）1922年8月9日，北伐军回师失利，孙中山被迫离粤经香港赴上海。10日6时抵香港，当日12时启程，8月14日抵上海。

（5）1922年8月15日，陈炯明回广州，在白云山主持叛军军事会议，自任粤军总司令。

（6）1922年8月15日，孙中山在上海发表宣言，公布陈炯明叛变始末及解决国事之主张。

（7）1922年8月17日，孙中山在上海发表宣言，宣布和平统一中国的计划。

（8）1922年8月24日，孙中山与报刊界人士谈论关于国家统一的问题。

（9）1922年8月25日，孙中山在上海会见越飞的代表马林。

（10）1922年8月30日，孙中山致函蒋介石，敦促其来沪商议接待苏俄军事人员事宜。

（11）1922年8月底，孙中山在上海与李大钊会晤，讨论振兴国民党以振兴中国等问题；李大钊等人加入国民党。

（12）1922年9月4日，孙中山在上海召开改组国民党会议。

（13）1922年9月13日，李大钊在北京接受记者访问，转述孙中山关于解救时局的主张。

（14）1922年9月18日，孙中山致函海外同志，尽述陈炯明叛变经过，指出："文率同志为民国而奋斗垂三十年，中间出死入生，失败之数不可偻指，顾失败之惨酷未有甚于此役者。盖历次失败虽原因不一，而其究竟则为失败于敌人。此役则敌人已为我屈，所代敌人而兴者，乃为十余年卵翼之陈炯明。"①自我反思"任用非人"，决心同陈炯明继续斗争。

（15）1922年9月22日，孙中山派汪精卫赴奉天联络张作霖；复函张学良，赞赏其对奉省时局态度："所论奉省暂持冷静态度，以俟时机，实为特识。"② 之后复函张作霖，盼其速定夺合作反对直系军阀的军事方略。

（16）1922年9月29日，孙中山向西方媒介发表声明，揭露陈炯明公布筹组中俄德联盟密件的阴谋。

（17）1922年9月下旬，孙中山命粤军将领许崇智等率部

---

① 《孙中山全集》（第六卷），中华书局1985年版，第555页。

② 《孙中山全集》（第六卷），中华书局1985年版，第558页。

自江西边境向福建进兵。

（18）1922 年 10 月 6 日，许崇智北伐军等部克复福建古田。

（19）1922 年 10 月 12 日，北伐军李福林等部攻克福州。

（20）1922 年 10 月 18 日，陈炯明与吴佩孚勾结，领兵反扑福建。孙中山则任命许崇智为东路讨贼军总司令，蒋介石为总部参谋长。

（21）1922 年 10 月 19 日，邓泽如等在孙中山影响下，于香港策划讨伐陈炯明。

（22）1922 年 10 月 23 日，孙中山致函张开儒，告知其自己拟派邹鲁赴香港，商议讨伐陈炯明等问题。

（23）1922 年 10 月 31 日，邹鲁受命孙中山自上海抵达香港。滇、桂军将领杨希闵、刘震寰、蒋光亮、刘玉山等均派代表到香港接洽。李烈钧、古应芬、吴铁城、谢良牧、谭启秀、廖湘芸、魏邦平等均分头进行。邹鲁致书陈炯明，促其及时醒悟，撤出东江，否则以兵戎相见。

（24）1922 年 11 月 8 日，孙中山复函杨希闵、张开儒，嘱其速图广东。邓泽如则在香港交付杨希闵的代表黄实港币 43 000 元，广东银行券 10 000 元，嘱其携往广西，作杨部滇军开拨经费。

（25）1922 年 11 月 13 日，孙中山复函蔡钜猷、陈渠珍，望其在湘西速起兵讨伐赵恒惕，并指出："统一南北，平定广东，均以解决湖南为急务，而解决湖南，则惟湘西是赖。"①

（26）1922 年 11 月 15 日，孙中山在上海召集会议，审查国民党改组方案；59 人为审查委员，推胡汉民、汪精卫为宣言起草人。

（27）1922 年 11 月 16 日，孙中山致函加拿大顷士顿同志，切望其竭力资助讨伐陈炯明，指出："从来吾党救国，所赖于

---

① 《孙中山全集》（第六卷），中华书局 1985 年版，第 610 页。

海外同志之资助为多，家属方面，供亿尤力”；又说：“救乡救国，畴肯后人，出力出财，各宜尽责。”①

（28）1922年11月19日，孙中山复电蒋介石，嘱其克服一切困难，回粤完成讨贼任务。

（29）1922年11月21日，孙中山致函蒋介石，嘱其坚守福州，并论及联俄问题时指出：“望兄切勿稍萌退志，必期达灭陈之目的，而后乃能成一段落。”② 又指出：与苏俄及共产党联合“根本之办法，必在吾人稍有凭藉，乃能有所措施。若毫无所藉，则虽如吾国之青年共产党与彼（按：苏俄）主义完全相同矣，亦奚能为？所以彼都人士，只有劝共产党之加入国民党者，职是故也。此可知非先得凭藉不可，欲得凭藉，则非恢复广东不可。此次广东一复，则西南必可统一，如是便可以西南数省为我凭藉，则大有办法矣”③。

（30）1922年11月28日，滇军杨希闵派参谋长夏声为代表，到香港与邹鲁磋商讨伐陈炯明的问题。

（31）1922年12月6日，孙中山致函列宁，告知不久将派代表赴莫斯科磋商合作事宜。

（32）1922年12月16日，孙中山在上海召开会议审议国民党改组宣言。

（33）1922年12月19日，东路讨贼军攻克福建泉州。

（34）1922年12月20日，孙中山复函张启荣，促滇军与桂军联合，早日戡定广东之乱。

（35）1922年12月28日，滇、桂军合同粤军攻克广西梧州。是日，孙中山致函蒋介石速攻广东，指出：“潮汕一得，则陈内部必立即瓦解而无疑。”④

---

① 《孙中山全集》（第六卷），中华书局1985年版，第612页。

② 《孙中山全集》（第六卷），中华书局1985年版，第616页。

③ 《孙中山全集》（第六卷），中华书局1985年版，第616~617页。

④ 《孙中山全集》（第六卷），中华书局1985年版，第649页。

(36) 1922年12月30日，孙中山致函越飞，请求苏联给予军备援助。

(37) 1923年1月1日，孙中山发表《中国国民党宣言》，宣布建国主张。并发表《中国国民党党纲》，宣布以三民主义、五权宪法为建国纲领。

(38) 1923年1月2日，滇、桂军一致服从孙中山讨伐陈炯明。是日，孙中山在上海召开中国国民党改组大会，会上通过了党纲和总章，孙在会上发表演说指出："党的进行，当以宣传为重。""俄国五六年来，革命成功，也就是宣传得力。"①

(39) 1923年1月4日，滇桂军攻占广东德庆，孙中山通电讨伐陈炯明；1月9日，滇桂军攻占广东肇庆，次日克广东三水。

(40) 1923年1月15日，陈炯明通电全国，宣告解职离开广州；16日，滇桂军克复广州，陈炯明逃往惠州。

(41) 1923年1月18日，孙中山在上海宴请苏俄代表越飞等人。

(42) 1923年1月21日，粤、滇、桂各将领举行会议，再次电请孙中山回粤主持大权。

(43) 1923年1月26日，孙中山与苏俄代表越飞联名发表《孙文越飞宣言》。《宣言》指出："中国最要最急之问题，乃在民国的统一之成功，与完全国家的独立之获得。"②

(44) 1923年1月27日，越飞、廖仲恺赴日本会谈《孙文越飞宣言》细节，达成苏联将援助国民党设立军官学校协议。

(45) 1923年2月2日，东路讨贼军许崇智部奉孙中山命离开福建返回广东讨伐陈炯明。

(46) 1923年2月15日，孙中山与陈友仁等人乘"杰斐逊总统"号邮轮由沪启程回广东；17日抵达香港；21日由香港抵

---

① 《孙中山全集》(第七卷)，中华书局1986年版，第6~7页。

② 《孙中山全集》(第七卷)，中华书局1986年版，第52页。

达广州。是日，孙中山设立大本营，就任大元帅职，以大元帅名义节制海陆各军。

（47）1923年3月2日，海陆军大元帅大本营在广州正式成立，地点于广州农林试验场。委任程潜为军政部长，谭延闿为内政部长，廖仲恺为财政部长，邓泽如为建设部长，古应芬为法制局长，刘纪文为审计局长，林云陔为金库长，杨庶堪为大本营秘书长。

（48）1923年3月14日，孙中山任命陈策为广东海防司令，杨廷培为广东江防司令，苏从山为长洲要塞司令，谢铁良为鱼雷局局长。

（49）1923年3月17日，孙中山任命蒋介石为大本营参谋长，李烈钧为闽赣边防督办；4月10日，改任张开儒为大本营参谋长。

（50）1923年4月16日，孙中山下令讨伐沈鸿英叛乱；30日，沈鸿英叛乱平息。

（按：以上史实系孙中山发动1923年5月至11月东征讨陈之役的铺垫。）

（51）1923年5月2日，孙中山令刘震寰部集结广州近郊石龙，防备陈炯明军来犯。

（52）1923年5月3日下午3时，孙中山乘火车前往东莞大朗、高塘等处慰劳士兵；当日9时半返回广州。

（53）1923年5月7日，陈炯明叛军在惠州召开军事会议，决定分三路进兵广州，即练演雄由石里沿广九路迫石龙；熊略由水路进发；杨坤如绕出龙门、从化包过石龙，直趋广州。

（54）1923年5月10日，孙中山调北路滇军增防东江沿岸。是日，蒋介石受命赴石龙，与各军首领会谈攻守事宜。

（55）1923年5月14日，刘震寰东征讨陈军占领离惠州城约30公里的博罗。

（56）1923年5月16日，孙中山赴东江前线巡视并慰劳各军。

（57）1923 年 5 月 20 日，孙中山任命程潜为东江讨贼军总指挥。

（58）1923 年 5 月 23 日，孙中山赴东江前线巡视并慰劳各军；蒋介石受命抵达博罗与刘震寰商议作战计划。是日，孙中山密电许崇智，嘱其坚守潮汕；又密电海军将士，嘱众将士与许崇智固守潮汕。

（59）1923 年 5 月 24 日，孙中山召集各军官急议应付北敌进逼韶关之策。

（60）1923 年 5 月 25 日，陈炯明部林虎等军占领潮州、汕头，许崇智部分别退向揭阳、黄冈。

（61）因潮汕失守，孙中山决定兵分三路进攻惠州作为牵制，留刘玉山守博罗。是日，东征讨陈联军占领惠州城外要地飞鹅岭。陈炯明令熊略、练演雄分兵包抄博罗。刘玉山退踞石龙；增城联军被迫退出增城。

（62）1923 年 5 月 29 日，孙中山深夜召蒋介石筹议退敌之策。

（63）1923 年 5 月 30 日，孙中山赴石龙，设行营。当晚，召集前敌各军长官会议决定，以刘震寰部第一师为右纵队，由石龙沿东江左岸往广和墟向惠州城之敌前进；以杨希闵部廖行超旅为左纵队，经铁场向博罗城北侧前进；由刘震寰率第二师、第四师，另桂军刘玉山部为中央纵队，由石龙沿东江右岸向博罗城之敌前进。

（64）1923 年 6 月 1 日，孙中山赴前线督战；出征期间，由胡汉民代行大元帅职权。

（65）1923 年 6 月 3 日，孙中山驻石龙督师；次日，东征讨陈联军再次占领博罗；孙中山在石龙商会欢迎会上发表演说，指出此次东征系平民与军阀之战。

（66）1923 年 6 月 6 日，孙中山赴博罗视察阵地，夜宿胡思舜营地，商议肃清东江右岸敌军之计划。

（67）1923 年 6 月 7 日，孙中山赴惠州前线视察，中午至白沙堆，步行过红泥坑，巡视惠州北门阵地，又至飞鹅岭下之花园水慰问负伤之刘震寰，深夜二时返回白沙堆。

（68）1923年6月8日，孙中山亲自督师攻打惠州城，步行至飞鹅岭勉励将士，晚间才返回石龙。是日，范石生师攻入惠州西门，刘震寰部由飞鹅岭攻入惠州城，刘玉山部驻西湖，逼近惠州城脚，飞机多次掷投炸弹，惠州北门被炸毁。次日，东征讨陈联军对惠州城发动第二次攻击。

（69）1923年6月10日，滇、桂、湘、粤联军奉孙中山命对惠州城发起总攻。次日，孙中山赴博罗巡视，在大南洋电船与许崇智、蒋介石等用午餐后，至飞鹅岭巡视阵地。是日晚，孙中山住宿于大南洋电船，与许崇智等商议攻打惠州城的计划。

（70）1923年6月12日，孙中山与许崇智、蒋介石等再赴惠州攻城前沿阵地；6月13日上午，由惠州乘大南洋电船回博罗，下午赴虎门视察。是日，孙中山致电大本营，饬令让新制飞机两架飞赴东江前线。次日早晨抵虎门太平，赴沙头角炮台巡视，受到炮台鸣炮欢迎。闻黎元洪被曹锟逼走北京，北京发生政变，孙中山急忙返回广州。在大元帅府召开紧急会议商讨对策，并与张开儒、胡汉民、汪精卫、谭延闿、杨庶堪等畅谈东江前线形势。

（71）1923年6月20日，孙中山至博罗督师。是日中午12时，孙中山率巩卫军两团，与蒋介石及副官等多人，乘广九专车赴石龙，再转博罗，与许崇智总司令及前线滇、桂各军将领会商攻打惠州事宜。

（72）1923年6月21日，汪精卫奉孙中山命由香港赴上海，与各方接洽应对北京政变。是日，孙中山赶往惠州近郊白沙堆，与刘震寰及东征讨陈军各将领议决，以许崇智部三旅专任攻打惠州之责，调滇军赴援北江战事。次日，孙中山抵达石龙。

（73）1923年6月24日，孙中山下令东征讨陈联军暂停攻打惠州城。

（74）1923 年 6 月 26 日，孙中山在大元帅府召开重要会议，商议发表时局宣言。

（75）1923 年 6 月 27 日，孙中山赴英德慰劳各军，部署讨伐沈鸿英计划。是日，东征讨陈军分三路进攻惠州城，飞机空投散发传单，威吓敌人投降，表示如再顽抗即用重炮轰城。是日，陈炯明由香港入潮汕，亲自部署援救惠州计划。

（76）1923 年 6 月 29 日，孙中山发表对外宣言，痛斥北方军阀，要求列强撤销对曹锟北京政府的承认。

（77）1923 年 7 月 1 日，胡汉民代替孙中山赴东江前线督师。

（78）1923 年 7 月 16 日，因滇军内部涣散，矛盾重重，孙中山重新任命滇军将领。任命杨希闵兼中央直辖滇军第一军军长，范石生为第二军军长，蒋光亮为第三军军长。取消大本营巩卫军，任命朱培德为中央直辖第一军军长。又任命谭延闿为湖南省省长兼湘军总司令。

（79）1923 年 7 月 26 日，孙中山从广州赴东江前线督师。因风大船不能行，故停泊两天。

（80）1923 年 7 月 28 日，孙中山从石龙赴博罗，上午出发，晚上 10 点 30 分抵博罗，船泊离东江南岸一公里左右。次日，在博罗江面轮船上召开军事会议，会商攻打惠州城方略。此时，东江洪水大涨，博罗县城内外均被洪水淹没。上午 11 时左右，孙中山座船起航前往白沙堆，因洪水速涨至一丈又七八尺，座船因载重流急，半途折返博罗。

（81）1923 年 7 月 30 日，孙中山座船仍泊博罗江面。是日天气时雨时晴，下午四时放晴。晚上，座船起航东上。此时，沿途江面洪水汹涌异常，孙中山镇定自如，无丝毫担心生命危险的表现。是日，孙中山致函胡汉民、杨庶堪，告以东江水灾、水稻失收，军队无从购粮，人民不免饥荒，嘱其全力以赴筹措东征讨陈军食粮。

（82）1923 年 7 月 31 日，孙中山座船于拂晓抵达惠州，停泊于城外白沙堆江面。上午，孙中山亲赴梅湖（即惠州西北）山顶指点炮手发炮。炮手苦于炮弹之无力，孙中山告知炮手说："这种六角形火药，因贮藏时间较长，已失效力，须以黑炸药三磅充实原药之藕孔中，因六角形火药有孔如藕，才能发挥效力。"然而，炮手如法操作，炮弹发射虽比原来稍远，但仍不能达目的地。孙中山指出炮手添置炸药量之不足，令其重新装置，连发三弹，最终达到惠州城射程位置。

（83）1923年8月1日上午，孙中山赴刘玉山部勉励将士，中午继续命梅湖重炮阵地炮轰惠州城，下午与由飞鹅岭前来之刘震寰商议军事，随后又与刘同船赴博罗与许崇智会商攻打惠州方案。次日，李烈钧从香港抵达东江前线面见孙中山，商讨变卖广州江西会馆产业事务。8月3日，孙中山返回石龙行营。

（84）1923年8月4日，孙中山专函胡汉民、程潜、廖仲恺、杨庶堪，请胡汉民代行一切政事。他指出："文在外专注军事，无暇分神于其他，一切政事，统由展兄代行。"其他例外事情发生，则请胡汉民与程潜、廖仲恺、杨庶堪协商处理。"若对于一事意见各有不同，则当由我定便是。"[①] 是日，孙中山与廖仲恺等慰劳东江前线将士。

（85）1923年8月6日，孙中山在石龙会见杨希闵，次日返回广州。

（86）1923年8月10日，孙中山视察航空局，指示各机出发至惠州进行轰炸及散发"投降免死"传单。

（87）1923年8月16日，以蒋介石为团长的"孙逸仙博士代表团"代表孙中山启程赴苏联，与苏党、军负责人讨论苏联援助中国革命的问题。团员有沈定一、张太雷、王登云等，他们乘"神田丸"号由上海启程，19日抵达大连，转搭南满铁路客车北行，9月2日抵达莫斯科。孙中山分别致函列宁、托洛斯基以及齐契林。代表团在苏联考察三个月，11月29日从莫

① 《孙中山全集》（第八卷），中华书局1986年版，第80页。

斯科返国。12月15日，蒋介石抵达上海，在途中草成游俄报告书稿，内容包括对俄政策及党务军事意见。

（88）1923年8月17日，孙中山赴广州大沙头航空局视察。局长杨仙逸报告，已在水陆两陆备飞机六架实行侦察、施放任务，并调新造战斗机三架，完成总攻惠州任务。

（89）1923年8月23日，孙中山赴东江前线督师。中午12时乘大南洋号轮船从广州向东江前线进发，晚上九时抵达石龙。当时，天气奇热，船复湫隘，孙中山所居之室，仅容一席，但他泰然不为所苦，“披图握管，决策定计，昼夜不少息”[①]。是夜，许崇智自博罗到达石龙面见孙中山。

（90）1923年8月24日，孙中山于上午8时开船，下午抵达博罗，座船夜泊博罗城南河岸。次日，从博罗返回石龙，调度各军增援惠州攻城。

（91）1923年8月26日，孙中山命许崇智坚守博罗，电催滇军来援；孙中山至平湖与杨希闵商议作战计划。因飞鹅岭失守，敌军已占铜鼓岭、北岭一带高地，博罗北门已被围。孙中山于是命飞机速赴博罗，使守城者知有援应，又命军舰运送粮食弹药援助博罗守军。又屡电广州促滇军来援，但广州滇军待饷不顾博罗之危。是日晚8时，孙中山由平湖回石龙，到达石龙已是深夜11时。同时，致电李福林速来博罗督战；命廖行超部速赴博罗解围；致函叶恭绰，请速筹东征讨陈军费，指出：“此为成败所关，无论如何设法，总希办到为祷。”[②] 次日，因博罗危急万分，孙中山命古应芬回广州催蒋光亮部增援。

（92）1923年8月29日，孙中山由石龙赴博罗，住宿礼村。因连日大雨，石龙水涨七尺，座船从早上启程往博罗，止于礼村。沿途雨急风骤，座船摇摆不稳，但孙中山镇定沉着，

---

① 陈锡祺主编：《孙中山年谱长编》（下册），中华书局1991年版，第1676页。

② 《孙中山全集》（第八卷），中华书局1986年版，第167页。

毫无惧色。此时，惠州飞鹅岭刘震寰部守军遭陈炯明叛军围攻，孙中山接刘急电后亲自复电，告知援军已先后出发，待各军出发后他本人再赴梅湖亲督攻城。次日，由礼村赴苏村，因风雨继至，东江水流激湍，孙中山座船滞于铁岗。31日，孙中山步行至苏村各地察看灾情。

(93) 1923年9月1日，孙中山在座船中指挥援军攻击前进以解博罗之围，夜泊第七碉，令副官于山顶架设烽火，使博罗城东征讨陈军知主帅所在地。次日，孙中山在博罗附近侦察地形，随后回石龙急催各军出发援助博罗守军。因抵石龙之蒋光亮部不听调遣，孙中山急命蒋部参谋禄国藩和李福林部前进，配合博罗守军夹攻陈军，未果。

(94) 1923年9月6日，孙中山对滇军擅自撤退愤慨异常，亲赴前敌视察督战；次日登雄鸡拍翼山督战，夜返石龙。

(95) 1923年9月8日，孙中山从石龙至苏村督战并召开军事会议，下达总攻击令：滇军由博罗北门出为中路，梁鸿楷军由西门出为左翼，许崇智、李福林军由东门出为右翼。次日上午，孙中山等登上雄鸡拍翼山山顶观察战情；下午复渡东江至北岸登山瞭望。

(96) 1923年9月10日，博罗解围，孙中山由军舰护送赴梅湖察看炮兵阵地；11日，在博罗召开军事会议，调永丰舰配合杨希闵部进攻。列席会议者有许崇智、杨希闵、李福林、程潜及滇军、粤军军官数十人；12日，派飞机轰炸惠州城；13日，孙中山再赴梅湖重炮阵地指挥发炮，后返博罗召集将领会议，会后接黎元洪电报，决定返回广州。次日早5时半，座船出发，经石龙于下午4时抵达广州。随行者有上海筹饷局局长陈箇民、全国学生总会陕西代表江伟藩、某军代表徐某及古应芬、黄惠龙与行营人员。

(97) 1923年9月18日，孙中山在中午12时20分偕同参谋、秘书、副官、侍从、卫士约百余人由广州出发到达石龙；19日，至博罗会见各东征讨陈军将领。

（98）1923 年 9 月 20 日，孙中山于上午 11 时抵达飞鹅岭，至炮兵阵地，被惠州城内陈炯明叛军发现，遭敌炮射击，炮弹所落与其相距不到一丈远，随行多为孙中山担心，但他无丝毫惧色。与各部将商定攻城计划后，由程潜与参谋至飞鹅岭督战，孙中山本人返回梅湖。途中忽闻爆炸声甚厉，不久得消息，白沙泊轮爆炸，航空局局长杨仙逸、长洲要塞司令苏从山、鱼雷局局长谢铁良均在事故中殉难。原用以爆破惠州城墙之鱼雷尽毁，预期于 21 日发起惠州城总攻的计划无法实施，孙中山发急电催广州重新运送。①

（99）1923 年 9 月 21 日，孙中山先是亲赴杨仙逸等殉难地点视察，午后复至梅湖重炮阵地，向惠州城亲发六颗炮弹。次日，住梅湖座船上，总攻惠州计划改为第二天夜晚 12 时，并命程潜赴飞鹅岭主持攻城；23 日，住白沙堆，至梅湖炮兵阵地亲发七颗炮弹。

（100）1923 年 9 月 24 日，孙中山亲自指挥，零时开始实施攻城计划，未能破城，复鼓励将士第二次攻城；致电胡汉民转电谭延闿，调原拟援湘之朱培德部增援惠州；次日回博罗。26 日，在博罗部署军事计划，许崇智任中路总指挥，杨希闵任右翼，朱培德任左翼。27 日，留程潜坐镇博罗，孙中山本人返广州。

（101）1923 年 10 月 6 日，孙中山在广州欢迎鲍罗廷抵粤，详细询问苏俄与列宁的情况。

（102）1923 年 10 月 8 日，孙中山主持召开政务特别会议讨论声讨曹锟贿选行为，发布《讨伐曹锟令》。他强调“凡能一致讨贼者，悉以友军相视”②。

（103）1923 年 10 月 9 日，孙中山在广州设宴招待鲍罗庭，

---

① 陈锡祺主编：《孙中山年谱长编》（下册），中华书局 1991 年版，第 1691 ~ 1692 页。

② 《孙中山全集》（第八卷），中华书局 1986 年版，第 260 页。

在欢迎辞中称“苏俄不愧为中国之榜样”。

(104) 1923年10月11日，孙中山主持中国国民党本部改组事务，各部不设正副部长，设主任一人，干事、书记各两人；次日，视察飞机制造厂。

(105) 1923年10月15日，孙中山出席中国国民党党员恳亲大会，号召党员“应该想做大事，不可想做大官”①。他在五天前的党务会议演说中已指出：“今后欲以党治国，当效法俄人。”②

(106) 1923年10月18日，孙中山委任鲍罗廷为国民党组织教练员；次日，致电上海事务所，请孙洪伊密电李大钊赴上海，告知其已委任廖仲恺、汪精卫、张继、戴季陶、李大钊为国民党改组委员。

(107) 1923年10月25日，孙中山在广州主持国民党改组筹备工作会议。与会者约50人，会上集中讨论了国民党的改组，进行改组的计划和纲要、国民党的纲领和章程并选举改组委员会等事务。次日，孙中山在大元帅府主持政务会议讨论东征讨陈军事以及后方粮饷供给等问题。

(108) 1923年10月30日，孙中山至石龙筹划扭转东江前线战局事宜；次日返回广州后，电勉前方将士“竭力扫荡”③。

(109) 1923年11月3日，孙中山亲赴石龙督战。因10月30日，刘震寰部被迫退出惠州飞鹅岭，孙中山与李烈钧至石龙后，召胡思舜、卢师谛、范石生等军长讨论军事。蒋光亮随后到会，孙中山责令前进。旋即亲赴茶山督战，携黄布书“帅驾亲自督战，各宜奋勇向前”④ 字样。次日正午，孙中山乘专车

---

① 《孙中山全集》(第八卷)，中华书局1986年版，第281页。

② 《孙中山全集》(第八卷)，中华书局1986年版，第268页。

③ 《孙中山全集》(第八卷)，中华书局1986年版，第353页。

④ 陈锡祺主编：《孙中山年谱长编》(下册)，中华书局1991年版，第1719页。

赴横沥视察。

（110）1923年11月8日，博罗失守，东征讨陈军前线溃败。次日凌晨3时，孙中山主持军事会议，正午与李烈钧、古应芬、赵宝贤等赴石龙督战。

（111）1923年11月10日，孙中山于石龙命李烈钧拟定反攻陈炯明叛军的命令，并布置了各军驻兵位置，许崇智部集结于铁场附近，刘震寰部集结于荨兰附近，刘玉山部集结于田寮水贝，杨希闵部、朱培德军及赣军集结于联和墟附近。次日，孙中山赴石滩指挥对陈炯明叛军的反攻。

（112）1923年11月12日，孙中山指挥反攻失败，阻止溃退无效，撤回广州。14日，主持军事会议，特派杨希闵兼任滇、粤、桂东征联军前敌总指挥。

（113）1923年11月19日，陈炯明叛军被击退，广州转危为安。20日，孙中山命令各军乘胜追击陈炯明叛军，21日克复石滩；27日克复石龙。

（114）广州保卫战的胜利，标志着1923年东征讨陈之役结束；此次战役之所以胜利，中国共产党人、苏联顾问和广州周边被共产党人发动组织起来的农工大众协同参加保卫战起了重要作用。

［说明：此“史事日志”为拟拍电影《飞鹅岭大战》（暂定名）脚本提供史事依据而作。］

# 廖承志生平展览馆（暂定名）展览文字策划大纲

由于历史文化发展演变多元化，也由于特殊地理环境和人口构成，更由于历史上形成的兼容并包、开拓进取、敢担道义等区域性社会风尚产生作用，以惠州为主体的东江区域在近现代中国发生过诸多重要历史事件，产生过许多重要历史人物。虽然在历史人物中，家族性名人辈出的现象不多见，但廖仲恺家族是其中一例。而在廖氏家族成员中，廖承志又是极具典型意义的人物。在民主革命时期，他受父亲廖仲恺先生人格风范、思想言行的影响，为挽救民族危亡，为推翻帝国主义、封建主义和官僚资本主义三座大山，20 岁时就加入了中国共产党。为了完成党组织交予的各项任务，为了工农阶级的劳苦大众获得自由和幸福，为创建人民当家做主的新中国，廖承志曾先后七次被捕入狱，却始终坚定共产主义信念。在新中国成立后的社会主义建设时期，廖承志身兼数职，担任党和国家重要领导职务，尤其是他在主管中央侨务工作期间，为保护、团结、凝聚海外华人华侨、归国华侨和侨眷，激发其热爱祖国、建设祖国的爱国主义热情，做过许多有益的工作，在国内和国际上产生了重要的影响。正如邓颖超亲笔题词评价："廖承志同志在中国长期的革命斗争和建设事业中作出了重要贡献，也经历了严峻的考验，他始终是一个革命的乐观主义者。斗志不衰，工作不懈，是一个为共产主义奋斗的坚定的伟大战士。”[①] 廖承志的一生是革命的一生，是为救国救民、振兴中华而不遗余力的一生；他的一生散发出强烈的爱国爱乡情怀，他的思想言行为后人留下了一份宝贵的精神遗产。在大力开展文化建设的今天，作为廖承志家乡的惠州，完全有必要总结、梳理以再现这位惠州历史名人的人格风范和爱国爱乡情怀，用以激励、促进现今惠州人将惠州建设得更加美好，将社会主义祖国建设得更加繁荣富强。

依据廖承志墓庐已建成于惠州红花湖这一风水宝地，再在他的墓庐附近建有一座陈列室，将其一生充满革命传奇色彩的事迹，运用文字，配以图片和实物的方式展览出来，让人们缅怀廖承志在中国民主革命时期和社会主义建设时期的丰功伟绩，是一件具有重要教育意义的事情，也是一项充实、促进惠州文化建设的具体工程。针对廖承志生平展览馆（暂定名）建筑规模和室内结构实情，该展览馆文字、图片和实物展览的策划大纲和实物展览的策划大纲分解如下。

## 一、外墙

外墙，即大门这一面墙，建议塑一幅浮雕，内容的融入可以从三个方面考虑选择，一是对廖承志家族成员，尤其对廖承志生平事迹的重点和亮点的再现，可以惠州西湖或陈江幸福村为背景；二是对廖承志抗日战争时期担任八路军驻香港办事处负责人的过程中，组织东江军民和港澳同胞以及海外华人华侨抗日御侮的生动事例再现，突出廖承志的作用；三是对廖承志主管全国侨务工作和协助周恩来等开展外交工作的重点和亮点的再现，尤其是侨务活动的重点和亮点。这三个方面的内容，可取其中一个作为浮雕素材，供决策者参考定夺。

---

① 转见廖承志文集、传记编辑办公室编：《廖承志文集》（上卷），《编辑说明》，人民出版社 1990 年版，第 1 页。

## 二、内墙

内墙，即一进大门院子里的那一面墙，建议将廖承志生平用简洁而又客观准确的文字，石刻或木刻（木板要上漆，质量要上乘）在墙面上，让参观者一来到陈列室就可以通过阅读墙面上的文字，对廖承志一生有总体了解，有利于参观者进一步参观具体展室的详尽文字、图片和实物。

## 三、三间展室

陈列室院内有左右厢房和厅堂，共计三间展室，面积有差异，更重要的是三间房四周窗户较多，具体文字、图片、实物的分布作如下考虑。

（1）每间房正中间做展板，底座用砖砌成，要求二尺五寸至三尺的高度；底座上面竖四尺五寸至五尺四寸高的板块，两面均可将文字和图片显示上去。

（2）每间房正中间展板及底座两头应留有两尺五寸至三尺人行道；两边厢房长方形结构，可考虑在正中间留一条人行过道空间，厅堂则不必再被中间切断。

（3）左右厢房中左、右边厢房作为开头或结尾亦可，院内正厅堂与左右展室相联结。

（4）三间展室正中间展板作为文字和图片用地，墙边用展柜置放实物或重要文献资料。墙边展柜高三尺左右，其中一尺八寸至二尺为柜中底座，实物及重要文献资料上使用玻璃封闭保存。

（5）三间展室正中展板及墙边玻璃柜的文字、图片和实物，均按廖承志生平，分时期展现出来。考虑每间展室的房门在正中间，两边长方形厢房在房内正中间留有人行过道空间。实际上，这两间长方形厢房各有正反两面共四块展板，可按廖承志生平时间顺序从左边展板开始顺转到背面再转正面，使参观者从中间正面看完后，再从正中间房门离开。

(6) 廖承志生平事迹分为“家世和少年时期”、“民主革命时期”和“社会主义建设时期”三个相互联系又相对独立的时期。三个时期的内容分别融入三个展室中，即“家世和少年时期”放陈列室进门院内正中上方厅堂，此展室外墙可挂一显示牌，标明“一展室”（家世和少年时期）；民主革命时期放陈列室进门左边厢房，此展室外墙可挂一显示牌，标明“二展室”（民主革命时期）；社会主义建设时期放陈列室进门右边厢房，此展室外墙可挂一显示牌，标明“三展室”（社会主义建设时期）。

(7) 每个展室前面设一单独版面，版面上有一段简要文字，对这个时期的内容作概括性介绍。

(8) 文字介绍必须配有图片。图片可以是人物照片翻拍件，可以是文献资料影印件，可以用绘画形式体现，还可以制作图表。

(9) 展柜实物应与展板文字配套展现；有的是直接展现，有的是间接展现。

**四、廖承志陈列室三个时期主要内容**

1. 一展室（家世和少年时期）

时间从1908年廖承志出生至1923年，追述廖承志家世，再现廖承志人生最初15年的生活状况，重点突出廖先生受到的家庭影响、社会影响和学校教育影响。此时期截至1923年的理由有二，一是内容与少年时期吻合；二是1924年廖承志加入改组后的国民党，标志其步入最初政治生活，故将其归入民主革命时期。

一展室，即家世和少年时期的主要内容分解如下：

(1) 此展室最前面有一单独版面，对这个时期的内容作概括性介绍。

(2) 廖承志祖父廖竹宾生平简介，配以图片，并制作陈江幸福村廖氏家族世系表。

（3）廖承志父亲廖仲恺生平简介，配以多幅图片，并制作廖仲恺生平大事年表。

（4）廖承志叔父廖紫珊生平简介，配以图片。

（5）廖承志出生前廖氏家族及主要亲戚关系网图表，并配以有关图片。

（6）廖承志母亲何香凝生平简介，配以多幅图片，并制作何香凝生平大事年表。

（7）对廖承志外祖父家族作专题介绍，配以图片，并制作何氏家族及主要亲戚关系网图表。

（8）廖承志的姐姐廖梦醒及姐夫李少石生平简介，并配以图片，部分图片在后面展室亦可出现。

（9）介绍廖承志的出生时间及出生地日本东京，1924年前廖承志在日本、上海、广州等地学习、生活状况，接触到的各方面人物和社会生活及其对他的影响，配以多幅图片。如1909年何香凝与廖承志在日本东京的留影，襁保中的廖承志与父亲廖仲恺、母亲何香凝及姐姐廖梦醒在日本东京的留影；1916年4月间，廖承志与孙中山在日本东京的留影；1916年4月间，廖承志和廖梦醒与孙中山、廖仲恺、何香凝等在日本东京集会庆祝袁世凯帝制失败的留影；1917年6月，廖承志与廖梦醒随何香凝、宋庆龄等在上海市环龙路孙中山住所前的留影等。

2. 二展室（民主革命时期）

时间从1924年至1949年10月新中国成立时止。此展室主要再现廖承志1924年加入改组后的国民党，开始步入政治生涯，到成为中国共产党党员，在坚定的共产主义信仰指引之下，出生入死、救国救民的革命历程。

二展室即民主革命时期的主要内容分解如下：

（1）1924年8月，廖承志加入改组后的国民党。此介绍配以国民党改组宣言等重要文献资料复印件图片、国共合作局势形成后的工农运动兴起的有关图片、文献资料复印件图片等。

（2）1923年3月，15岁的廖承志从香港返回广州，进入岭南大学中学部读书，直至1927年6月，他在这所学校前后就读四年多时间。

（3）1924年下半年，廖承志第一次见到来到廖家与父亲廖仲恺会面的周恩来。此部分可用绘画形式展现廖仲恺与周恩来在倾谈，廖承志站在旁边注视的情景。

（4）1925年3月12日孙中山逝世，廖承志在父母等人对孙先生去世表现出的巨大悲痛感染下，在父亲坚定不移继承孙先生遗志的言行感染下，在回忆孙中山对自己关爱、鼓励的情境感染下，从心灵深处萌发出为实行“联俄、联共、扶助农工”三大政策奋斗到底，不惜流血牺牲的志向。①

（5）1925年6月23日，廖承志参加了因上海五卅惨案发生后在广州举行的近十万工人、学生、市民、军校学员的游行示威。配以廖承志一路领呼口号的绘图，配以英租界警察在沙面开枪镇压游行群众，廖承志与姐姐廖梦醒之愤怒表情的绘图。英国警察在两分钟内就开枪打死了游行群众108人，受伤的人更多。血的洗礼，使廖承志更加理解孙中山、廖仲恺等父辈们坚持三大政策的正确性、必要性。配以廖承志与廖梦醒1925年在广州的合影。②

（6）游行回校后廖承志出面组织罢课。

（7）此时父亲廖仲恺因坚持国共合作，遭到帝国主义和国民党右派的忌恨，生命安全已经受到严重威胁；母亲何香凝劝父亲早作防备，但父亲义无反顾。配以何香凝与廖承志对廖仲恺生命安危的担心而出现的对话绘图。

（8）1925年8月20日，父亲廖仲恺遭帝国主义和国民党右派枪击逝世。廖承志处于极大的悲痛之中。配以周恩来到医

---

① 廖承志文集、传记编辑办公室编：《廖承志文集》（上卷），人民出版社1990年版，第1~5页。

② 廖承志文集、传记编辑办公室编：《廖承志文集》（上卷），人民出版社1990年版，第1~5页。

院探望，何香凝将头依偎在儿子廖承志胸前的图片（绘图）；配以廖承志与何香凝、廖梦醒悲痛地守护在廖仲恺遗体旁的照片；配以叶挺来到廖家悼唁廖仲恺，廖承志在《遥献》一文中的回忆文字。①

（9）自父亲廖仲恺去世后，廖承志下决心一定要继承父亲未竟之业，为实现父亲的遗愿而不惜牺牲自己的一切。② 配以廖仲恺 1922 年被陈炯明囚禁时写下的《诀醒儿、承儿》诗句全文；配以母亲何香凝为继承丈夫遗志而奔走各地宣传三大政策的演讲文字和图片。

（10）廖仲恺被刺身亡不久，廖承志在岭南大学组织了一次全体员工的罢工，提出要求增加工资，取消强迫做礼拜和禁止吸烟的规定。罢工胜利后，校方拟开除廖承志和李少石，最终因廖承志在广州的声望，校方“没敢开除我”③，但李少石被开除。配以岭南大学员工罢工的绘图，廖承志和李少石图像融入绘图中。

（11）1926 年 6 月，廖母何香凝与邓颖超等率广东各界妇女团体代表到广州黄沙火车站欢送国民革命军第四军第十二师出师北伐，并致欢送词。配以何香凝半年后到达汉口庆祝北伐胜利大会上发表演讲的照片。何香凝离开广州赴武汉后，姐姐何梦醒养病家中，被岭南大学开除学籍后加入中国共产党，成为职业革命家的李少石，作为何梦醒的恋人常来家中看望，对后来廖承志加入中国共产党产生了一定影响。配以相关绘图。

（12）1927 年 4 月 12 日，蒋介石发动反革命政变后，廖承

---

① 廖承志文集、传记编辑办公室编：《廖承志文集》（上卷），人民出版社 1990 年版，第 106 ~ 108 页。

② 廖承志文集、传记编辑办公室编：《廖承志文集》（上卷），人民出版社 1990 年版，第 5 页。

③ 廖承志文集、传记编辑办公室编：《廖承志文集》（上卷），人民出版社 1990 年版，第 5 页。

志愤然撕毁国民党党证，宣布脱离国民党。他在《忆青少年时代》一文中说当时他“已经跟共产党人站在一起”[①]。

（13）1927年7月，在母亲何香凝的坚持下，廖承志与姐姐廖梦醒离开广州前往日本。因廖梦醒宣传中国共产党的主张，遭日本警察拘捕并驱逐出境[②]。配以绘图。廖承志同时被捕，但不久获释，并考入早稻田大学第一高等学院读书。配以廖承志与被押解上火车的姐姐廖梦醒挥手告别的绘图。

（14）在早稻田大学读书期间，廖承志积极参加留日学生的进步活动，经郑汉先介绍参加了中国共产党“东京特别党支部”组织的“社会科学研究会”，如饥似渴地阅读马克思主义的相关书籍。并且担负着传送进步书刊给刚到日本留学的中国青年的任务，同时得到日本友人川村统一郎的配合帮助。[③] 配以川村统一郎写于1991年10月的回忆文字。

（15）1928年3月，为了反击留日学生中国民党右派分子借纪念孙中山先生逝世三周年进行反共活动的阴谋，廖承志参加各种抵制反共阴谋的活动。

（16）1928年5月，针对日本帝国主义屠杀济南人民的“济南惨案”，廖承志参加了声讨大会。配以廖承志高举“为济南惨案烈士致哀”的标语牌绘图。不久，廖承志遭日本警察拘捕，被关押在东京获洼警署拘留所近一个月。在被关押期间，他经受了日本警察的多次拷问，但始终没有屈服。配以廖承志嘴角流着鲜血的绘图和廖承志说的“我认识的全回国了，其余的一个也不认识”的文字。随后，廖承志获释。[④]

---

① 廖承志文集、传记编辑办公室编：《廖承志文集》（上卷），人民出版社1990年版，第6页。

② 廖承志文集、传记编辑办公室编：《廖承志文集》（上卷），人民出版社1990年版，第6页。

③ 铁竹伟著：《廖承志传》，人民出版社1998年版，第63页。

④ 铁竹伟著：《廖承志传》，人民出版社1998年版，第67页。

（17）1928年6月下旬，廖承志考虑到自己被认定的共产党员都不在日本，毅然决定离开日本于7月间回到上海。是年8月，经关键、黄鼎臣介绍，廖承志在上海加入了中国共产党，受命在反日大同盟上海分会工作。① 配以廖承志入党宣誓绘图以及入党誓言文字。配以廖承志档案中记载入党介绍人、入党时间等影印件或复印件。

（18）1928年11月，廖承志受中共中央派遣到德国，转入德国共产党组织，负责做中国海员的宣传发动工作，其公开身份为柏林第二大学政治经济学专业的留学生；② 姐姐廖梦醒赴法国留学。

（19）1929年，廖承志到德国汉堡领导中国海员运动，任汉堡海员俱乐部支委、书记；又参加反帝大同盟，先后到荷兰、比利时组织领导中国海员运动。③

（20）1930年夏，廖承志在莫斯科参加职工国际第五次代表大会。

（21）1931年6月，廖承志因组织中国海员活动，遭荷兰当局逮捕，被警署关押达六个星期遭驱逐出境。④

（22）1931年9月，廖承志在汉堡组织两艘英国轮船上的中国海员罢工斗争取得胜利，遭德国警察驱逐出境。⑤ 配以《中国西欧海员》宣传小册子绘图。事件经过刊登在汉堡德共机关报《人民日报》上。如能找到原件可配以复印件。

---

① 铁竹伟著：《廖承志传》，人民出版社1998年版，第69页。

② 廖承志文集、传记编辑办公室编：《廖承志文集》（上卷），人民出版社1990年版，第6~7页。

③ 廖承志文集、传记编辑办公室编：《廖承志文集》（上卷），人民出版社1990年版，第7页。

④ 廖承志文集、传记编辑办公室编：《廖承志文集》（上卷），人民出版社1990年版，第7页。

⑤ 廖承志文集、传记编辑办公室编：《廖承志文集》（上卷），人民出版社1990年版，第7页。

（23）1932 年初，廖承志离开德国转经莫斯科回国，途经香港，与两年未见的姐姐廖梦醒会面。此时，姐姐廖梦醒和姐夫李少石均系中国共产党党员，受组织派遣在香港负责党的交通站工作。

（24）1932 年 5 月，廖承志到上海担任中华全国总工会宣传部长、全国海员总工会党团书记职务。

（25）1933 年 3 月 28 日，国民党上海市公安局串通上海工部局，廖承志在上海被拘捕。他在狱中与狱友陈赓慷慨激昂地高唱国际歌。可配以廖承志与陈赓唱歌的绘图①，还可配以廖承志在狱中诗作的文字。

（26）1933 年 3 月 29 日至 31 日，何香凝与宋庆龄、柳亚子、经亨颐等全力奔走各方营救廖承志，并与国民党上海市市长吴铁城作面对面的斗争。在此期间，廖承志被引渡到上海公安局，吴铁城曾亲自审讯廖承志，并出示“我脱离共产党，服从三民主义”纸条要廖承志签字。廖承志把纸条撕得粉碎，并表示“刀砍枪毙，悉听尊便”②。

（27）1933 年 4 月 1 日，廖承志在柳亚子和母亲何香凝联名担保下出狱。回到家中，第一次面对面与经普椿交谈，五年后两人结为夫妻。

（28）1933 年 8 月，廖承志赴川陕苏区，担任川陕苏区省委常委、工会宣传部部长职务。是年冬，被张国焘以“国民党侦探”的罪名逮捕，开除党籍，被押解参加长征到达陕北。③配以廖承志带枷长征的绘图；配以廖承志所写《戴枷行万里》诗句文字；配以廖承志在长征路上所作漫画复印件；配以周恩

---

① 铁竹伟著：《廖承志传》，人民出版社 1998 年版，第 85 页。

② 廖承志文集、传记编辑办公室编：《廖承志文集》（下卷），人民出版社 1990 年版，第 444 页。

③ 廖承志文集、传记编辑办公室编：《廖承志文集》（下卷），人民出版社 1990 年版，第 452 ~ 453 页。

来、任弼时在长征路上与廖承志见面时的绘图；配以廖承志回忆长征文章的主要内容；配以廖承志在押途中，为红色中华通讯社新闻电台翻译外国电讯的绘图；配以廖承志到达陕北后的照片。

（29）1936 年冬，廖承志在甘肃会宁经周恩来、任弼时等营救获释，并被恢复党籍，到达陕北保安后任职红色中华通讯社。①

（30）1937 年 4 月，廖承志在延安筹备并出版中共中央政治理论刊物《解放》，发表《日本当前的政潮》等国际国内时评文章多篇。② 配以刊物封面及主要文章复印件。

（31）1937 年 10 月，廖承志受中共中央之命赴国民党统治区工作，先到达八路军驻南京办事处，后又与叶剑英绕道长沙到达汉口。配以廖承志给母亲和姐姐的信文内容。

（32）1938 年 1 月，廖承志从汉口经广州到达香港，任八路军驻香港办事处负责人，为八路军、新四军筹集抗战物资。又在香港与经普椿结婚。③ 配以廖承志到达香港后与宋庆龄等人的照片；配以廖与经的新婚照片。

（33）1938 年 6 月 14 日，宋庆龄等人发起组织的“保卫中国同盟”在香港宣告成立，廖承志出任该组织中央委员、秘书长职务。④

（34）1938 年上半年，廖承志以八路军驻香港办事处负责人身份，来往于香港、广州之间，组织领导华南地区抗日民族

---

① 廖承志文集、传记编辑办公室编：《廖承志文集》（下卷），人民出版社 1990 年版，第 453 页。

② 廖承志文集、传记编辑办公室编：《廖承志文集》（上卷），人民出版社 1990 年版，第 13 页。

③ 蒙光励著：《廖家两代人——廖仲恺何香凝和廖梦醒廖承志》，暨南大学出版社 2001 年版，第 468 页。

④ 蒙光励著：《廖家两代人——廖仲恺何香凝和廖梦醒廖承志》，暨南大学出版社 2001 年版，第 468 页。

统一战线工作。

（35）1938 年 10 月 13 日，廖承志与曾生等商议，由曾生率 200 多名共产党员，以“惠宝临时工作委员会”名义，赴广东惠阳组织抗日武装，开展抗日游击战争。①

（36）1939 年春，廖承志委派刘谈锋为团长，率领“华侨回乡服务团”，到广东南路开展抗日活动。4 月，廖承志出席在汉口召开的中共中央长江局会议。②

（37）1939 年 11 月下旬，廖承志委派廖锦涛率领澳门四界救灾会回乡服务，开展抗日活动。

（38）1940 年，廖承志发动广大侨胞在报刊上发表支持新加坡爱国侨领陈嘉庚的抗日爱国热情，且以毛泽东、周恩来的名义致电陈嘉庚，挫败了国民党倒陈阴谋。③

（39）1941 年 12 月，香港沦陷，廖承志遵照中共中央指示，开始组织大批民主人士和文化界人士安全撤离香港的行动。廖承志与连贯、乔冠华于 1942 年元旦秘密穿过日军海上封锁线抵达九龙，经东江游击队护送，乘船经过大鹏湾，至沙鱼涌登陆，到达惠阳石桥坑，然后将疏散人员分别沿东江、粤北护送入内地。被营救、疏散人员达 800 多人，在国内外产生了巨大影响。④ 配以被营救邹韬奋等人的题词复印件；配以被营救的重要人物名录一览表。

（40）1942 年 5 月 30 日，廖承志因被叛徒出卖，在广东乐昌县城被国民党中统特务逮捕，自此至 1946 年 1 月出狱这近四

---

① 廖承志文集、传记编辑办公室编：《廖承志文集》（上卷），人民出版社 1990 年版，第 55 ~ 57、68 ~ 71 页。

② 蒙光励著：《廖家两代人——廖仲恺何香凝和廖梦醒廖承志》，暨南大学出版社 2001 年版，第 470 页。

③ 铁竹伟著：《廖承志传》，人民出版社 1998 年版，第 135 页。

④ 铁竹伟著：《廖承志传》，人民出版社 1998 年版，第 139 页；蒙光励著：《廖家两代人——廖仲恺何香凝和廖梦醒廖承志》，暨南大学出版社 2001 年版，第 471 ~ 472 页。

年间，廖承志先后被关押在广东、江西、重庆等地，面对敌人的威胁利诱，他始终没有屈服，表示出坚定的共产主义信念。配以廖承志怒斥蒋介石的劝诱等多幅绘图；配以廖承志在狱中多首诗作；配以廖承志在狱中漫画复印件（当时诗作有《别慈母》、《诀普椿》等；漫画有近十幅）；配以廖承志给母亲和夫人书信文字。[1]

（41）1945 年 6 月，廖承志被选为中共第七届候补委员。配以候补委员名单复印件。

（42）1946 年 1 月 22 日，趁政协会议开幕，中共中央据理力争，蒋介石迫于压力不得不释放廖承志。配以出狱这天廖承志在重庆与中共代表团成员邓颖超的合影照片。

（43）1946 年 4 月，廖承志作为中共代表前往广州，与国民党广州行营主任张发奎谈判，签订东江纵队北撤山东的协议。[2]

（44）1946 年 5 月，廖承志随周恩来到达南京梅园新村，以中共代表团成员身份负责协助周恩来工作。[3]

（45）1946 年 7 月，廖承志被中共中央任命为新华社社长，9 月从南京返回延安就职。[4] 可配以廖承志生活照片。

（46）1946 年 10 月 15 日，廖承志在延安新华广播电台发表《全世界各地侨胞团结起来，反对蒋介石独裁卖国》的演

---

① 廖承志文集、传记编辑办公室编：《廖承志文集》（下卷），人民出版社 1990 年版，第 445～452、800～811 页。

② 蒙光励著：《廖家两代人——廖仲恺何香凝和廖梦醒廖承志》，暨南大学出版社 2001 年版，第 474 页。

③ 蒙光励著：《廖家两代人——廖仲恺何香凝和廖梦醒廖承志》，暨南大学出版社 2001 年版，第 474 页。

④ 蒙光励著：《廖家两代人——廖仲恺何香凝和廖梦醒廖承志》，暨南大学出版社 2001 年版，第 474 页。

讲。[1] 可摘录其中重要文字。

（47）1946 年 11 月 10 日，廖承志在《新华日报》上发表题为《对国民党当局八日“‘停战’声明”的声明》一文。[2] 此文系廖先生第一次以中共中央发言人身份出现在报刊媒体中。可摘录其重要文字。

（48）1947 年 3 月，廖承志率新华社人员东渡黄河，离开延安。

（49）1947 年 7 月，廖承志率新华社人员到达河北涉县，建立第二个电台，“陕北广播电台”；此时，他受命兼任中共中央宣传部副部长、中共晋冀鲁豫中央局宣传部部长职务。在《人民日报》发表《毛泽东思想是指引我们走向胜利的旗帜》一文。[3] 可摘录其中重要文字。

（50）1948 年 9 月中旬，廖承志主持新华社广播电台英语广播，大大方便了外国记者了解并传播中共主张和中国人民解放军节节胜利的消息。

（51）1943 年 3 月，廖承志在中共七届二中全会上被递补为中央委员。

（52）1949 年 4 月，廖承志被选为新民主主义青年团中央副书记，兼任中国青年艺术剧院院长职务。

（53）1949 年 5 月，廖承志被选为中华全国民主青年联合总会主席；是月 5 日，他在中华全国青年第一次代表大会上作《中国人民解放战争中的青年运动与今后中国青年的基本任务》

---

① 廖承志文集、传记编辑办公室编：《廖承志文集》（上卷），人民出版社 1990 年版，第 119 ~ 126 页。

② 廖承志文集、传记编辑办公室编：《廖承志文集》（上卷），第 119 ~ 126 页。

③ 蒙光励著：《廖家两代人——廖仲恺何香凝和廖梦醒廖承志》，暨南大学出版社 2001 年版，第 475 页；廖承志文集、传记编辑办公室编：《廖承志文集》（上卷），人民出版社 1990 年版，第 127 ~ 129 页。

的报告。[①] 可摘录报告中重要文字；可配以廖承志出席此会的照片。

（54）1949 年 6 月，廖承志兼任中央广播事业管理处处长职务。

（55）1949 年 8 月，廖承志任中国民主青年代表团团长，出席在布达佩斯举行的第二次世界民主青年代表大会和世界青年与学生联欢会。[②]

（56）1949 年 9 月，廖承志与母亲何香凝一同出席第一届全国政协会议，并在会上作《在中国人民政治协商会议第一次全国代表大会上的发言》的报告。[③] 可配以大会发言重要文字。

3. 三展室（社会主义建设时期）

时间从 1949 年 10 月 1 日新中国成立至 1983 年 6 月 10 日廖承志去世时止。此展室主要再现廖承志担任党和国家重要领导职务期间，为新中国的华侨工作，为新中国的青年团工作，为新中国的外交工作等呕心沥血、作出重要贡献的事迹。

三展室，即社会主义建设时期的主要内容分解如下：

（1）1949 年 10 月 1 日，廖承志陪同母亲何香凝出席新中国成立大会，一同登上天安门城楼。是月，廖承志受命担任政务院华侨事务委员会副主任委员、中国人民保卫世界和平委员会副主席，兼任中共中央对外联络部副部长等要职。[④]

（2）1950 年 9 月，廖承志在欢迎世界民主青年联盟代表大

---

① 蒙光励著：《廖家两代人——廖仲恺何香凝和廖梦醒廖承志》，暨南大学出版社 2001 年版，第 476 页。

② 廖承志文集、传记编辑办公室编：《廖承志文集》（上卷），人民出版社 1990 年版，第 159～166 页。

③ 廖承志文集、传记编辑办公室编：《廖承志文集》（上卷），人民出版社 1990 年版，第 159～166 页。

④ 蒙光励著：《廖家两代人——廖仲恺何香凝和廖梦醒廖承志》，暨南大学出版社 2001 年版，第 476～477 页。

会上发表题为《团结起来，保卫世界和平》的演讲。[①] 可摘录演讲词中重要文字。是月，在《中苏友好》杂志第六期发表《演出〈保尔·柯察金〉的意义》一文。[②] 可配以廖承志与周恩来观看演出的照片。

（3）1950 年 11 月，廖承志随同郭沫若率领的中国代表团，出席在华沙举行的第二届世界保卫和平大会，并被选为世界保卫和平委员会委员。[③]

（4）1951 年 3 月，廖承志担任中国人民赴朝慰问团团长，率团到朝鲜慰问中国人民志愿军和朝鲜北方军民。可配以与朝鲜人民军战斗英雄的合影。[④]

（5）1951 年 6 月 25 日，廖承志在《人民日报》发表《必须胜利，必能胜利》一文，[⑤] 鼓舞和激励中朝军民将反美侵略战争进行到底。可摘录文章中重要文字。

（6）1951 年 11 月 1 日，廖承志在欢迎华侨回国观光团大会上发表《关于华侨学校的几个问题》的讲话。就办学方针、办学方法、教育目的、师资问题、学制和课程设置等问题，提出了极具指导性的意见。[⑥] 可摘录讲话中重要文字。

（7）1951 年 11 月，廖承志被选为中国人民保卫儿童全国

---

① 廖承志文集、传记编辑办公室编：《廖承志文集》（上卷），人民出版社 1990 年版，第 167～169 页。

② 廖承志文集、传记编辑办公室编：《廖承志文集》（上卷），人民出版社 1990 年版，第 170～171 页。

③ 蒙光励著：《廖家两代人——廖仲恺何香凝和廖梦醒廖承志》，暨南大学出版社 2001 年版，第 477 页。

④ 蒙光励著：《廖家两代人——廖仲恺何香凝和廖梦醒廖承志》，暨南大学出版社 2001 年版，第 477 页。

⑤ 廖承志文集、传记编辑办公室编：《廖承志文集》（上卷），人民出版社 1990 年版，第 177～179 页。

⑥ 廖承志文集、传记编辑办公室编：《廖承志文集》（上卷），人民出版社 1990 年版，第 180～182 页。

委员会副主席。

(8) 1951年12月7日，廖承志在《中国青年报》发表《关于〈在新事物的面前〉的演出》一文，对此戏目予以肯定的同时，阐发其新中国戏剧改革的重要观点。① 可摘录文中重要文字。

(9) 1951年12月20日，廖承志递呈《坚决纠正侨区土地改革中“左”的偏差》报告给周恩来等，从九个方面提出了建设性意见。② 可摘录报告中重要文字。

(10) 1952年4月，廖承志担任调查团团长，赴朝鲜和中国东北调查美国细菌战的罪行。③

(11) 1952年5月12日，廖承志在缅甸华侨回国观光团座谈会上发表《促进华侨的爱国大团结》的讲话，重点围绕“祖国怎样保护侨胞的正当权益”、“怎样开展华侨爱国大团结工作”两个主题发表意见。④ 可摘录讲话中重要文字。

(12) 1952年10月，廖承志作为中国代表出席在北京召开的亚洲及太平洋区域和平会议。⑤ 可配以廖承志与巴金等出席会议的照片。

(13) 1952年末，廖承志作为中国代表团成员出席在维也

---

① 廖承志文集、传记编辑办公室编：《廖承志文集》（上卷），人民出版社1990年版，第183~187页。

② 廖承志文集、传记编辑办公室编：《廖承志文集》（上卷），人民出版社1990年版，第188~193页。

③ 蒙光励著：《廖家两代人——廖仲恺何香凝和廖梦醒廖承志》，暨南大学出版社2001年版，第477页。

④ 廖承志文集、传记编辑办公室编：《廖承志文集》（上卷），人民出版社1990年版，第194~198页。

⑤ 蒙光励著：《廖家两代人——廖仲恺何香凝和廖梦醒廖承志》，暨南大学出版社2001年版，第478页。

纳举行的世界人民和平大会；是月，兼任中共中央统战部副部长。[①]

(14) 1953年2月，廖承志作为中国红十字会代表团首席代表与日本代表团就协助愿意回国的日侨归国问题举行谈判；并于是月18日，在谈判会上作《协助日侨回国，旨在增进中日人民的友好关系》为题的发言。[②] 可摘录发言中重要文字。

(15) 1953年2月24日，廖承志递呈《关于日侨回国谈判情况给毛泽东的报告》，重点就日侨回国出境手续的申请、回国集中登陆地点、回国费用等问题，提出了具体解决的意见。[③] 可摘录报告中的重要文字。

(16) 1953年3月，廖承志作为中共代表团成员赴苏联参加斯大林的葬礼。[④]

(17) 1953年6月，廖承志参加中华全国青年第二次代表大会，并继任全国青年联合会主席；他在会上作了题为《为保卫祖国和建设祖国而奋斗》的报告。[⑤] 可摘录报告中重要文字。

(18) 1953年7月初，廖承志被选为团中央书记处书记，参加中国新民主主义青年团第二次全国代表大会，并致大会闭幕词。[⑥] 可摘录闭幕词中重要文字。

---

① 蒙光励著：《廖家两代人——廖仲恺何香凝和廖梦醒廖承志》，暨南大学出版社2001年版，第478页。

② 廖承志文集、传记编辑办公室编：《廖承志文集》（上卷），人民出版社1990年版，第209～212页。

③ 廖承志文集、传记编辑办公室编：《廖承志文集》（上卷），人民出版社1990年版，第213～215页。

④ 蒙光励著：《廖家两代人——廖仲恺何香凝和廖梦醒廖承志》，人民出版社1990年版，第478页。

⑤ 廖承志文集、传记编辑办公室编：《廖承志文集》（上卷），人民出版社1990年版，第216～220页。

⑥ 蒙光励著：《廖家两代人——廖仲恺何香凝和廖梦醒廖承志》，暨南大学出版社2001年版，第478页。

（19）1953 年 7 月 8 日，廖承志在《人民日报》发表《在迎接抗日烈士遗骨仪式上的致词》一文强调：“每个中国人民都将永远记得这笔血债，都永远不会忘记日本军国主义分子的血腥罪行。”[①] 可摘录其中重要文字。

（20）1953 年 9 月，廖承志为全国华侨事务委员会党组起草《关于资本主义体系国家中华侨学校工作方针的意见》文件。[②] 可摘录其中重要文字。

（21）1953 年 10 月，廖承志担任中华全国文学艺术界联合会第二届全国委员会委员。

（22）1953 年 11 月，廖承志出席全国侨务工作扩大会议，并作《四年来侨务工作报告》。[③] 可摘录其中重要文字。

（23）1954 年 4 月 20 日，廖承志以《提高基层干部政策水平，做好侨务工作》为题，在全国侨委举办的侨务干部学习班开学典礼上发表讲话，针对侨务工作的三个特点，提出纠正“左”的错误的必要性和重要性。[④] 可摘录讲话中重要文字。

（24）1954 年 5 月，廖承志作为中国代表团成员出席在柏林召开的世界和平理事会特别会议。[⑤]

（25）1954 年 9 月，廖承志与姐姐廖梦醒作为全国人大代表，出席第一届全国人大第一次会议；廖承志被选为第一届全

---

① 廖承志文集、传记编辑办公室编：《廖承志文集》（上卷），人民出版社 1990 年版，第 225 页。

② 廖承志文集、传记编辑办公室编：《廖承志文集》（上卷），人民出版社 1990 年版，第 227 ~ 232 页。

③ 廖承志文集、传记编辑办公室编：《廖承志文集》（上卷），人民出版社 1990 年版，第 233 ~ 238 页。

④ 廖承志文集、传记编辑办公室编：《廖承志文集》（上卷），人民出版社 1990 年版，第 250 ~ 253 页。

⑤ 蒙光励著：《廖家两代人——廖仲恺何香凝和廖梦醒廖承志》，暨南大学出版社 2001 年版，第 478 页。

国人大常委会委员，并被选为国务院华侨事务委员会副主任。[①]

（26）1954年10月，廖承志任中国红十字会代表团副团长访问日本。[②]

（27）1954年12月，廖承志担任中苏友好协会总会副会长。[③]

（28）1955年3月3日，廖承志为《人民日报》起草《贯彻侨务政策，坚决保护侨汇》的社论。[④] 可摘录社论重要文字。

（29）1955年4月，廖承志作为中国代表团成员出席在新德里举行的亚非国家会议；随后，以顾问身份随同周恩来率领的中国代表团出席在印度尼西亚万隆举行的亚非会议。[⑤]

（30）1955年6月，廖承志任中国代表团副团长出席在赫尔辛基举行的世界和平大会。[⑥]

（31）1955年10月，廖承志出席中国共产党七届六中全会。可配以其休息时与周恩来、彭真交谈的照片。

（32）1955年10月14日，廖承志在作为中国人民保卫世界和平委员会负责人与英国公谊会代表团交流的第二次座谈会上，发表《发展中美友好关系有利世界和平》的谈话。[⑦] 可摘

① 蒙光励著：《廖家两代人——廖仲恺何香凝和廖梦醒廖承志》，暨南大学出版社2001年版，第479页。

② 蒙光励著：《廖家两代人——廖仲恺何香凝和廖梦醒廖承志》，暨南大学出版社2001年版，第479页。

③ 蒙光励著：《廖家两代人——廖仲恺何香凝和廖梦醒廖承志》，暨南大学出版社2001年版，第479页。

④ 廖承志文集、传记编辑办公室编：《廖承志文集》（上卷），人民出版社1990年版，第256~259页。

⑤ 蒙光励著：《廖家两代人——廖仲恺何香凝和廖梦醒廖承志》，暨南大学出版社2001年版，第479页。

⑥ 蒙光励著：《廖家两代人——廖仲恺何香凝和廖梦醒廖承志》，暨南大学出版社2001年版，第479页。

⑦ 廖承志文集、传记编辑办公室编：《廖承志文集》（上卷），人民出版社1990年版，第263~265页。

录谈话中重要文字。

（33）1955 年 12 月，廖承志随同宋庆龄访问印度。

（34）1956 年 1 月，廖承志随同宋庆龄访问缅甸。

（35）1956 年 2 月，廖承志任中国亚非团结委员会副主席；是月，在全国工商界青年积极分子代表大会上作题为《跟祖国一道前进，为社会主义立功》的报告。[①] 可摘录报告中重要文字。又与方方联名递交《过渡时期党的国内侨务工作方针》的报告给周恩来，就归国华侨及侨眷参加农业生产合作社、争取华侨回国投资、保护侨汇、妥善安置归侨、辅导华侨学生回国升学等问题，提出了制定具体政策方面的意见。[②]

（36）1956 年 3 月 6 日，廖承志在中华全国民主青年联合会第二届全国委员会第三次全体会议上作总结报告，强调继续巩固和扩大统一战线在社会主义革命高潮中的必要性和重要性。[③] 可摘录有关内容。

（37）1956 年 5 月 8 日，廖承志在港澳及海外出版工作座谈会上作重要讲话，强调因地制宜的必要性和重要性。可摘录讲话重要文字。是月，参加中国人民政治协商会议全国委员会举行的酒会。可配以其与周恩来等的合影。

（38）1956 年 6 月 10 日，廖承志在全国第四次侨务扩大会议上发表重要讲话，指出华侨工作的基本任务和方向。[④] 可摘录讲话中重要文字。

（39）1956 年 9 月，廖承志在中国共产党第八次全国代表

---

① 廖承志文集、传记编辑办公室编：《廖承志文集》（上卷），人民出版社 1990 年版，第 266 ~ 275 页。

② 廖承志文集、传记编辑办公室编：《廖承志文集》（上卷），人民出版社 1990 年版，第 282 ~ 291 页。

③ 廖承志文集、传记编辑办公室编：《廖承志文集》（上卷），人民出版社 1990 年版，第 292 ~ 294 页。

④ 廖承志文集、传记编辑办公室编：《廖承志文集》（上卷），人民出版社 1990 年版，第 295 ~ 297 页。

大会上被选举为中央委员，并围绕侨务工作发表重要讲话。[①] 可摘录讲话中重要文字。

(40) 1957 年 4 月 30 日，廖承志在中国共产党八届三中全会上围绕东南亚华侨问题发表重要讲话。[②] 可摘录讲话中重要文字。

(41) 1957 年 6 月，廖承志出席在科伦坡举行的世界和平理事会全体会议。

(42) 1957 年 8 月 3 日，廖承志为《人民日报》起草的《国家对华侨事务的又一重要措施》的社论发表。[③] 可摘录社论中重要文字。

(43) 1957 年 9 月，廖承志在第三次全国妇女代表大会上作《勤俭持家是中国妇女一项光荣任务》为题的致辞。[④] 可摘录致辞中重要文字。

(44) 1957 年 11 月 27 日，廖承志在国家侨委第二届第一次全体委员会上作题为《我国侨务工作发展的三个阶段》的讲话。[⑤] 可摘录讲话中重要文字。

(45) 1957 年 12 月，廖承志任中国红十字会代表团副团长，访问日本。[⑥]

---

① 廖承志文集、传记编辑办公室编：《廖承志文集》（上卷），人民出版社 1990 年版，第 300 ~ 309 页。

② 廖承志文集、传记编辑办公室编：《廖承志文集》（上卷），人民出版社 1990 年版，第 311 ~ 328 页。

③ 廖承志文集、传记编辑办公室编：《廖承志文集》（上卷），人民出版社 1990 年版，第 329 ~ 333 页。

④ 廖承志文集、传记编辑办公室编：《廖承志文集》（上卷），人民出版社 1990 年版，第 334 ~ 337 页。

⑤ 廖承志文集、传记编辑办公室编：《廖承志文集》（上卷），人民出版社 1990 年版，第 338 ~ 344 页。

⑥ 蒙光励著：《廖家两代人——廖仲恺何香凝和廖梦醒廖承志》，暨南大学出版社 2001 年版，第 481 页。

（46）1958年3月，廖承志任国务院外事办公室副主任。①

（47）1958年6月14日，廖承志在《人民日报》发表《保卫中国同盟的初创时期》一文。②

（48）1958年7月，廖承志任中国亚非团结委员会主席。③

（49）1958年10月，廖承志任中国人民欢迎志愿军归国代表团团长，到丹东迎接最后一批志愿军从朝鲜回国。所致欢迎词发表于1958年10月27日的《人民日报》。④ 可配以原文复印件或摘录其中重要文字。

（50）1959年4月，廖承志任国务院华侨事务委员会主任。⑤

（51）1959年12月5日，廖承志在会见香港新闻界参观团时发表《坚持爱国主义的办报方针》为题的讲话。⑥ 可摘录讲话中重要文字。

（52）1960年3月，廖承志在广州中山纪念堂召开的“广东省各界人士欢迎被迫害的印度尼西亚归侨大会”上，发表题为《强大的祖国是华侨最有力的靠山》的讲话。重点就印度尼西亚华侨权益问题与印尼政府提出严肃交涉，并就妥善安置归

---

① 蒙光励著：《廖家两代人——廖仲恺何香凝和廖梦醒廖承志》，暨南大学出版社2001年版，第481页。

② 廖承志文集、传记编辑办公室编：《廖承志文集》（上卷），人民出版社1990年版，第345～347页。

③ 蒙光励著：《廖家两代人——廖仲恺何香凝和廖梦醒廖承志》，暨南大学出版社2001年版，第481页。

④ 廖承志文集、传记编辑办公室编：《廖承志文集》（上卷），人民出版社1990年版，第349～352页。

⑤ 蒙光励著：《廖家两代人——廖仲恺何香凝和廖梦醒廖承志》，暨南大学出版社2001年版，第482页。

⑥ 廖承志文集、传记编辑办公室编：《廖承志文集》（上卷），人民出版社1990年版，第357～360页。

国华侨问题代表中国政府表明态度。[①] 可摘录讲话中重要文字。

（53）1960 年 4 月，廖承志任中国代表团团长出席在几内亚首都科纳克里举行的第二届亚非人民团结大会。[②]

（54）1960 年 11 月，廖承志作为中国党政代表团成员赴苏联参加十月社会主义革命 43 周年庆典，并出席有 81 个共产党和工人党代表参加的会议。[③]

（55）1960 年 11 月，廖承志作为中国党政代表团成员访问越南；是月，兼任华侨大学校长。[④]

（56）1961 年 8 月，廖承志在北京公祭陈嘉庆先生大会上致悼词，充分肯定陈嘉庚先生的爱国爱乡情结和在民主革命时期和社会主义建设时期作出的重要贡献。[⑤] 可配以 1956 年廖承志在北京与归国华侨知名人士看望陈嘉庚先生的照片。

（57）1961 年 12 月，廖承志出席在斯德哥尔摩举行的世界和平理事会，并在会上作《保卫世界和平要依靠各种和平力量的团结》的发言。[⑥] 可摘录其中重要文字。

（58）1962 年 3 月 9 日，廖承志在广东省、广州市直属机关科级以上中共党员干部大会上作重要报告，指出“海外关系

---

① 廖承志文集、传记编辑办公室编：《廖承志文集》（上卷），人民出版社 1990 年版，第 361 ~ 370 页。

② 蒙光励著：《廖家两代人——廖仲恺何香凝和廖梦醒廖承志》，暨南大学出版社 2001 年版，第 482 页。

③ 蒙光励著：《廖家两代人——廖仲恺何香凝和廖梦醒廖承志》，暨南大学出版社 2001 年版，第 482 页。

④ 蒙光励著：《廖家两代人——廖仲恺何香凝和廖梦醒廖承志》，暨南大学出版社 2001 年版，第 482 页。

⑤ 廖承志文集、传记编辑办公室编：《廖承志文集》（上卷），人民出版社 1990 年版，第 376 ~ 382 页。

⑥ 廖承志文集、传记编辑办公室编：《廖承志文集》（上卷），人民出版社 1990 年版，第 383 ~ 389 页。

的提法不符合马克思主义”。[1] 可摘录其中重要文字。

（59）1962 年 6 月，廖母何香凝八十四寿诞，周恩来、陈毅等重要领导人纷纷前去祝寿。可配以寿筵上的合影复印件或影印件。

（60）1962 年 11 月，廖承志在北京同日本高崎达之助签署《发展中日长期综合贸易备忘录》。[2] 可查外交部档案收集照片并配以复印件。

（61）1963 年 1 月 22 日，廖承志出席北京市华侨学生春节联欢会并发表重要讲话，勉励华侨学生热爱祖国，努力学习。可配以照片影印件或复印件。

（62）1963 年 9 月 18 日，廖承志在全国侨联工作会议上发表重要讲话。[3] 可摘录讲话中重要文字。

（63）1963 年 10 月 4 日，廖承志出席中日友好协会成立大会，当选为会长并发表重要讲话。[4] 可摘录讲话中重要文字。

（64）1963 年 11 月，廖承志率中国代表团出席在华沙举行的世界和平理事会。[5]

（65）1964 年 4 月，廖承志出席廖承志办事处和日本高崎达之助办事处在北京的签字换文仪式，达成互派代表并设立联

---

① 廖承志文集、传记编辑办公室编：《廖承志文集》（上卷），人民出版社 1990 年版，第 391 ~ 393 页。

② 蒙光励著：《廖家两代人——廖仲恺何香凝和廖梦醒廖承志》，暨南大学出版社 2001 年版，第 483 页。

③ 廖承志文集、传记编辑办公室编：《廖承志文集》（上卷），人民出版社 1990 年版，第 400 ~ 402 页。

④ 廖承志文集、传记编辑办公室编：《廖承志文集》（上卷），人民出版社 1990 年版，第 403 ~ 404 页。

⑤ 蒙光励著：《廖家两代人——廖仲恺何香凝和廖梦醒廖承志》，暨南大学出版社 2001 年版，第 483 页。

络事务所的决议。[①] 可配以交换仪式照片。

（66）1964 年 8 月，廖承志出席在北京召开的香港电影工作会议并作总结报告。[②] 可摘录有关重要文字，并收集合影。

（67）1964 年 10 月 16 日，廖承志在《人民日报》发表《热烈欢迎松山芭蕾舞团访华演出》的文章，为促进中日文化交流产生了重要的作用。[③] 可摘录文章重要观点。

（68）1965 年 5 月，廖承志作为中国代表团团长，出席在加纳举行的第四届亚非人民团结大会。[④]

（69）1965 年 6 月，廖承志作为中国代表团首席顾问，随同陈毅出席在阿尔及利亚举行的第二次亚非会议。[⑤] 可查外交部档案收集照片。

（70）1965 年 8 月 26 日，廖承志陪同毛泽东、刘少奇、周恩来等会见参加中日青年友好大联欢的日本青年代表团全体成员。[⑥] 可到北京有关机构收集照片。

（71）1965 年 9 月，廖承志陪同母亲何香凝在寓所会见刚从海外归来的、原国民党政府代总统李宗仁及其夫人。[⑦] 配以会见时照片。

---

① 蒙光励著:《廖家两代人——廖仲恺何香凝和廖梦醒廖承志》，暨南大学出版社 2001 年版，第 483 页。

② 廖承志文集、传记编辑办公室编:《廖承志文集》（上卷），人民出版社 1990 年版，第 407 ~ 413 页。

③ 廖承志文集、传记编辑办公室编:《廖承志文集》（上卷），人民出版社 1990 年版，第 415 ~ 416 页。

④ 蒙光励著:《廖家两代人——廖仲恺何香凝和廖梦醒廖承志》，暨南大学出版社 2001 年版，第 484 页。

⑤ 蒙光励著:《廖家两代人——廖仲恺何香凝和廖梦醒廖承志》，暨南大学出版社 2001 年版，第 484 页。

⑥ 蒙光励著:《廖家两代人——廖仲恺何香凝和廖梦醒廖承志》，暨南大学出版社 2001 年版，第 484 页。

⑦ 蒙光励著:《廖家两代人——廖仲恺何香凝和廖梦醒廖承志》，暨南大学出版社 2001 年版，第 484 页。

（72）1965 年 10 月，廖承志担任纪念孙中山诞辰一百周年筹备委员会副主任委员兼秘书长。

（73）1965 年 12 月 6 日，廖承志出席国务院专家工作会议并发表长篇讲话，就做好外国专家工作提出了许多建设性意见。[①] 可摘录讲话中重要文字。

（74）1965 年 12 月 9 日，廖承志为中日友协会刊《日本与中国》1966 年新年特刊撰写《致日本人民的新年贺词》。[②] 可摘录其中重要文字。

（75）1965 年 12 月 13 日，廖承志在上海各界青年欢迎日本各界青年代表团大会上作《把中日人民友好事业推向新高峰》的讲话。[③] 可摘录讲话中重要文字。

（76）1966 年 3 月 27 日，廖承志参加首都各界人民和在京的五大洲外国朋友举行的集会并发表讲话。[④] 可收集集会和讲话照片。

（77）1966 年 4 月 3 日，廖承志陪同宋庆龄会见来华访问的日中友好协会理事长宫崎世民和日本知名人士西园寺公一。[⑤] 可配以廖承志同宋庆龄亲切交谈的照片。

（78）1966 年 10 月 17 日，廖承志在广东湛江市会见第一

---

① 廖承志文集、传记编辑办公室编：《廖承志文集》（上卷），人民出版社 1990 年版，第 419 ~ 425 页。

② 廖承志文集、传记编辑办公室编：《廖承志文集》（上卷），人民出版社 1990 年版，第 426 ~ 427 页。

③ 廖承志文集、传记编辑办公室编：《廖承志文集》（上卷），人民出版社 1990 年版，第 428 ~ 430 页。

④ 蒙光励著：《廖家两代人——廖仲恺何香凝和廖梦醒廖承志》，暨南大学出版社 2001 年版，第 484 页。

⑤ 蒙光励著：《廖家两代人——廖仲恺何香凝和廖梦醒廖承志》，暨南大学出版社 2001 年版，第 484 页。

批因受迫害而自愿回国定居的印尼华侨。[①]

（79）1966年11月17日，廖承志陪同宋庆龄会见日中友好协会理事长宫崎世民及其夫人，以及日本纪念孙中山百年诞辰访华团全体成员。[②] 可收集照片。

（80）1970年冬，廖承志因心脏病加重，在周恩来的过问下入北京医院接受治疗，并获准到医院探望母亲何香凝。可配以廖承志探望母亲时，在医院与何香凝和子女们的合影。

（81）1972年4月20日，廖承志以中日友好协会会长身份，应邀出席来华访问的日本自民党顾问三木武夫的欢迎宴会。[③] 可收集照片。

（82）1972年9月1日，何香凝逝世于北京。5日，廖承志怀着极度悲痛的心情在北京人民大会堂出席何香凝追悼大会。可配以多幅照片，一是追悼会照片；二是20世纪50年代他与何香凝在家中的合影；三是1962年陪同母亲何香凝接受周恩来夫妇探望的照片；四是廖承志观看母亲作画的照片；五是20世纪60年代廖家全家合影；六是1962年廖承志陪同母亲在家中宴请“民革”领导人蔡廷锴、张治中、邵力子等人的照片。

（83）1972年9月17日，廖承志与日本自由民主党访华代表团成员会谈，发表重要讲话。着重强调若要发展中日友好关系，就必须反对“一中一台”的政策。[④] 可摘录重要文字。

（84）1972年9月27日，廖承志陪同毛泽东会见田中角荣

---

① 蒙光励著：《廖家两代人——廖仲恺何香凝和廖梦醒廖承志》，暨南大学出版社2001年版，第484页。

② 蒙光励著：《廖家两代人——廖仲恺何香凝和廖梦醒廖承志》，暨南大学出版社2001年版，第484页。

③ 蒙光励著：《廖家两代人——廖仲恺何香凝和廖梦醒廖承志》，暨南大学出版社2001年版，第485页。

④ 廖承志文集、传记编辑办公室编：《廖承志文集》（下卷），人民出版社1990年版，第457～461页。

等日本外宾。[①] 可收集会见照片。

（85）1972 年 9 月 25 日至 30 日，廖承志随同周恩来与日本首相田中角荣关于中日建交的谈判，并出席签署中日联合声明的仪式。[②] 可收集仪式合影和谈判内容。

（86）1972 年 10 月 16 日，廖承志与日中友协（正统）代表团座谈，就中日关系正常化这个主题，从七个方面发表重要讲话。[③] 可摘录其中重要文字并收集照片。

（87）1973 年 4 月，廖承志任中日友协代表团团长率团访问日本，并在东京各界欢迎大会上发表讲话。[④] 可摘录讲话中重要文字，并配以照片多幅。

（88）1973 年 4 月 24 日，廖承志在“日中友好议员联盟”成立大会上发表重要讲话。[⑤] 可摘录讲话中重要文字。

（89）1973 年 5 月，廖承志担任北京外国语学院院长。[⑥]

（90）1973 年 8 月，廖承志当选为中共第十届中央委员。[⑦]

（91）1973 年 10 月，廖承志陪同周恩来会见原国民党政府

---

① 蒙光励著：《廖家两代人——廖仲恺何香凝和廖梦醒廖承志》，暨南大学出版社 2001 年版，第 485 页。

② 蒙光励著：《廖家两代人——廖仲恺何香凝和廖梦醒廖承志》，暨南大学出版社 2001 年版，第 485 页。

③ 廖承志文集、传记编辑办公室编：《廖承志文集》（下卷），人民出版社 1990 年版，第 462 ~ 466 页。

④ 廖承志文集、传记编辑办公室编：《廖承志文集》（下卷），人民出版社 1990 年版，第 467 ~ 470 页。

⑤ 廖承志文集、传记编辑办公室编：《廖承志文集》（下卷），人民出版社 1990 年版，第 471 ~ 472 页。

⑥ 蒙光励著：《廖家两代人——廖仲恺何香凝和廖梦醒廖承志》，暨南大学出版社 2001 年版，第 485 页。

⑦ 蒙光励著：《廖家两代人——廖仲恺何香凝和廖梦醒廖承志》，暨南大学出版社 2001 年版，第 485 页。

驻日本代表团顾问徐逸樵及其夫人。[①] 可收集照片。

（92）1974年5月31日，廖承志在欢迎日本池田大作访问团宴会上发表讲话。[②] 可摘录讲话中重要文字。

（93）1977年1月，廖承志口述周恩来在万隆会议上的经历和作为。[③] 可摘录其中重要文字。

（94）1977年5月，廖承志担任中国人大代表团副团长，访问南斯拉夫和罗马尼亚。[④]

（95）1977年8月，廖承志当选为中共第十一届中央委员。[⑤]

（96）1977年12月13日，廖承志在接见参加全国出版工作会议的港澳地区出版工作者会议中发表讲话。[⑥] 可摘要讲话重要文字。

（97）1977年12月20日，廖承志在全国侨务工作预备会议上作重要报告，强调落实党的侨务政策的必要性和重要性。[⑦] 可摘录其中重要文字。

（98）1978年1月3日，廖承志在《人民日报》发表《批

---

① 蒙光励著:《廖家两代人——廖仲恺何香凝和廖梦醒廖承志》，暨南大学出版社2001年版，第485～486页。

② 廖承志文集、传记编辑办公室编:《廖承志文集》（下卷），人民出版社1990年版，第476～477页。

③ 廖承志文集、传记编辑办公室编:《廖承志文集》（下卷），人民出版社1990年版，第478～483页。

④ 蒙光励著:《廖家两代人——廖仲恺何香凝和廖梦醒廖承志》，暨南大学出版社2001年版，第486页。

⑤ 蒙光励著:《廖家两代人——廖仲恺何香凝和廖梦醒廖承志》，暨南大学出版社2001年版，第486页。

⑥ 廖承志文集、传记编辑办公室编:《廖承志文集》（下卷），人民出版社1990年版，第484～485页。

⑦ 廖承志文集、传记编辑办公室编:《廖承志文集》（下卷），人民出版社1990年版，第486～490页。

判“四人帮”所谓“海外关系”问题的反动谬论》一文[①]。可摘录文章重要观点。

（99）1978年1月31日，廖承志在香港电影界座谈会上作重要讲话，希望“在香港产生新的影片，找出一条新的道路，使我们的电影事业兴旺起来”。[②] 可摘录重要内容。

（100）1978年3月3日，廖承志在北京接见全国第五届人大、第五届政协港澳代表时发表讲话，指出“爱国不分先后”[③]。可摘录重要文字。

（101）1978年3月5日，廖承志当选为第五届全国人大常委会副委员长。[④] 可配以会议期间与邓小平的合影。

（102）1978年3月，廖承志担任国务院侨务办公室主任、暨南大学董事会董事长。[⑤] 6月9日，在暨南大学复办后第一次董事会上的讲话中，提出“希望在八年后把暨南大学办成具有较高水平、较高质量的社会主义新型大学”[⑥]。可到暨南大学收集讲话内容和照片复印件。

（103）1978年3月11日，在《人民日报》发表《教诲铭心头，恩情重如山》一文，回顾周恩来与半个多世纪他的密切

---

① 廖承志文集、传记编辑办公室编：《廖承志文集》（下卷），人民出版社1990年版，第491～499页。

② 廖承志文集、传记编辑办公室编：《廖承志文集》（下卷），人民出版社1990年版，第503页。

③ 廖承志文集、传记编辑办公室编：《廖承志文集》（下卷），人民出版社1990年版，第504～505页。

④ 蒙光励著：《廖家两代人——廖仲恺何香凝和廖梦醒廖承志》，暨南大学出版社2001年版，第486页。

⑤ 蒙光励著：《廖家两代人——廖仲恺何香凝和廖梦醒廖承志》，暨南大学出版社2001年版，第487页。

⑥ 廖承志文集、传记编辑办公室编：《廖承志文集》（下卷），人民出版社1990年版，第527～529页。

关系。[①] 可摘录文章重要内容和配以与周恩来合影。

（104）1978年6月6日，廖承志在广东省、广州市和广东省军区直属机关处级以上中共党员干部大会上作重要报告，强调做好安置归侨和旅游接待工作的重要性。[②] 可摘录报告中重要文字。

（105）1978年8月19日，廖承志在会见香港出版界参观团成员时发表重要讲话，指出香港的出版工作要从香港实际出发。[③] 可摘录讲话中的重要文字。

（106）1978年9月1日，廖承志在庆祝签订中日和平友好条约执行会上发表讲话，再次强调中日和平友好条约的缔结，是两国政府共同努力的结果，也是两国人民共同努力的结果。[④]

（107）1978年9月27日，廖承志在全国外语教育座谈会上发表讲话，发表于《人民教育》1978年第十期。可摘录其中重要内容。

（108）1978年10月22日至29日，廖承志陪同邓小平副总理访问日本，并出席互换中日和平友好条约批准书仪式。[⑤] 可配以10月23日廖承志在首相官邸拜会福田赳夫的合影，配以拜会日本国会众议院议长保利茂合影。

（109）1978年12月22日，廖承志在全国侨务会议第二次归侨代表大会上作《认真落实党的侨务政策，为建设现代化的

---

① 廖承志文集、传记编辑办公室编：《廖承志文集》（下卷），人民出版社1990年版，第506～515页。

② 廖承志文集、传记编辑办公室编：《廖承志文集》（下卷），人民出版社1990年版，第525～526页。

③ 廖承志文集、传记编辑办公室编：《廖承志文集》（下卷），人民出版社1990年版，第530～531页。

④ 廖承志文集、传记编辑办公室编：《廖承志文集》（下卷），人民出版社1990年版，第536～537页。

⑤ 蒙光励著：《廖家两代人——廖仲恺何香凝和廖梦醒廖承志》，暨南大学出版社2001年版，第487页。

社会主义强国而奋斗》的报告。[①] 可摘录重要内容，并收集有关照片。是月，被推举为全国侨联名誉主席；是年，兼任国务院港澳事务办公室主任。[②]

（110）1979 年 1 月 25 日，廖承志在《人民日报》发表《我的母亲和她的画》的纪念文章，对母亲何香凝的政治生涯和绘画艺术作了介绍和评析。可摘录其中重要文字并配以有关图片。

（111）1979 年 5 月 7 日，廖承志率领由来自全国各地的 600 名代表组成的第一届“中日友好之船”代表团赴日本访问近一个月。[③] 可配以与日本友人共饮的合影；配以廖承志赠日本友人滨野清吾的《自画像》复印件。

（112）1979 年 6 月，廖承志写出《中日友好之船访日代表团访日报告》递交中共中央。认为这次“访问推动了中日友好的发展，影响深远，取得较大的政治效果”。[④] 可摘录其重要内容。

（113）1980 年 3 月，经中共中央批准，廖承志赴美国加利福尼亚州做心脏手术。可摘录他递交给中央书记处的请示报告中的有关文字。

（114）1980 年 12 月 10 日，廖承志出席中共十二大台湾省籍党员代表会议，并发表重要讲话，指出“不要用朴素的阶级

---

① 廖承志文集、传记编辑办公室编：《廖承志文集》（下卷），人民出版社 1990 年版，第 546 ~ 557 页。

② 蒙光励著：《廖家两代人——廖仲恺何香凝和廖梦醒廖承志》，暨南大学出版社 2001 年版，第 487 页。

③ 蒙光励著：《廖家两代人——廖仲恺何香凝和廖梦醒廖承志》，暨南大学出版社 2001 年版，第 487 页。

④ 廖承志文集、传记编辑办公室编：《廖承志文集》（下卷），人民出版社 1990 年版，第 593 ~ 594 页。

感情代替党的政策”[①]。可摘录讲话中重要文字。

（115）1981年1月22日，廖承志在国家科学技术委员会召开的华人科技专家工作座谈会上发表重要讲话。[②] 可摘录讲话中重要文字。

（116）1981年5月，廖承志与李先念、胡耀邦在怀仁堂出席全国侨务工作座谈会并合影留念。可收集合影。

（117）1981年5月31日，廖承志在《人民日报》发表《我的吊唁》一文，缅怀宋庆龄一生的丰功伟绩。可配以多幅廖承志与宋庆龄的合影。

（118）1981年9月4日，廖承志在香港新闻工作座谈会上重点围绕爱国主义和加强团结等问题发表重要讲话。[③] 可摘录讲话中重要观点。

（119）1981年11月27日，廖承志在北京接见马璧教授时发表重要讲话，号召海内外炎黄子孙为实现祖国大统一而努力。[④] 可摘录有关内容。

（120）1981年12日，廖承志在接见参加“华侨历史研究座谈会”全体同志时发表重要讲话。[⑤] 可摘录讲话中重要文字。

（121）1981年12月23日，廖承志会见日本《产经新闻》记者住田良能时发表重要谈话，表明中国坚持通过“一国两

---

① 廖承志文集、传记编辑办公室编：《廖承志文集》（下卷），人民出版社1990年版，第607～610页。

② 廖承志文集、传记编辑办公室编：《廖承志文集》（下卷），人民出版社1990年版，第613～615页。

③ 廖承志文集、传记编辑办公室编：《廖承志文集》（下卷），人民出版社1990年版，第622～626页。

④ 廖承志文集、传记编辑办公室编：《廖承志文集》（下卷），人民出版社1990年版，第627～629页。

⑤ 廖承志文集、传记编辑办公室编：《廖承志文集》（下卷），人民出版社1990年版，第631～632页。

制”而实现祖国和平统一的信念。[①] 可摘录谈话重要内容。

（122）1982年5月6日，在人民大会堂台湾厅接见老台胞参观学习团时发表讲话，指出“我们要使留在大陆上的所有的台湾同胞，心情舒畅，卸下包袱”。[②] 可摘录其重要文字。

（123）1982年7月24日，廖承志在《人民日报》发表《致蒋经国信》，期望他以民族利益为重，实现祖国和平统一。[③] 可摘录其中重要文字。

（124）1982年9月12日，廖承志在中共十二届一中全会上被选为中共中央政治局委员。[④]

（125）1982年10月6日，廖承志被日本早稻田大学授予名誉法学博士学位，由中国驻日大使孙平化在日本代为接受证书和博士服装。可配以廖承志与孙平化的合影，并展示博士证书和服装。

（126）1983年1月3日，廖承志在全国归侨、侨务工作者先进个人和先进集体表彰大会上，发表题为《团结奋斗振兴中华》的讲话。[⑤] 可摘录讲话中重要文字；可配以在会上与胡耀邦、万里的合影照片。

（127）1983年1月12日，廖承志在接见香港新闻界人士

---

① 廖承志文集、传记编辑办公室编：《廖承志文集》（下卷），人民出版社1990年版，第633～635页。

② 廖承志文集、传记编辑办公室编：《廖承志文集》（下卷），人民出版社1990年版，第646页。

③ 廖承志文集、传记编辑办公室编：《廖承志文集》（下卷），人民出版社1990年版，第661～663页。

④ 蒙光励著：《廖家两代人——廖仲恺何香凝和廖梦醒廖承志》，暨南大学出版社2001年版，第489页。

⑤ 廖承志文集、传记编辑办公室编：《廖承志文集》（下卷），人民出版社1990年版，第671～674页。

参观访问团成员时发表讲话，表示“我们一定收回香港”[①]。可摘录讲话中的主要文字。

（128）1983年2月10日，廖承志在广东省中山县瞻仰孙中山故居题词。可配以其瞻仰时的照片和题词复印件。

（129）1983年6月6日，廖承志带病出席第六届全国人民代表大会开幕式并被推举为国家副主席人选。[②] 可配以出席开幕式时廖承志坐于主席台的照片。

（130）1983年6月10日，廖承志溘然长逝于北京，享年75岁。6月24日，中共中央为廖承志举行隆重的追悼大会。追悼会由全国人大常委会委员长彭真主持，国家主席李先念代表中共中央致悼词，充分肯定廖承志在长期革命斗争和社会主义建设事业中、在巩固和发展爱国统一战线、实现祖国大团结大统一事业中、在加强中国同世界各国人民的友好关系和争取世界和平的活动中，建立了不可磨灭的功绩。[③]

（说明：此“策划大纲”受惠州市园林局委托而作。）

---

① 廖承志文集、传记编辑办公室编：《廖承志文集》（下卷），人民出版社1990年版，第675~679页。

② 蒙光励著：《廖家两代人——廖仲恺何香凝和廖梦醒廖承志》，暨南大学出版社2001年版，第490页。

③ 《人民日报》，1983年6月25日。

# 后　记

时光过得真快！一转眼，我调入惠州学院已经整整11年了！

11年前，我之所以放弃到北方一所类似惠州学院的大学担任领导职务的机会，是因为我自认为不是做领导的料；我之所以放弃到江浙一所大学任教、做学科专业带头人，不为优厚引进待遇而所动，是因为我考虑到人生地不熟，害怕孤独，害怕因为我是外地人而受到欺负；我之所以未能想方设法到重点大学去任教，是因为我明白自己学术根基不牢固，害怕挣扎得很辛苦。我之所以最终选择来到惠州学院，是考虑到我和我的夫人宋素琴大学均毕业于中山大学，不仅有同学在广东、在惠州可以关照我们，而且对广东水土气候、生活方式等很快能够适应过来；更为重要的是，我了解到、考虑到惠州这个地方，在历史上就形成了海纳百川、兼容并包的社会风尚，形成了不排外、不欺生的人际氛围。而且，到惠州学院这样的省地共建大学工作，教学和科研将不会感到压力太大。

在惠州学院工作、生活的11年，证明我当时的选择没有错。尽管在这11年间，我比在湘潭大学、河北大学任教时还要忙碌、还要辛苦，但我的内心是愉快的、是有成就感的。因为，我的自身价值得到了绝大多数领导和同事的认可和好评。这11年，是惠州学院飞速发展的11年。我既是惠州学院飞速发展的见证人，也是惠州学院飞速发展的积极参与者。在这11年间，我不仅有十年时间兼任政法系系主任，在学科专业建设和人才培养方面，我做到了尽职尽力；而且，还担任过多个社会兼职，作出过力所能及的贡献。这11年来，在科研方面我实现了主攻方向的调整和拓展。因为，惠州学院这样的省地共建高校要求生存发展，就必须紧随地方经济社会的发展需要，将服务地方与特色办学紧密结合起来。对于这个问题，我很快就有了清醒的认识，从而在继续突出中国近现代史研究尤其是曾国藩及其湘军研究这个重点之外，我花了不少精力把东江地区历史文化作为另一个重点领域来研究。经过几年对东江地区历史文化的了解和研究，2004 年由我主持申报的《近现代粤东社会变迁研究》获得广东省哲学人文社科基金资助项目立项，实现了惠州学院文科省社科基金项目零的突破；2008 年，又由我主持申报的《东江文化研究》获得广东省哲学人文社科基金资助项目立项。此外，我在有关东江历史文化研究方面，发表了十多篇文章，还利用各种方式宣传、推介东江历史文化，并将研究成果融入学科专业建设、特色办学建设之中，收到了较好效果。然而，在研究和总结、梳理、开发、利用东江历史文化的过程中，我深感这是一件费力不讨好的事情，不仅很难产生重要学术影响，而且有可能要碰到意想不到的困难。这就需要有广阔的胸怀，无欲则刚的气魄，忍让容纳的度量，更需要有一种为惠州社会发展，为惠州学院发展进步献计献策，竭尽绵薄之力的责任感和使命感。在这 11 年间，尤其是在研究东江历史文化的过程中，我之所以能够从容应对风风雨雨并做出一点成绩，有两点使我深有感触。

一是离不开领导、同事和朋友们的理解、支持和帮助。这其中，我首先要提到的是惠州学院老院长张岳恒教授。张院长有人品、有学识、有才能，最大的优点是有涵养，对人尊重，是一位既可作为领导又可以作为朋友的人。他在惠州学院工作八年期间，尽管有不足、有失误，但成绩是主要的，贡献是巨大的。我在与他交往的过程中，既把他作为领导又把他作为朋友对待；他包容我的直率和固执，尤其是在我不顺心，处境艰难的时候，尽力支持我、鼓励我。还有现任中共惠州学院党委书记杨海涛教授，对于我在近几年进一步开展东江历史文化的研究，给予了诸多鼓励和帮助。记得在 2009 年夏秋间筹备首届东江文化全国学术研讨会时，我曾对他说：“自2004年以来，我一直不赞同‘四东文化’的提法，我坚持东江文化的定位，有些人认同，有些人不认同，如果召开东江文化学术研讨会，很可能会引起一些人的反对，惹来麻烦，您怕不怕?”海涛书记对我明确表示：“我不怕，我赞同你的意见。”这就使我不仅解除了后顾之忧，而且大有知遇之恩不能忘、士为知己者死的感觉。当时，我正在写作《李鸿章：悲喜人生八十年》这部书，为了不负领导的愿望，我毅然放下这部书稿的写作，全身心投入到首届东江文化全国学术研讨会的筹备之中。是年12月，有全国七省市80余位专家学者参加的首届东江文化全国学术研讨会隆重召开。与会代表就“东江文化名称定位和东江文化属性”以及“东江文化开发利用”等七个问题，展开了富有学术价值和现实指导意义的讨论，获得了较广泛的社会影响和学术反响。与此同时，在海涛书记的具体关注和推动下，《惠州学院学报》开辟了“东江文化研究”专栏，为校内外专家学者深入研究东江历史文化提供了很好的平台。在这个基础上，现任惠州学院院长彭永宏教授，无论在公开场合或私下交谈中都明确主张，惠州学院专家学者应当充当地方文化建设的引领导者和开拓者。这些都在无形之中，给了我继续研究东江历史文化的推动力。今年5月，彭院长等学院党政领导，毅然决定整合全院文科各学科专业资源，成立惠州学院东江文化研究院，希望由我来具体策划实施东江文化研究方案，多出成果，出好成果，为推进惠州学院特色办学和惠州市文化建设步伐，作出应有的贡献。为此，我回顾自2004年开始我主张“东江文化”的定位，由孤军奋战，不被人理解和认同，到现今惠州官方和社会各界基本上认同“东江文化”的定位，尤其是惠州学院东江文化研究院的正式成立，是离不开领导和同事们、朋友们的理解、支持和鼓励的，我个人再有本事也是很难有今天这样的结果的。

二是我感到作为一位有人品、有学识、有才能的学者，对于自己认真思考得出的学术观点，应当敢于说真话，敢于坚持